문화도시의 사회학

서우석 지음

서울경제경영

머리말

지난 문재인 정부부터 시작되어 현재 윤석열 정부에 이르기까지 우리나라에 문화도시를 둘러싼 '조용한 광풍'이 불고 있다. 2017년 문화체육관광부가 문화도시 지정 사업을 추진하자 당초 예상보다 훨씬 많은 지자체들이 사업에 참여하기를 원했다. 다른 정책 영역에 비해 사업이 영세한 문화정책 분야였지만, 지원규모가 훨씬 큰 다른 중앙정부의 공모사업에 비해서도 문화도시 사업에 대한 지자체의 참여열기가 뒤지지 않았다. 이 문화도시 사업은 그동안 있었던 여러 유형의 문화도시와 구분하기 위하여 '법정 문화도시'라 불렸다. 문화도시 사업이 지역문화진흥법 제15조의 '문화도시의 지정'에 근거하였기 때문이다. 많게는 전국 지자체의 3분의 2 정도가 참여를 고려하고 준비했다는 이야기까지 나왔다. 물론, 준비 과정에서 중도 포기한 도시들도 상당수 있었기 때문에 실제 경쟁은 이보다는 크지 않았으나 경쟁 열기는 예상을 웃돌았다. 그래서 지역의 문화정책 분야 종사자들 사이에서는 가히 '광풍'이라고 불릴 정도였다. 다만 이러한 뜨거운 열기가 사회적으로 널리 알려지지는 않았다. 심지어 문화도시로 선정된 도시에 거주하는 시민들조차 자신의 도시가 문화도시로 지정된 사실을 모르는 경우가 적지 않았다. 그런 점에서 문화도시 지정 사업은 '광풍'이기는 한데 '조용한 광풍'이었다.

필자는 문화도시를 선정하고 평가하는 절차에 참여하면서 문화도시 추진 과정을 접할 수 있었다. 현장에서 문화도시를 향한 에너지와 함께 지역의 절실함을 느낄 수 있는 계기들이 많았다. 사업 공모와 선정이라는 틀 안에서 이루어지는 행위들이었지만, 지역주민과 예술가, 기획자들이 함께 노력하는 모습들에서 진정성을 느끼는 경우들이 많았다. 특히 사업경험이 축적되면서 발전하고 성숙해지는 모습은 희망의 근거가 되었다. 문화도시 사업을 통해서 문화를 통한 지역의 발전이 가능할 수 있겠다는 기대가 생긴 것이다. 하지만, 실제 추진 과정은 녹록지 않아 보였다. 문화도시를 추진하는 과정은 많은 질문의 연속이었다. 문화도시가 과연 무엇인지, 그리고 무엇을 목표로 삼아야 하는지, 어떠한 방법을 추진하는 것이 적합한지에 대한 답을 찾는데 항상 어려움이 있었다. 문화도시 사업이 내건 '모든 도시는 문화로 특별하다'라는 슬로건은 문화도시의 정체성에 대한 문제를 유보하고 여러 도시들이 자신에게 필요하다고 판단한 사업을 추진할 수 있도록 해주었다. 행정 규정이 미비하거나 가이드라인이 부족한 것이 아니라 근본적인 차원에서 문화도시의 성격과 방향에 대한 답이 필요했다. 아쉽게도 기존의 학술 논의는 문화도시를 향한 여러 질문들에 대해서 답을 주기에 충분하지 않았다. 과연 우리가 원하고 필요한 문화도시는 무엇일까? 문화로 돈을 버는 도시인가? 문화로 시민의 삶의 질이 높아지는 도시인가? 문화도시에서 예술가와 시민의 역할은 무엇인가? 어떤 성격의 문화도시를 추구할 것인지는 누가 결정하는가?

이런 질문들에 대한 답을 찾아가는 과정에서 학술적인 도움을 얻는 것은 쉬운 일이 아니다. 문화와 도시의 관계를 깊이 있게 이해하기 위해서는 여러 분야에서 이루어지는 논의들을 파악하여 종합적으로 바라보는 것이 필요한데 현실적으로 쉽지 않은 일이다. 그리고 이러한 어려움을 가중시키는 것은 이상적인 문화도시의 정체성에 대해서 다양한 상들이 혼재해 있고, 문화도시의 여러 상들은 단순히 사변적 논의의 결과가 아니라 각각의 역사적 배경을 갖고 있는 경우가 대부분이라는 것이다. 따라서 어떠한 방향을 택하는 것이 다른 경우보다 왜 더 나은지에 대한 설명을 찾기 어렵다. 그런 점에서 문화도시의 정체성 혹은 지향점과 같은 근본적인 문제들을 우선 덮어둔 채 사업을 수행하는 양상이 드물지 않다.

하지만, 문화도시에 대한 혼란스러운 이해가 반드시 부정적인 것은 아니다. 문화도시의 성격과 지향점을 둘러싼 혼란은 문제점이 아니라 오히려 논의의 출발점이 되어 생산적인 결과를 낳을 수 있다. 다만, 어떠한 모습의 문화도시를 마음에 담고 있고, 서로 다른 생각의 배경이 무엇인지를 이해하고 논의하는 것이 필요할 뿐이다. 그러기 위해서는 다양한 문화도시의 모습에 대한 이해가 필요하다. 이 책은 바로 이런 필요성에 부응하고자 한다.

이 책의 목적은 특정한 문화도시의 지향을 다른 문화도시의 지향에 비해 우월하다고 주장하려는 것이 아니다. 문화도시를 만들려는 다양한 시도들이 있었고 그 과정에서 오랜 역사적 경험들이 축적되었다. 문화도시에 대한 다양한 생각들과 역사적 경험에서 나타난 변화의 과정을 한 번에 살필 수 있도록 하는 것이 이 책의 목적이다. 문화도시에 대해서 고민하고 노력하는 사람들의 인식의 지평을 넓히고 입체적으로 사고하는 데 기여하고자 한다. 이를 통해 문화도시에 대한 생각을 일치시키는 것이 쉽지 않고 다만 당면한 시기에 필요한 지향점이 무엇인지를 주체들끼리 합의하는 것이 중요하리라는 점을 많은 사람들이 이해하길 바라는 마음이다. 결국 문화도시를 실제 만들어 나가는 주체는 학술계의 연구자나 공공정책의 정책결정자가 아니라 시민이기 때문이다.

이 책이 어떤 점에서 사회학이라는 제목을 갖고 있는지에 대해서도 언급할 필요가 있다. 문화도시 연구는 그 자체로서 학제적 작업을 피할 수 없고 다양한 논의를 포괄한다. 종합사회과학의 성격을 가지는 사회학이 이러한 역할을 담당하기에 적합한 것으로 주장할 수 있다. 특히, 역사사회학의 성격을 이 책에서는 강조하고자 한다. 이 책에서 부르디외나 디마지오, 피터슨과 같은 현재의 중요한 예술사회학 논의들을 활용하는 점이 있다. 하지만, 단지 사회학 논의들을 직접적으로 사용한다는 점도 있지만, 그보다 더 중요한 것은 역사사회학적 접근을 적용한다는 것이다. 역사사회학은 오늘날 사회사와 같이 특정한 접근에 한정된 것으로 보이지만 사회학의 본류라 할 수 있다.고전사회학을 대표하는 마르크스, 베버, 뒤르켐 모두 역사적 분석을 바탕으로 사회학적 설명을 제시하였다. 역사사회학적 접근을 통해 문화도시의 다양한 현상들을 포착하고 사회학적 상상력의 도움으로 사회구조와 역사적 흐름 안에서 이루어진 시도와 노력, 성공과 실패를 바라보고자 한다. 역사사회학적 접근을 통해 사회학적 상상력이 필요한 것은 특히 오늘날의 문화도시 지정을 포함한 문화도시 만들기를 이해하기 위해서는 과거 문화도시 만들기가 정치사회적인 프로젝트로 기획되어 만들어 온 사실을 이해할 필요가 있다.

끝으로 이 연구를 재정적으로 지원해 주신 서울시립대학교에 감사드린다. 또한, 이 책이 출판되기 까지 힘써주신 서울경제경영출판사의 이진동 본부장님께 감사드린다. 그리고 본문의 오류를 줄이는데 도움을 주신 이경원, 김민진, 박소연씨에게도 감사를 드린다. 물론, 이분들의 도움에도 불구하고 오류가 있다면 그 책임은 전적으로 필자에게 있다. 이 책을 쓰는 동안 가장으로서 해야 할 역할에 많이 소홀했다. 가족들의 이해와 희생에 감사의 마음을 전한다.

2024년 2월

전농동 배봉산 기슭에서

목차

목차

들어가며

문화도시 이야기를 들었을 때 어려운 개념이라 이해하기 힘들다고 느끼는 사람은 많지 않다. 하지만, 문화도시가 무엇인지 논의하기 시작하면 서로 같은 개념을 이야기하는 것인가에 의문이 들 정도로 다양한 생각들이 있다. 문화도시에 대한 생산적인 논의는 문화도시에 대한 이해가 다양할 수 밖에 없는 근거들을 파악하는 것에서 출발하는 것이 필요하다.

이 장에서는 문화도시에 대한 이해의 다양성을 만드는 근본적인 원인으로 문화의 정의에서부터 시작하고자 한다. 문화의 정의에서부터 나오는 여러 갈래의 생각들을 접한 후 문화도시에 대한 다양한 생각들이 한국과 서구의 역사에서 어떠한 모습으로 등장했는지를 살펴볼 것이다. 특히, 지난 30년 동안 통상 기대하던 문화도시와는 다른 성격을 가진 문화도시들이 등장하기 시작했음을 제시함으로써 문화도시의 다양성이 가지는 개념적, 역사적 근거들에 대한 안목을 제공하고자 한다.

문화의 정의

문화도시 논의에서 근본적인 어려움은 문화의 정의에서부터 발생한다. 문화를 이야기할 때 일상의 대화나 정책 담론에서 예술을 떠올리는 경우가 많다. 하지만, 문제는 음식문화나 전통문화처럼 예술이라 하기는 어렵지만 문화로 간주되는 영역이 많다는 사실이다. 그런데 비교적 문화보다 명확해 보이는 예술도 그 범위와 성격을 규정하기 쉽지 않다(빅토리아 알렉산더, 2010). 예컨대, 레디메이드 작품들을 볼 때 선뜻 예술이라 인정하기 어렵고 유전자 조작을 수반하는 바이오 예술 같은 경우를 보면 과연 예술이란 무엇인지 질문을 되새기지 않을 수가 없다. 발레와 여자 프로레슬링을 같은 성격이라고 생각하는 사람은

별로 없을 것이다. 하지만, 왜 발레는 예술인데 여자 프로레슬링은 예술이라 할 수 없는지를 설명하는 것도 자명하지 않다. 현대예술의 다양한 표현 방식과 주장을 볼 때 예술의 정의나 범위로 문화를 설명하는 것도 수월한 방법은 아니다.

문화의 정의에 대한 사회과학적 입장 중 하나는 문화에 대한 이해 자체가 역사성을 가진다고 보는 것이다. 노르베르트 엘리야스(Norbert Elias, 1996)는 《문명화 과정》에서 문화와 문명의 관계를 설명하며 개별 사회의 역사적 발전 과정에 따라 개념을 이해하고 사용하는 방식이 다르게 형성됨을 지적하였다. 프랑스에서는 문명이 정신적인 문화의 내용까지 포괄하였던 반면, 독일에서는 문명은 기술적이고 표피적인 것에 한정되고 정신적이고 지적인 활동은 문화로 표상되었다. 이러한 차이는 궁정문화의 발달 정도나 궁정귀족층과 지식중산층 사이의 관계가 두 나라 사이에 달랐기 때문이다.

문화의 용법이 역사적인 배경에 따라, 혹은 사회적인 맥락에 따라 달라질 수 있음은 영국의 문화연구에 큰 영향을 끼친 레이몬드 윌리암즈(Raymond Williams, 1988)의 논의에서도 찾아볼 수 있다. 윌리암즈는 문화(culture)의 개념이 18세기 후기부터 19세기 전반에 걸쳐 산업(industry), 민주주의(democracy), 계급(class), 예술(art) 등의 낱말과 함께 어휘 용법의 변화를 겪었고, 그중에서도 문화가 가장 두드러진 변화를 겪었음을 주장하였다. 문화는 18세기 이전에는 인간을 육성하고 성장시키는 과정을 의미하다가 18세기와 19세기를 거치면서 독자적인 의미를 갖는 개념이 되었다. 문화는 '정신의 보편적인 상태 내지는 습성', '사회 전체에 있어서의 지성적 발전의 상태', '예술의 총체', '물질, 지성, 정신에 걸친 전반적인 생활양식' 등 다양한 의미를 갖게 되었다. 이 중 전반적인 생활양식을 의미하는 문화에 대한 개념 정의는 19세기 후반 들어서 등장한 것이었는데 이후 문화연구에 크게 영향을 미쳤다. 예컨대, 《문화이론사전》에 나타난 문화에 대한 정의를 보면 고급문화에 편중되지 않는 문화인류학적 정의를 선호한다. 스스로가 창조한 세계에서 의미를 찾으며 살고 있는 인간에게 문화는 인간의 복합적인 일상세계를 포괄하는 의미를 가진다. 이에 따르면 자연과 구분되는 지점에서 시작되는 모든 것을 문화라 할 수 있다(앤드류 에드거·피터 세즈윅, 2012: 176). 이와 같이 인간의 삶의 모든 구성 요소들을 문화로 볼 수 있는 가능성이 생기면 문화도시의 의미를 별도로 특정화하기 어려울 정도가 된다.

이런 점에서 볼 때 사회학이나 문화연구와 구분되는 다른 영역에서 문화에 대한 학술 논의를 제시하는 문화경제학과 문화정책연구의 논의가 중요한 시사점을 가진다. 호주의 문화경제학자 데이비 트로스비(David Throsby, 2004)는 문화에 대해서 사회학적, 인류학적 정의와 기능적 정의를 구분하였다. 문화에 대한 포괄적인 규정을 제시하는 사회학적, 인류학적 정의를 인정하면서도 동시에 구체적이고 경험적인 분석과 정책 논의를 위해 기능적인 차원에 초점을 맞춘 개념화를 시도한 것이다. 트로스비의 기능적 정의에 따르면 문화는 인간 생활의 지적, 도덕적, 예술적 측면과 관련된 사람들의 활동과 산출물이며 핵심 특성인 창조성, 상징적 의미의 생성, 지적 재산권이 문화를 구분하는 기준이 된다(p.22).

문화정책 연구 분야에서는 케빈 멀케이(Kevin Mulcahy, 2006)가 문화정책을 통해 지원해야 하는 대상으로서 문화를 정의하기 어렵다는 점을 지적하였다. 문화(culture)의 어원이 라틴어로 밭을 간다는 뜻의 colere에서 나타나듯이 지적 예술적 감수성을 일군다는 의미로 사용되기도 하지만, 사회나 집단의 모든 관습, 업적, 생산, 외관 등 모든 것을 포괄할 수 있다. 후자의 정의가 인류학적 의미의 광의로 정의된 문화라면, 전자에서 문화는 순수예술(fine arts)에 가깝다. 이처럼 문화에 대한 다양한 정의는 문화정책의 다양한 지향성을 시사하며, 문화도시에 대한 다양한 해석의 가능성을 보여준다.

문화와 도시의 관계에 대한 **한국의 경험**

문화에 대한 개념 정의의 어려움을 보면 문화도시를 이해하는데 혼란이 있는 것은 사실 어느 정도 당연하다. 예술적 창조성이 발달한 문화도시를 지향하는 것과 인류학적인 정의처럼 일상의 삶 전체가 풍요로운 문화도시를 건설하는 것은 상당히 다른 지향을 가질 수 밖에 없다. 여기에서 문화도시에 대한 다양한 이해가 발생한다. 이런 점에서 볼 때 문화도시 개념에 대한 정확한 정의를 내리기 보다 그동안 문화와 도시의 관계나 문화도시라는 개념이 어떻게 사용되었는지를 아래에서 살펴보고자 한다. 문화도시는 우리에게 낯설고 어려운 개념으로 여겨졌는가? 우리의 역사 속에서 문화와 도시의 관계는 어떻게 인식되었을까? 문화와 도시를 관련시키거나 문화도시라는 개념을 생경하게 받아들였을까?

비교적 가까운 과거인 조선 후반기 한성에 나타난 상업 발달과 도시 성장에 따른 도시문화의 번성을 볼 수 있다. 18세기에 한성은 이미 인구 30만 명이 넘는 상당한 수준의 문화도시였다. 한성의 성장을 가져온 것은 경강상인을 중심으로 한 상업의 발달이었다. 상업도시 서울에서 중간계층인 여항인(閭巷人)들이 중요한 집단으로 부상했다(고동환, 2013). 여항은 일반 민간인이 살아가는 도시 동네를 의미하는 여항은 궁가(宮家), 조가(朝家), 공가(公家)와 반대되는 민간, 향읍과 구분되는 도시 지역을 말한다. 여항인들은 양반 사대부층과 달리 인간의 욕구와 본성을 긍정하는 도시문화를 발달시켰다. 한성에서는 17세기 말 백여개 정도였던 술집이 18세기 후반에는 1만호까지 급증하였고, 기방과 색주가가 번성하였다. 도시에 사는 집단들별로 다양한 놀이가 발달하면서 유흥문화가 도시민 전반으로 확산되었고 예능의 상업화까지 나타났다. 시전상가 주변에서 삼국지 연의를 읽어주면서 돈을 받는 예능인이 나타나고 야외 무대에서는 놀이 공연이 벌어졌다(고동환, 2013). 문화예술적 욕구 증대와 유흥문화 발달이 이루어진 문화도시로서 한성의 모습은 식민지배로 단절되지 않았다면 어떠한 모습으로 변화되었을지 자못 기대되는 상황이었다.

일제강점기에도 경성이라 불린 서울에서는 도시문화의 발달을 목도하게 된다. 서구 문화가 일본을 거쳐서 경성으로 이식되어서 유행할 때, 도회지에서 서구 문화를 받아들이는 "모던보이"와 "모던걸"들이 사회적인 신드롬이 되면서 두드러졌다. 특히, 재즈송은 1920년대 경성의 도시 분위기를 보여준다. 제목과 가사에 영어를 포함한 외국어가 많아 서양의 정취를 물씬 풍겼던 재즈송은 1920년대 말부터 도시적 정서에 힘입어 경성을 중심으로 인기를 얻었다. 재즈송은 일제 강점기에 유행했던 신민요나 트로트와 달리 도시의 청춘남녀로부터 많은 인기를 끌었다. 모던걸과 모던보이를 중심으로 수용된 서구 문화를 바탕으로 경성에서 새로운 도시문화가 등장한 것이다(장유정, 2006). 이러한 도시문화의 발달을 배경으로 아직 문화도시 개념은 널리 사용되지 않았음에도 불구하고 당시 문화와 도시의 관계에 대한 인식은 상당한 수준에 도달했다. 1930년대 일간지에 실린 도시와 농촌의 관계에 대한 글에서 도시의 두드러진 특징으로 문화적인 차원을 지적하고 있는 것을 확인할 수 있다.

"도시는 공업과 상업으로써 일국의 문화를 추진시키고 농촌에 일용소비품을 공급하며 농촌은 농업으로써 도시에 원료와 식량을 공급하고 그 제품을 소화함이 도시와 농촌의 본연의 형태이다. 이리하야 도시는 문화의 선봉이 되고 농촌은 문화의 토대가 되어 상의상존함으로써만 사회의 발달에 기여함이 잇을 것이다. (동아일보 1935.05.29. "도시와 농촌과의 관계")"

"농촌과 도회의 발달의 불균형은 이것이 원칙적 분기로가 되지만은 이박게 도회형성의 요소인 교통의 편의, 문화적 시설의 구비가 농촌인구를 흡인하는 이유도 된다. … 오늘날 편중한 도시집중경향은 금일과가튼 교통운수문화가 고속도로 발달된 기술을 충분히 이용하다뎌는 생산과 소비의 양면을 현재의 자본주의적형태로 그대로 편제하면서도 어느정도까지 가능하며 그것은 농촌인으로 하여금 문화균점을 하게 하는 점에서 필요한 것이다. 도회적인 농촌! 농촌적인 도회! 이것이 도시경영 농촌진흥의 요체가 아닐가?(조선일보, 1935.09.12. 도시와 농촌)"

이 글에는 문화와 도시의 친화성이 있어서 도시가 문화의 발신지가 된다는 인식이 이미 일제시대부터 자리 잡고 있음이 나타난다. 도시의 문화적 발전과 농촌의 상대적인 낙후 그 사이에서 발생하는 격차에 대한 문제의식이 일제 강점기 조선에 이미 뚜렷했다. 도시와 농촌의 문화 격차를 해소하는 방안으로 발달한 교통수단을 이용한 문화균점을 제창하는 대목에서는 오늘날의 상황인식과 상당한 공분모를 찾을 수 있다.

해방 후 개발연대 시기에는 문화와 도시의 관계에 대한 어떠한 인식들이 드러났을까? 사회과학계에서는 이 기간의 통치 방식과 사회 체제에 대한 설명으로 발전주의 국가(developmental state)라는 개념이 널리 사용되고 있다[1]. 발전주의 국가의 핵심은 국가의 경제적 발전을 위해서 다른 가치나 목표를 유보하거나 희생하는 전략을 취하는 것이다. 그렇다면 문화에 대한 관심은 우선순위에서 멀어져 있었을까? 이러한 질문에 대한 미묘한 답을 찾을 수 있는 것이 5.16 군사 정변을 통해 정권을 잡은 국면에서 나타난 문화도시에 대한 언급이었다.

1 발전주의 국가에 대한 포괄적인 논의로는 Haggard(2018)를 참조하고 한국에 대한 논의는 Chibber(1999) 참조.

“세계의 대도시로 한양천도 568주년 기념식

이십일 한양천도 568주년 및 특별시 승격 십오주년을 맞이하여 서울시에서는 상오 9시 시청회의실에서 시직원만이 참석한 간소한 기념식을 올렸다. 이날 식전에서 윤시장은 기념사를 통해 ... 앞으로 손색없는 국제문화도시로 발전해 나갈 수 있도록 시민과 함께 뭉칠 것을 다짐하고 기념식은 이십여분만에 끝났다. (조선일보, 1961.11.21.)”

“울산을 큰 공업지대로

다같이 잘 살고 나라 부강하게

정유 석유 제철 비료공장 등 건설

정부에서는 앞으로 국민들이 잘 살고 나라가 부강하여지기 위한 경제개발오개년계획 가운데 경상남도 울산을 종합공업지구로 만들기로 한 계획을 이일 발표하였으며 어제 오후 그 기공식을 거행하였다. 정부는 지난2일 울산종합공업지구와 문화도시를 위한 계획을 발표하였는데... 또는 관광사업으로 춘도에 유원지를 일산에 해수욕장을 울기동대에 낚시질터등을 꾸미게되어 있다. (동아일보, 1962.02.04.)”

1961년 서울시청 회의실에서는 윤태일 시장이 한양천도와 특별시 지정 기념식을 거행하였다. 윤태일 시장은 5.16 군사정변 때 쿠테타를 지지한 소장으로 서울시장에 군인 신분인 상태로 임명되었다. 윤태일 시장은 자신의 군인 신분을 밝히는 것에 주저함이 없었고 군복을 입고 다녀 ‘군복시장’이라 불리우고 세단 관용차 대신 군용차를 타고 다닐 정도였다. 그런 윤태일 시장이 기념식에서 서울시의 목표로 국제문화도시를 제시하고 그 목표를 시민과 함께 달성하겠다는 방향을 제시한 것이다. 경성이 일제강점기 때 일제가 만주까지 부설한 철도망을 바탕으로 상당히 국제화된 도시의 위상을 보인 적은 있었다. 하지만, 이미 분단과 전쟁으로 그러한 국제적인 교통 인프라는 망실

된 상태이고 경제는 아직도 미국의 원조에 의존하던 시절에 더구나 군인 서울시장이 내건 목표가 국제문화도시로의 발전이었다.

비슷한 시기에 열린 의외의 또 다른 행사에서도 문화도시를 만나게 된다. 1962년 2월 4일 울산공업센터의 기공식은 당시 군정 치하에서 상당히 비중있는 행사였다. 박정희 최고회의의장과 내각의 전 각료, 군고급장성, 경제각계인사, 미국대사를 포함한 외교사절이 참석한 가운데 이 행사가 열렸다. 같은 날 울산시를 위한 도시계획도 발표되었는데 공업도시 계획과 함께 문화도시가 목표로 같이 제시되었다. 하지만, 이후 울산에 공업단지가 거대한 규모로 건설된 것과는 달리 문화도시라 할만한 시설은 여가를 위한 해안가 개발 이외에는 특기할 만한 것이 없었다. 1960년대 울산에 건설된 문화시설은 울산문화원과 울산시립도서관 정도였고 이는 다른 도시에 비해 크게 다른 모습이 아니었다.[2]

과연, 서울은 어떠했을까? 국제문화도시가 되기 위해서 서울이 실제 노력한 것은 공원 조성과 경관 개선 사업이었다. 이를 통해서 "시민정서의 순화 및 보건"이 이루어진다는 것이다.

"변천하는 수도상

한편 국제문화도시로서의 면모를 갖추며 시민정서의 순화 및 보건을 위하여 남산공원조성공사를 비롯하여 시내 각 공원을 확장 정비하고 있으며 가로수와 가로등 분수 등을 정비단장하여 시가의 면모를 새롭게 했다. (조선일보, 1963.09.26.)"

"새로운 <문화도시> 건설을...

교통요충지이며 교육 종교 도시인 이리에서 이런 엄청난 재난을 당하게 된 것은 유감이다. 이번 사고를 거울삼아 무질서한 도시구조와 협소한 도로를 재정비해서 예술미있는 문화도

2 (경상일보, 2015.8.3. [도시의 기억 울산의 오래된 미래 (30)]달동일대 문화지구, 울산 초기 도시계획 보여주는 시설) https://www.ksilbo.co.kr/news/articleView.html?idxno=510485

시로 만들어 줄 것을 당국에 바란다. (김근수 원불교총부 교정원장, 동아일보 1977.11.15)

1977년 11월에는 이리역에 정차 중이었던 한국화약주식회사의 화약열차가 폭발하는 사고로 사상자가 1,400명을 넘었고 파괴 피해를 입은 가옥이 7천 동을 넘었다. 당시 박정희 정부는 이재민을 수용하기 위해 천막촌을 건설하였고 이듬해 11월 19일에 '새이리 건설계획'을 발표하였다[3]. 일제강점기 때 만들어진 공업도시인 이리시의 급작스러운 사고로 새로운 건설을 하게 되었을 때 희망사항으로 제시된 의견이 '예술미있는 문화도시'였다. '무질서한 도시구조와 협소한 도로를 재정비'하는 것이 문화도시의 전제로 언급되었다.

1960년대와 1970년대 경제성장기를 보면, 발전주의 국가 전략에 따라 국가의 경제발전이 최우선시되었던 시기였지만 경제개발을 위하여 문화를 포기하고 문화도시를 도외시하는 것이 아니라 오히려 경제개발을 통해 달성하고자 하는 이상적인 목표로서 문화도시가 제시되고 있었다. 비록 문화도시의 내용이 무엇인지에 대해서는 명확하지 않고 때로는 멋진 도로의 건설이나 해안가에서의 여가 휴양이 문화도시의 내용인 것처럼 다루어졌지만 크게 문제되지 않았다. 심지어 큰 재난을 당해 도시의 상당부분이 파괴되어 재개발이 필요한 시점에도 재난을 문화도시 건설의 계기로 삼자는 목소리가 나왔다. 일제시대부터 경제적으로 곤궁하던 개발연대를 거쳐 어느 정도의 경제성장을 이루고 삶의 질에 대한 관심이 생길 때까지 줄기차게 문화도시를 달성해야 한다는 목소리가 이어져 온 것이었다.

1980년대 들어서 문화도시에 대한 생각은 변화되기 시작하였다. 1983년 <문화도시와 연극환경>이라는 주제의 세미나에서 서울의 문화예술에 대한 질타가 쏟아졌다.

3 이리역 폭발사고, 한국민족문화대백과사전. https://encykorea.aks.ac.kr/Article/E0068356

"서울거리엔 문화가 없다

「문화도시와 연극환경」 세미나서 시민에게 주는 문화정보와 시설제공, 문화정책면에서 서울을 볼 때 세계적 규모의 대도시로서 그 수준이 어느 정도인가? 전문가들은 하나같이 「비문화, 반문화적인 서울거리」 「경제발전의 측면보다 도시문화발전이 더 큰 과제인 도시」 「무지몽매한 도시계획의 서울」임을 지적하고 있다. ... 김정옥교수는 "서울의 거리문화를 논한 내용에서 구라파의 도시들을 여행할 때 거리에서 자연스럽게 접하는 연극 무용 음악 등 예술행사, 세계의 모든 도시에서 당당하고 화려하게 나붙어있는 포스터, 이런 것들을 볼 때 느끼는 생동감이 서울에서는 비굴할이만큼 숨을 죽이고 있다. 한 장의 포스터도 나붙지 않고 시민들도 규범 이외의 것에는 관심없는 도시는 깨끗한 거리는 될 수 있을지 몰라도 문화적으로는 죽은 도시다."고 말한다...

이중한씨는 「서울시와 문화정책」에서 "시민들 삶의 질을 전혀 문제시 하지 않는 추세에 종지부를 찍을 가능성은 없는 것일까"고 반문하고 있다. 이미 서울에 있어 시민들은 하나의 방관자에 지나지 않는다는 것을 이씨는 지적하고 있다.... 그러므로 현대의 도시는 결국 복합적 문화시설이라는 공간을 구역별로, 작은 규모로, 공허한 표어가 아닌 실질적 참여로 만들어 내야 하게 된다. "인간적인 것과 그 인간들의 연대성 회복은 오직 문화프로그램에 의한 문화환경을 재생함으로써 밖에는 극복의 방안이 없다"고 진지한 문화의식의 도입을 촉구하고 있다.(경향신문, 1983.09.23.)"

이제 더 이상 도시의 경관 조성만 가지고 문화도시로 충분하지 않다는 인식이 분출되었다. 그리고 이러한 문제가 삶의 질과 연결되어 논의되었다. 이 논의에서 볼 수 있는 것은 문화도시의 정당성을 확보하는 과정에서 외국과의 비교가 상당히 중요한 논거로서 제시된다는 점이다. 이 점이 우리나라 문화도시 논의에서 나타나는 중요한 양상이다. "구라파의 도시"에서 본 모습이 서울의 부족한 점을 드러내는 중요한 준거가 되었다. 선진 외국 도시의 사례를 문화도시 지향점으로 소개하는 것이 문화도시의 효과적인 준거 대상이 되었다. 선진 외국의 도시가 이상적인 문화도시로 소개되면 우리 도시의 발전 목표로 설정되는데 어려움이 없었다. 그것이 구체적이고 명확한 정보가 뒷받침되지 않더라도 우리의 이정표로 활용되기에는 부족하지 않았다.

서구의 문화도시 모습들

우리가 동경하였던 서구의 문화도시들은 어떠한 모습을 하고 있었을까? 먼저, 고대 그리스의 아테네는 철학, 조각, 시, 음악, 연극 등 다양한 분야에서 창조적인 업적을 이루면서 서구에서 문화도시의 원형이라 할 만한 역사적 사례가 되었다. 문화도시의 사례로서 고대 아테네가 보여주었던 가장 인상 깊은 특징이 제전과 함께 열린 연극과 음악문화였다. 당시 아테네에서 가장 중요한 종교축제였던 대 디오니소스 제전(Great Dionysia)은 도시민의 참여 속에서 공동체 의식을 고취시키는 공공축제였다(박정숙, 2020). 음악극의 형태로 시작된 연극이 코러스의 해체를 통해 개별적인 노래와 독립적인 음악이 극의 구성요소를 이루며 선율과 리듬, 로고스가 개별화되는 과정을 거치게 되었다. 음악은 기교적 발전을 이루지만, 결국 극의 장식물이 되어가고 극 무대에서 생략 가능한 배경이 되면서 언어극에 자리를 내어주게 되었다. 1881년 원형의 모습이 발굴된 에피다우로스(Epidaurus) 극장에서는 아테네의 아크로폴리스 언덕에 있던 디오니소스 극장에서 디오니소스 신을 위한 제사와 함께 열렸던 연극 공연과 연극 축제가 여름 연극 축제로 되살아났다(이화원, 2023). 고대 그리스 사회에서 연극은 도시의 엘리트만이 참여하거나 문화예술에 특화된 집단만이 즐기는 축제가 아니었다. 종교적 의례의 일부로 개최된 연극제전은 도시의 공동체적 삶에서 핵심적인 위치를 차지하였다. 축제기간 동안 모든 상거래가 중단되고 정치도 뒷전으로 미루며 심지어 전쟁까지 멈추었다. 오늘날 미국의 슈퍼볼이나 대통령 선거가 모든 사람들의 관심을 일시적으로 끌어모으는 것에 비견될 정도였다(에드윈 윌슨·앨빈 골드팝, 2000). 전문연주자가 있었지만 종교적 일체감을 바탕으로 도시민이 함께 참여하고 즐기는 연극 축제의 모습은 오늘날까지도 어떠한 도시문화를 만들어야 하는가에 대해서 깊은 영감을 주고 있다.

이탈리아에서 시작된 르네상스 시기에는 도시들 간의 경쟁에서 예술과 학문의 높은 수준이 큰 자랑거리가 되었다. 산문과 시를 통해 도시들이 서로 조롱과 농담으로 공격하며 자기 도시의 명예를 추켜세웠고 이 때 중요한 자랑거리가 정신적인 면에서 쌓아올린 명성이었다. 라틴어를 통해 고전을 습득한 라틴화된 엘리트들에 의해서 인간의 재발견이 이루어졌고, 현실의 역동적인 삶에 대한 흥미와 묘사가 르네상스 문화의 기반을 정초하였다. 이런 배경에서 예술적 우위는 도시의 우월성을 내세우는 중요한 근거가 되었다(야코프 부르크하르트, 2003: 420). 흥미롭게도 도시들이 자신의 문화적 우월성을 내세우는 방법은 문화도시의 계보를 주장하는 것이었다. 이탈리아 르네상스를 대표하는 도시인 피렌체는 지리적으로나 언어적인 차원에서 전혀 관련성이 없음에도 스스로를 고대 아테네의 후손으로 주장하였다(Chernetsky, 2022).

예술의 도시로서 문화도시의 전형이 된 파리는 어떤 모습이었을까? 우디 앨런(Woody Allen)의 영화 《미드나잇 인 파리 Midnight in Paris(2012)》에서 묘사된 모습이 문화도시에 대한 통념을 잘 보여준다. 헐리우드의 시나리오 작가로 성공한 길(Gil)은 약혼녀 이네즈(Ines)와 함께 파리에 와 소설가의 꿈을 키우고 있었다. 어느날 파리의 밤거리를 홀로 걷다가 자정의 종소리와 함께 나타난 차를 타고 1920년대로 가서 당시 파리에 와 있던 미국의 문필가들인 스콧 피츠제럴드, 어니스트 헤밍웨이, 거트루드 스타인 등을 만나고, 피카소의 연인이었던 아드리안느를 만나서 호감을 느끼는 것이 영화의 중요한 모티브이다.

이 영화는 첫 장면부터 파리의 문화가 드러나는 도시의 모습들을 파노라마처럼 보여준다. 세느 강의 알렉상드르 3세 다리와 그 너머로 보이는 에펠탑에서 시작하여 몽마르트의 무랑 루즈, 뽕네프 다리 너머 보이는 루브르 박물관, 샹젤리제가 보이는 콩코드 광장, 생 줄리앙 성당, 파리 오페라극장, 높은 곳에서 내려다 본 파리 건물들의 옥상 모습까지 거쳐 밤에 바라본 에펠탑의 모습을 통해 파리의 야경을 보여주었다. 영화의 첫 장면들은 밝은 하늘에서 시작하여 불빛이 아름다운 밤 장면으로 끝나는데 대부분 이 영화에서 사용되는 장소들이며 이 도시의 아름다움을 드러내는 모습들이다. 주인공 길은 파블로 피카소의 연인인 아드리안느를 만나서 연정을 품고 같이 산책을 하던 중 다음의 대화를 나눈다.

아드리안느가 말한다. "파리는 낮과 밤 중 언제가 더 예쁜지 모르겠어요."
그러자 길이 이야기한다. "당연하죠. 못 골라요. 양쪽 다 만만치 않거든요. 가끔 생각해봐요. 그 어떤 책이나 그림 음악이나 조각품이 이 위대한 도시에 비할 수 있을까. 없어요. 둘러봐요. 모든 거리가 각각 하나의 예술품이에요. 생각해봐요. 이 황량한 우주 속에 파리가 존재한다는 거. 또 이 불빛... 목성이나 해왕성에서 아무 일도 안일어나요. 근데 저 우주에서도 이 불빛은 보이죠. 카페들, 술마시고 노래하는 사람들. 파리는 우주에서 가장 열정적인 곳이라구요."(영화 《미드나잇 인 파리》 중에서)

파리에서 책, 그림, 음악, 조각품의 예술작품이 수없이 많이 만들어졌지만, 결국 이 도시 자체가 가장 아름다운 예술이다. 도시가 낳은 예술작품이 예술같은 도시와 어우러지는 모습이 문화도시라 할 때 사람들에게 가장 익숙한 모습이다.

열정적인 예술의 소비자들이 만든 문화도시의 모습은 합스부르크 제국의 수도였던 빈에서 발견된다. 뛰어난 전기작가 슈테판 츠바이크(Stefan Zweig, 1881-1942)가 빈의 부유한 유태인 사업가 집안에서 태어나 나치의 박해를 피하기 위한 오랜 망명 생활 끝에 1934년 부인과 동반 자살을 하기 전 브라질의 호텔에서 자신의 인생을 정리한 <어제의 세계>는 문화도시에서 사는 것이 무엇인지 생생하게 보여준다. 빈은 합스부르크 제국의 영토를 점차 잃어가며 느꼈던 상실감을 하이든, 모차르트, 베토벤, 슈베르트, 브람스가 살았고 유럽 모든 문화가 합류되는 문화도시라는 우월감으로 상쇄하는 도시였다. 위대한 예술가들의 흔적을 도시 곳곳에서 느끼면서 자부심을 느꼈고 궁정극장이나 부르크극장에서 열리는 공연에 도시의 관심이 집중되었다. 무대는 일상을 위한 학교 역할을 하였다. 무대는 "세련된 일거일동, 올바른 말쓰기에 대해 실제로 말해 주는 확실한 형태의 입문서"가 되었고(p 20), 궁정배우나 오페라의 여가수는 도시의 누구나 알아보는 사람이었으며 그들과 스치는 기회라도 생기면 자랑거리가 되었다. 츠바이크가 제시한 학교 바깥의 세상에 대한 묘사와 그곳에서 보낸 젊은 시절의 문화에 대한 탐닉은 문화도시에서 사는 청소년의 모습을 보여준다. 청소년들은 학교에서 채울 수 없었던 지적, 예술적, 심미적 호기심을 채우기 위해 극장, 박물관, 책방 그리고 음악의 거리를 누비고 다녔다(슈테판 츠바이크, 2014).

극장, 문학, 예술에 대한 이러한 관심은 빈에서는 아주 자연스러운 것이었다. 빈의 신문은 모든 문화 행사에 특별한 지면을 할애했고, 어디를 가든지 오페라나 부르크극장에 대한 어른들의 논쟁 소리가 들려왔다. 모든 문방구 가게에는 유명한 배우들의 초상화가 진열장 속에 놓여 있었다. ... 극장이나 문학은 트럼프 놀이나 여자친구 보다 순진한 정열에 속했다. ... 우리 김나지움 학생들이 어떤 처녀 상연에든 모여들었던 것은 당연한 일이었다. 다음날 아침 학교에서 세부에 이르는 모든 점까지 말하지 못했을 때에 자기보다 더 행복한 친구들 앞에서 얼마나 큰 수치를 당해야 했던가? (p. 49)

청소년들의 문화에 대한 열정과 조숙은 부모들이 자신의 청년 시절을 생각하며 청소년들을 이해해 줌으로써 가능했다. 리하르트 슈트라우스나 게르하르트 하울트만의 처녀 상연이나 리하르트 바그너 지휘의 <로엔그린> 상연을 봤던 기억을 되살리며 자녀의 문화에 대한 열광을 이해해 준 것이었다. 청소년들은 세계의 중요한 문학예술 잡지가 놓여 있는 빈의 커피 하우스에 가서 싼 값의 커피를 마시며 하루 종일 예술적 사건의 세계상을 훔쳐 볼 수 있었다. 그리고 친구들끼리 가장 최신의 지식을 놓고 경쟁을 벌였다. 특히, 세기말에는 젊은 사람들의 예술에 열광했다. 이미 존경을 받는 예술가들과는 전혀 다른 모습으로 성년이 되기 전에 명성을 얻은 문학가, 예술가들에게 청소년들이 열광을 했다. 또한, 츠바이크가 밝힌 집안의 요리사 일화는 문화도시에서 사는 사람들의 일면을 보여준다. 츠바이크 집안의 요리사는 문맹이었고 실제 부르크극장에 가 본 적도 없으면서 부르크극장의 유명 여배우의 죽음 사실에 크게 슬퍼하였다. 이 일화는 이 도시가 얼마나 뿌리깊게 문화예술에 사로잡혀 있었는지를 보여준다(p. 21).

하지만 문화도시의 계보는 이것으로 끝나지 않는다. 유럽의 문화도시들이 가진 명성은 신대륙의 도시 건설에까지 영향을 미쳤다. 뉴욕의 링컨센터(Lincoln Center) 건립 과정에서 재원 조성을 주도하며 초대 의장직을 맡았던 존 D. 록펠러(John D. Rockefeller, 1839-1937)는 2차 세계대전 후 뉴욕이 문화도시로서 부상하는데 핵심역할을 수행하였다. 록펠러는 문화기관 설립을 위해 자신이 왜 노력하는지 설명하면서 유럽의 문화도시들을 언급하였다. 로마, 아테네, 파리 등이 역사적으로 유명해진 것은 정치적, 경제적, 사업상의 성공이 아니라 예술 때문이었다고 하면서 뉴욕이 문화도시가 되어야 할 필요성을 주장하였다(Foulkles, 2007: 7). 세계에 널리 알려진 문화도시를 동경하며 따라가는 것이 문화도시를 추구하는 중요한 동력이었다. 유럽의 문화도시들이 미국에 영향을 미쳤던 것처럼 한국에도 영향을 미쳤으며 여기까지가 통상 생각하는 문화도시의 모습이고 그 아우라이며, 반향이었다.

문화도시의 **새로운 모습들**

이상 살펴본 도시들이 우리에게 익숙한 문화도시의 모습들이다. 그런데 이제 차원이 다른 성격의 문화도시들이 등장한다. 앤디 워홀(Andy Warhol)은 20세기에 등장한 예술가 중 대중적으로 가장 널리 알려진 셀레브리티이다. 1994년 피츠버그에 설립된 앤디 워홀 미술관보다 앞서 워홀이 활동했던 뉴욕도 아니고 태어난 피츠버그도 아닌 슬로바키아의 작은 도시 메질라보르체(Medzilaborce)에 앤디 워홀 현대미술관(Andy Warhol Museum of Modern Art)이 1991년에 세계 최초로 설립되었다. 미술관이 세워진 메질라보르체는 슬로바키아 동북지역의 인구 6,500명 정도의 가난하고 작은 도시인데 이 미술관을 내세우며 워홀 도시(Warhol City)를 표방했다. 메질라보르체의 앤디 워홀 미술관에는 160개 정도의 워홀의 진본 작품과 함께 워홀이 입었던 가죽 자켓과 가족 기념물 등이 전시되어 인간 앤디 워홀을 볼 수 있는 곳으로 인기를 끌었다. 피츠버그에 설립된 미술관에 비해 소장작품은 적지만, 피츠버그에 있는 앤디워홀 미술관은 에베레스트에, 메질라보르체의 앤디 워홀 미술관은 K2에 비유하면서 홍보하였다.

1928년 미국의 피츠버그에서 슬로바키아의 루씬 민족 이민자 가정의 넷째 자녀로 태어난 워홀은 부모의 고향인 미코바(Mikova)는 물론 슬로바키아도 방문한 적이 없었다. 단지, 어린 시절 워홀이 종교 성화가 있는 교회에 다니며 루씬의 문화에 영향을 받았을 것이라고 주장된다. 슬로바키아의 갤러리 큐레이터인 미카엘 빅코(Michael Bycko)박사가 미국에 살고 있던 워홀의 가족이 이 지역 출신임을 확인하고 시도한 첫 번째 전시 기획이 성공을 거두자 박물관 건립까지 나선 것이었다. 이 과정에서 뉴욕에 있는 앤디워홀재단(Andy Warhol Foundation)의 대표였던 앤디 워홀의 두 형인 존(John)과 폴(Paul)이 슬로바키아의 문화부와 함께 미술관 설립을 추진하였다. 워홀의 가족들에 의한 지원으로 미술관이 건립되자, 메질라보르체시도 130만 US 달러를 투자하여 "워홀 도시"를 조성하였고 유럽연합도 $54,625를 지원하였다. 도시의 9개 건물 파사드가 바뀌고 4개의 버스 정거장이 워홀의 작품인 캠벨 수프 모양으로 만들어졌다. 이렇게 해서 워홀 도시로 탄생한 슬로바키아의 작은 도시에 관광객이 찾아오고 도시경제가 활력을 찾았다. 주민들은 워홀 도시를 통해 슬로바키아의 루씬(Rusyn) 문화를 알렸다는 자부심을 갖게 되었다. 파리의 화려함도, 빈에서와 같은 시민의 문화적 열광도 없으나 워홀 도시 메질라보르체를 문화도시가 아니라 하기는 어려울 것이다.

이와 같이 과거 유럽을 대표하던 문화도시와는 다른 형태의 문화도시들이 등장하는 흐름을 우리나라에서도 볼 수 있다. 그러한 문화도시의 사례로 광주가 있다. 광주의 문화도시 사업이 국책사업으로 추진된 배경에는 2002년 대통령 선거가 있었다. 당시 광주에서 얻은 지지 덕분에 당내 경선에서 승리할 수 있었던 노무현 후보는 광주를 문화수도로 만들겠다는 공약을 제시했다. 강운태 전 광주시장의 회고는 이 공약이 만들어진 과정을 전한다.

"당시 제가 민주당 광주시당 위원장 자격으로, 노무현 대통령 후보 광주 선대위원장을 맡았죠. 그해 12월 초 노 후보가 광주에 왔는데, 노 후보가 차 안에서 '무슨 공약 하면 좋겠냐?'고 묻더란 말이죠. 제가 그랬어요. 서울은 경제금융수도하고, 충청권은 기왕에 발표했으니까 행정수도하고, 광주는 예향이니까 문화수도 합시다." 이때 노무현 후보는 "맞어! 광주엔 비엔날레가 있으니까. 말 되네. 그거 합시다"라고 맞장구쳤다. 이어 노 후보는 광주공원에서 연설하면서 "예향 광주를 문화수도로 육성하겠습니다"고 천명했다[4].

"수도"라는 명칭은 문화도시의 특징을 포착한 중요한 표현이었다. 하지만, 광주 문화수도 사업은 "아시아문화중심도시"라는 이름으로 나중에 변경되었다. 2004년 3월에 문화중심도시조성위원회와 추진기획단이 발족하였고, 2006년 9월 《아시아문화중심도시 조성에 관한 특별법》 이 제정되면서 현재의 명칭이 공식화되었다. 헌법재판소가 2004년 10월에서 《신행정수도의 건설을 위한 특별조치법》 에 대한 위헌 판결을 내리기 전에 이미 "문화수도"라는 명칭이 다른 개념으로 대체된 것이다. 새로운 명칭이 가지는 의미에 대한 해석은 많이 나와 있으나 명칭 변경에 대한 명확한 설명은 찾기 어렵다. 이러한 상황에서 1989년 KBS광주에 입사해서 KBS광주 보도국장까지 역임한 정병준 기자가 2007년 광주에서 발행되는 《광주in》 이라는 잡지에 기고한 칼럼은 중요한 설명을 제공한다.

광주 문화수도에 대한 다른 도시의 반발은 어제 오늘의 일이 아니다. 경주 부산은 물론이고, 전주 나주도 '광주문화수도'를 받아들이려 하지 않았다. 광주는 전국에서 으뜸이고싶었지만, 다들 자기가 으뜸이라고 했다.

'문화수도'로 출발했던 명칭이 '문화중심도시'로 바뀌게 된 표면적 이유는 '다른 도시의

4 출처 : 광주드림(http://www.gjdream.com)

반발'이었다. '문화관광부의 광주 이전' 요구가 달갑지 않았을 문화관광부 관계자들에게, 다른 도시의 반발은 문화수도라는 개념을 바꾸는 좋은 빌미가 되었을 것이다.
그렇게 나온 것이 '문화중심도시'다. 그러나 문화중심도시라는 개념은 광주의 기대를 반영하지 못했다. 광주는 문화로 으뜸이고 싶었지만, '문화중심도시'는 그것을 인정하지 않았다. 광주 안에 있는 여러 기능 - 정치·경제·사회·문화 - 가운데 '문화'가 중심인 도시라고했다. 광주가 이런 개념을 수용할 리 없었다. 그래서 만들어진 것이 '아시아문화중심도시'다. 여럿 가운데 최고가 되고 싶은 광주의 기대를 일정부분 수용하면서도, 범위를 아시아로 확대함으로써, '문화행정의 중심지'라는 실질적 의미를 제거하고 상징적인 의미만 남게 하는 타협점을 찾은 것이다. 그 결과 '문화관광부 광주 이전' 주장은 사라지게 되었다.[5]

이 칼럼에서는 "문화수도" 명칭을 변경하게 된 이유로 두 가지를 꼽고 있다. 하나는 문화 분야에서 광주의 우위를 인정할 수 없다는 다른 도시들 – 경주, 부산은 물론 호남의 전주, 나주까지 포함하여 –의 반발이었다. 다른 하나는 당시의 문화관광부가 문화수도인 광주로 이전해야 하는 것에 대한 부처의 반발이 작용했을 것이라는 추정이었다. 그래서 대안으로 도시의 다양한 영역 중 문화가 중심이 되는 의미로 "문화중심도시"라는 명칭이 도입되었으나 다른 도시에 비교한 우위성이 포함되지 않은 것에 대한 광주의 반발을 무마하기 위하여 "아시아"라는 비교 대상을 명칭에 추가했다는 것이다. 이와 같은 해석이 얼마나 사실에 부합하는지를 여기에서 엄밀히 검증할 수는 없으나 지역을 오랫동안 지켜봐 온 중견 언론인의 해석을 근거 없는 것이라 치부할 수는 없는 것으로 판단된다. 결국, 광주 아시아문화중심도시 사업은 2004년부터 2028년까지 25년간 5조 3천억원이 투입되면서, 지금 우리나라에서 추진 중인 가장 큰 규모의 국책 문화도시 사업으로 진행되고 있으나, 애초 노무현 대통

5 출처 : 광주in(https://www.gwangjuin.com/news/articleView.html?idxno=49371)

령 후보에게 요청했던 "문화수도" 사업에서 꿈꾸었던 바와는 상당히 멀어졌다는 생각을 지울 수 없다. 이는 "아시아문화중심도시"라는 개념 자체가 여전히 많은 국민에게 생경한 개념이라는 사실을 통해서도 알 수 있다.

과연 "문화수도"라는 명칭이 그렇게 중요한 것인지에 대해서는 최근 세종시의 문화도시 전략을 다룬 대전세종연구원의 보고서가 《미래 문화수도 조성을 위한 세종시의 방향과 전략》 (이재민 외, 2022)이라는 명칭으로 발간된 사실에서도 볼 수 있다. 2022년 11월에 발간된 이 보고서에서는 세종시가 그동안 법정문화도시 사업에 도전했으나 연거푸 지정에 실패한 이유를 분석하면서 "행정수도"와 연결된 "문화수도"라는 개념을 제안하였다. 단계별 로드맵으로 "문화수도"에 대한 인식 공유에서부터 "문화수도"에 부합하는 콘텐츠를 구현한 후, 정체성을 확보하는 것까지 제시하였다. 구체적인 논리로는 "행정수도"에 부합하는 "수도 문화"를 구현해야 하며, 이를 위해서는 결국 "문화수도"가 되어야 한다는 필요성을 주장하였다. 결국 세종시는 2023년 12월에 "대한민국 문화도시"의 대상지로 선정되었다.

앞에서 살펴본 문화도시에 대한 다양한 이해와 기대들이 오늘날 문화도시 추진이라는 국책 사업에 많은 지자체들이 관심을 갖고 참여하는 것으로 이어지고 있다. 문화도시의 미래에 대한 전망은 실제의 역사 과정에서 등장한 다양한 문화도시의 유형들에 바탕을 두고 있다. 그런 점에서 지금 필요한 것은 다양한 문화도시의 경험들과 가능성을 공유하면서 성찰하고 논의하는 일이다. 어쩌면, 정부의 한 사업 정도로 생각할 수도 있다. 하지만, 이 책의 뒤에서 살피겠지만, 문화도시가 국가 사업으로 등장하여 지자체의 호응을 얻게 된 이면에는 문화와 도시의 관계 형성의 역사가 자리잡고 있다. 모든 문화도시의 사례를 설명하는 것은 불가능한 일이지만, 역사 속에서 중요한 전형이 되어 왔던 문화도시들의 동력과 내용, 이상과 현실을 설명하는데 초점을 맞추는 것이 가능하고 필요한 일이다. 이 글에서는 이러한 목적에 집중한다. 이를 통해서 우리는 어떻게 이러한 문화 도시라는 열풍에 이르게 되었고, 왜 어려움을 겪고 있으며, 또 미래를 위해서 할 일이 무엇인지를 어떻게 고민할지에 대한 논의를 하는 데 한 걸음 더 나아갈 수 있을 것이다.

이 책의 구성

이 책의 구성은 우선 오늘날 세계 많은 나라와 도시에서 문화도시가 목표로 제시되는 배경을 설명하고자 하며, 다음으로는 문화도시가 하나의 틀 안에 가두어 둘 수 있는 주제가 아니라는 점을 제시하고자 한다.

1장에서는 문화도시 논의에 영향을 크게 미친 중요한 사상과 연구들을 소개하고자 한다. 이를 통해서 다양한 문화도시의 사례와 함께 전체적인 논의의 출발점을 제시한다. 먼저 중요한 생각들을 제시하고 여기에서 나오는 핵심적인 사상들과 그 사상이 문화도시의 다양한 모습을 설명하기 위해서 보완적으로 이루어져야 할 논의가 무엇인지를 밝히고자 한다. 다음으로 이상적인 문화도시가 나타나게 된 역사적 배경을 밝히고 그 과정에서 중요하게 작용한 흐름을 제시하고자 한다.

2장에서는 문화도시 변화의 역사적 성격을 제시한다. 도시국가에서 나타난 문화도시의 기원으로서 그리이스의 아테네가 원형으로 나타났다. 다음으로 11세기를 거치면서 유럽의 해상경제가 부활하고 강화된 도시의 경제적 기반을 바탕으로 도시 건축에 막대한 투자가 이루어지기 시작하면서 등장한 르네상스의 도시들을 볼 수 있다. 절대주의 국가의 수도가 등장하고 정치적으로는 시민 혁명을 전후하여 상이한 흐름들이 나타났으나 민족국가의 비교적 안정화된 공간 영지 내에서 수도가 갖는 절대적인 위상은 이전의 도시와는 다른 차원에서 도시 발전의 가능성을 제기하였고 특히 문화와 같이 사치와 잉여의 영역에서 두드러지게 나타났다. 민족국가의 상징적 구심으로서 문화가 동원될 필요성이 커졌고 이를 바탕으로 문화도시가 만들어졌다. 유럽의 문화도시와는 달리 수도의 위상이 없어도 막대한 투자가 이루어질 수 있음을 보여준 대표적인 사례가 미국의 뉴욕이었다. 뉴욕은 일국을 넘어서 글로벌 문화도시의 모습을 보여주고 있다.

3장에서는 일부를 위한 문화도시가 가지는 패권적인 성격에 대한 비판과 개선의 노력으로, 사회 엘리트를 위한 예술을 넘어서 모든 사람을 위한 예술을 구현하기 위한 노력이 다양한 형태로 전개되었음을 설명한다. 나아가 창조경제의 도래에서 주체가 누가 될 것인가의 문제를 놓고 창조계급에 대한 강조에서부터 모든 사람의 창조성이 중요하다는 논의로 확산되는 상황이다. 이상적으로는 모두를 위한 모든 문화가 제시되고 부상하면서 모두를 위한 문화를 구현하려는 정책이 도입되어 제도화된 과정을 제시한다.

4장에서는 도시 위기를 맞아서 문화적 해법의 성공 사례들이 나타나기 시작하였다. 다음으로 도시 위기가 서구의 도시들을 뒤덮었고 이를 해결하기 위한 문화적 해법이 등장하였다. 뉴욕의 사례가 글로벌 문화도시에서 드러난 문화의 가능성이었다면 유럽에서는 빌바오와 바르셀로나를 대표적인 경우로 분석한다.

5장에서는 문화도시의 성공 사례와 함께 부상한 도시문화정책을 설명한다. 도시문화정책이 다른 문화정책이나 도시정책과 구분되는 지점이 무엇인지를 설명함으로써 도시문화정책에 대한 이해를 돕고 이를 통해 문화도시 추진 과정에서 나타나는 다양한 노력들을 이해할 수 있는 안목을 제공하고자 한다.

6장에서는 문화도시를 지정하는 시기가 되어 등장한 사례들을 분석한다. 유럽문화수도를 중심으로 문화도시 지정이 세계적으로 확산되는 상황에 대한 이해를 돕고 한국에서 진행된 사업들을 개관하며 그 의의와 한계를 논한다.

이와 같이 문화도시의 문화사적인 흐름부터 현재의 정책적인 노력까지 이질적인 맥락들이지만, 이들을 종합적으로 이해할 때 오늘날 문화도시가 언급되는 배경에 대해 이해할 수 있다. 그리고 이질적인 요소들을 한 묶음에 모아 놓았을 때 시민들의 통념과 정책 결정자들의 의도, 예술가들의 바램과 지역 상인들의 희망을 동시에 고려할 수 있다.

1장

중요한 생각들

이 책에서는 문화도시에 대한 논의를 시작하기 위한 출발점으로 도시의 다양한 사례들을 비교하여 분석한 세 사람의 중요한 연구자를 살핀다. 고든 차일드(Gorden Childe, 1892-1957), 루이스 멈퍼드(Lewis Mumford, 1895-1990), 피터 홀(Peter Hall)의 세 사람의 논의를 다루고자 한다. 이들은 모두 오랜 역사 기간에 걸쳐 나타난 여러 도시들의 모습을 비교연구하였고 도시의 변화와 성격에 대한 논의에서 큰 영향을 미쳤다. 이들은 오랜 역사에 걸쳐 다양한 형태의 문화도시를 이해할 수 있는 논의를 제공하였다. 이들의 논의를 통해서 문화와 도시의 관계나 문화도시에 대한 논의의 출발점을 찾을 수 있다.

차일드의 도시 혁명에서 나타난 **도시와 문화**

그동안 도시연구에서는 근동지역의 고대 도시들을 중심으로 도시의 출현을 설명해 왔다(*Knox & McCarthy*, 2005: 27). 이와 같은 고대도시 이해에 큰 영향을 미친 것이 차일드의 연구였다. 차일드는 호주 시드니에서 성공회 목사의 아들로 태어나 유물론적인 무신론자로 성장하여 마르크스주의에 기반을 두고 근대 고고학의 토대를 마련한 연구자로 평가받는다. 차일드는 1920년대에 그리스 문명 유적지에서 나온 토기를 근거로 선사시대 유럽 유적의 연대를 밝혔고 1930년대부터 마르크스주의 유물론을 바탕으로 서남아시아와 유럽의 선사시대에 나타난 문화, 경제, 사회의 진화 과정을 밝혔다(박해운, 2018). 당시의 연구자들이 지역 단위 연구에 열중할 때, 차일드는 유럽 문명 자체를 연구 대상으로 삼았다. 그는 호주인으로서 가졌던 비유럽인의 정체성이 유럽 문명 전체를 연구대상으로 삼는데 영향을 미친 결과, 《유럽 문명의 여명》(*The*

Dawn of European Civilization, 1925)과 《아리안족》(*The Aryans*, 1926)과 같이 유럽 문명 단위의 설명을 제공하는 저서를 출간하였다.

차일드의 학문적 업적이 갖는 복합적 성격은 청년시절부터 고고학자이면서 사회주의자로서의 신념을 가졌기 때문이었다. 차일드는 역사적 사건의 특수성을 강조하는 문화사적 입장과 인류의 일반진화과정의 방향성을 중시하는 유물론을 결합해 선사시대를 연구하였다(박해운, 2018). 고고학적 자료에 대한 세밀한 분석을 수행하는 '전문화 지향적(particularizing)' 연구와 인류사의 전반적인 흐름과 전개 과정을 파악하는 '일반화 지향적(generalizing)' 연구를 병행한 것이다(고일홍, 2011).

일반화를 지향한 연구로는 근동의 고고학을 배경으로 문명의 변천을 야기한 경제적 동인에 대해서 분석한 《고대의 동방》(*The Most Ancient East*, 1928), 《청동기 시대》(*The Bronze Age*, 1930). 《고대의 동방에 관한 새로운 식견》(*New Light on the Most Ancient East*, 1934)을 출간하였다. 이러한 저술들을 통해서 차일드는 농경사회의 도래와 금속도구의 사용이 가져온 변화들을 설명하면서, 도시사회로의 전환을 중요한 사건으로 평가하였다. 차일드가 마르크스주의를 일면적으로 수용한 것은 아니었다. 차일드는 1935년 소련 방문을 계기로 마르크스적 역사 접근 방법의 가능성을 깨닫고 이를 적용하여 《인류사의 전개》(*Man Makes Himself*, 1936)와 《인류사의 사건들》(*What Happened in History*, 1942)을 출간하기도 했었다. 하지만, 제2차 세계대전 후에는 소련 고고학에 대해 실망하면서 고고학의 학문적 정체성에 대한 연구를 하여 《고고학과 인류학》(*Archaeology and Anthropology*, 1946), 《역사》(*History*, 1947), 《사회 진화》(*Social Evolution*, 1951)를 출간하였다. 이와 같은 저술 활동을 통해서 차일드는 당대의 학문적 조류와 차별성을 보였다. 당시 프란쯔 보아스(Franz Boas,

1858-1942)의 영향을 받아 진화주의를 거부한 상대주의적 관점에서 실증적인 방법으로 고고학 사례의 연대기 작성에 힘써왔던 당대의 연구 경향에 새로운 바람을 불러일으켰다(Smith, 2009).

도시의 역사적 기원에 대한 차일드의 이론적 업적은 신석기 혁명(Neolithic Revolution)과 도시 혁명 (Urban Revolution)의 개념으로 집약된다. 신석기 혁명이 의미하는 것은 농경 생활의 시작으로 혁명적 대전환이 일어났다는 것이다. 그 설명에는 이른바 '오아시스 가설'이 있다. 오아시스 가설에 따르면, 기후 변화에 따른 환경 건조화로 인간과 동물 모두 오아시스 주변의 한정된 지역에 모여들면서 인간과 동물의 개체수가 증가하였고 이에 따라 한정된 식량 자원을 둘러싼 경쟁이 심화되었는데 인간이 동물을 순화(domestication)시킴으로써 해결책을 찾았다. 바로 이러한 신석기 혁명은 도시 혁명의 도래를 위한 준비단계로서 의의를 가진다.

차일드의 도시 혁명에 대한 주장은 도시계획 분야 학술지인 *Town Planning Review*를 통해서 널리 알려지게 되었다. 이 학술지는 1950년에 당시 저명한 역사가들에게 계획 분야 종사자들을 위한 원고를 청탁하여 게재하는 시리즈를 기획하였다. 차일드도 초청되어 "The Urban Revolution"이라는 논문을 발표하였는데, 이 원고가 큰 반향을 불러일으켰다. 차일드가 이 학술지에 기고한 원고는 이전에 수행했던 작업들을 간략하면서도 명확하게 종합하여 정리하였기 때문에 다양한 분야의 도시 관련 전문가들에게 읽혔고 고고학자가 작성한 논문 중 가장 많이 인용된 글이 되었다(Smith, 2009: 8-10)

이 논문에서 차일드는 도시 혁명의 개념 자체에 대한 상술을 대신하여 고고학 자료들로부터 추출된 10개조 모형(ten-point model)을 통해 도시 혁명의 특징을 제시하였다(Childe, 1950). 10가지 도시의 특징은 다음과 같다. (1) 인구 규모의 확장과 인구 밀도의 증가, (2) 농축산 생산활동에 종사하지 않는 인구 출현, (3) 잉여의 집중과 조세 징수, (4) 기념비적 공공 건축물, (5) 잉여 축적과 불평등한 배분, (6) 문자의 사용과 기록문화, (7) 학술적 과학의 발달, (8) 자연주의적 예술의 발달, (9) 교역의 일상적인 발달, (10) 전문화된 장인의 활동 여건과 거주 기반 국가 조직 등이다.

차일드의 논의가 논란으로부터 자유로운 것은 아니었다. 도시의 특징으로 제시한 10개조 모형이 도시 형성의 다양한 역사를 단순화시켰다는 비판을 받았다. 또한 10개 특성이 마치 동시에 일어난 것처럼 해석될 수 있다는 점도 비판받았다. 역사적인 고증과 비교해 보면 10개 특성은 각기 오랜 기간에 걸쳐서 이루어진 변화이고, 지금으로부터 5천 년 전 초기 수메르 도시에 이르러서야 비로소 10개 특성이 모두 등장하는 도시가 나타났다(Gates, 2011: 30). 또한 도시 혁명에서 혁명이 무엇을 의미하는지도 논란이 되었다(Smith, 2009), 그의 마르크스주의 신념 때문에 혁명이라는 개념의 사용이 가지는 의미에 대한 논란이 커졌다. 그가 여기서 말하는 혁명은 마르크스주의적인 의미로 사용된 것이 아니라 새로운 단계로의 전환이라는 의미를 갖는 것으로 보인다. 또한, 10가지 특징들 사이에 어떠한 유기적 관계가 있는지에 대한 설명을 제시하지 않고 나열했다는 점에 대해서도 비판이 일었다(고일홍, 2011).

차일드의 다른 저술을 고려할 때 10가지 특징들 사이의 유기적 관계에 대한 이해는 다음과 같이 이해할 수 있다. 도시혁명의 진행과정에서 청동 생산이 도시화를 야기한 핵심적 발명이었고, 청동 생산으로 인해 구리와 주석을 구하기 위한 장거리 교역이 본격화되었다. 그리고 청동 생산을 위한 전업적 장인 집단과 장거리 교역을 가능케 할 사회자본을 확보해야 할 필요에 따라 집약적 생산과 생산물 집중화를 추구하면서 도시화가 일어났다. 청동 생산에 필요한 잉여 자본은 정치적, 종교적 기관의 발달을 가져왔고 식량 생산에서 벗어날 장인 집단, 군인의 등장과 맞물려 경제 및 행정 시스템이 재조직되었다. 이 과정에서 정치, 사회, 예술 분야에 다양한 변화들이 일어났고, 이러한 변화들의 중심에서 도시가 성장하였기에 이러한 변화의 총체를 도시 혁명이라고 부를 수 있다(고일홍, 2011: 170-171). 도구의 변경에서 초래된 일련의 변화들이 서로 연계되어 발생하였고 그 핵심에는 도시의 출현과 성장이 있었다는 점에서 도시 혁명이 있다. 이와 같이 제기된 여러 비판에도 불구하고 차일드의 논의는 오늘까지도 여전히 고대도시의 발생을 설명하는 출발점이 되고 있다.

차일드가 제시한 10개 항목들 중에서 문화 영역은 따로 구분되어 있지 않았다. 차일드의 10개조 설명은 도시 등장의 변화가 인구학적, 지리적, 경제적, 이데올로기적 측면들을 가진다는 점을 보여준다. 도시가 갖고 있는 풍부한 다면성을 보여주는 것은 오히려 차일드 설명의 강점이라 할 수 있다(Gates, 2011: 3). 이 중에서 문화와 도시의 관계에 대해서 직접적으로 관련성이 가장 높은 항목은 예술적 표현이 새로운 방향으로 전환점을 맞게 되었다는 사실이다(Childe, 1950: 15). 차일드가 도시 혁명의 항목으로 예술 차원의 발달을 주장한 것은 논란의 대상이 될 수 있는데 그 이유는 이미 원시시대의 야만기부터 동물과 인간에 대한 묘사의 흔적을 발견할 수 있었고, 오히려 이후의 묘사에 비해서 사실적인 측면에서는 더 발달되어 있었기 때문이다. 특히, 구석기 동굴벽화의 수준이 높았기 때문에 도시의 출현 이후 예술이 발달했는지에 대해서 의문이 제기될 수 있다(아놀드 하우저, 1999a). 하지만, 신석기 시대에 들어와서 사실적인 묘사는 줄고 추상화된 표현이 늘어나게 되었다는 점은 이집트, 수메르, 인도, 마야의 예술 장인들(artist-craftsmen)이 이제 사냥꾼의 단순한 자연주의를 넘어서 정교한 체계 안에서 시각적 작업을 해나가게 되었다는 사실을 의미한다. 이러한 발전은 조각가, 화가, 공예가들이 전업으로 작업하는 환경이 마련됨으로써 가능해진 것이었다. 전문화된 장인들이 작업할 수 있도록 재료를 공급해 주고 경제적 안정을 보장해 주는 사회체제가 도시에서 출현함으로써 도시가 문화의 요람이 된 점이 이전의 동굴 벽화와 구분되는 차이다. 이러한 점에서 볼 때 도시혁명의 요체는 노마드 생활에서 벗어나 정착생활을 함으로써 전문가들이 안정적으로 활동할 수 있는 사회조직이 만들어졌다는 사실이다. 또한, 이러한 기반 위에서 공공의 목적을 위해서 건설한 기념비적 건축물이 도시가 갖고 있는 권력과 예술적 수준의 상징이자 차별화의 수단이 된 것이다(Childe, 1950: 8).

이러한 사실을 바탕으로 볼 때 차일드의 논의가 도시와 문화의 관계에 대해서 시사하는 가장 중요한 사실은 도시를 도시답게 만드는 것이 문화라는 점이다. 도시의 시원에서부터 문화적 요소가 두드러졌고 보편적인 특징으로 분류되기 때문에 모든 도시는 문화도시라 할 수 있다.

다음으로 중요한 사실은 도시와 문화의 관계가 다차원적이면서 서로 유기적으로 연결되어 있다는 점이다. 비록 차일드가 이러한 유기적 관계에 대해서 직접 설명을 제시하지는 않았으나, 이와 같은 유기적 연계야말로 과거의 동굴에서의 삶으로부터 도시를 구분하는 중요한 지점이 되었다. 도시의 문화적 우월성은 도시에서 창조되는 예술적 표현물의 발달 수준에서도 나타나지만, 기념비적 건축물과 같이 도시 발달의 중요한 외형적 변화도 연결된다. 예술적 행위나 건축물의 기념적 속성을 과시하는 데는 상당한 숙련이 필요하고 이는 오직 전업적 전문가 집단의 출현에 의해서만 가능하다. 이러한 연관관계가 발생하는 것이 도시의 발전이다. 또한, 문자와 기록문화는 문화적 성취가 망각 속으로 소멸하는 것을 막아주며 누적적 발전을 가능케 해주는 근본적인 수단으로서 작용한다. 이러한 누적적 발전이 도시의 문화진화론적 성격의 중요한 계기라 할 수 있다.

따라서 차일드가 제시한 10개의 특징들 자체에 못지않게 중요한 것이 도시혁명이 가지고 있는 문화적 진화론의 성격이다(Ohrenstein, 1954;

Smith, 2009). 전 지구적으로 도시혁명이라 불릴 만한 변화가 지리적으로 격리된 채 다양한 문명에서 발생했지만, 차일드는 문명이 고립되어 발전한 것처럼 생각하는 것은 환상이라 보았다. 중요한 것은 확산이었다. 어느 한 도시에서 이루어진 변화들이 그 도시에만 영향을 미치는 것이 아니고 다른 도시의 변화에도 이어져 작용했기 때문이다. 특히 문화적 성취에 대한 설명에서 진화론적 관점의 중요성이 드러난다. 특정한 도시에서 이루어진 문화적 성취가 역사의 흐름 속에서 다른 도시로 전해져 문화적 발전이 지속된다. 이와 같은 점은 문화도시의 성취를 개별 도시의 단위에서만 바라보는 관점의 한계를 드러낸다. 구대륙에서 일어난 문명들은 모두 이집트, 메소포타미아, 인더스의 후계자들로 간주될 수 있다. 모든 문화들은 상호연관되어 궁극적으로는 하나의 문화를 이룬다. 그렇다고 해서 후대의 문명이 단순히 앞선 문명과 유사하게 좇아감을 의미하지는 않는다. 크레타의 청동기 해상문명이나 고대 그리스 문명의 경우 앞선 문명들과 상당한 차이를 보인다. "하지만, 도시 혁명은 완전히 새롭게 시작하는 것이 아니다. 앞선 세 문명에서 축적된 자본을 얻을 수 있으며 또 실제로 그러했다. 무엇보다 문화자본(cultural capital)의 경우에서 이러한 관계가 가장 명확하다(Childe, 1950: 17)." 이러한 관계들을 설명하면서 차일드가 문화자본 개념을 사용한 사실도 매우 흥미롭다. 문화자본의 개념을 사회학적으로 사용한 부르디외(1995)나 경제학적으로 사용한 트로스비(2004)에 비해서 훨씬 앞서있기 때문이다.

차일드에 따르면 도시 혁명은 아무 기반도 없는 곳에서 모든 것이 새롭게 출발한 것이 아니라 다른 도시 문명의 중심권에서 만들어진 결과들을 활용함으로써 새로운 변화를 만들어온 과정이자 결과라 할 수 있다.

멈퍼드의 역사 속에서 도시 보기

멈퍼드는 도시와 기술, 그리고 생태에 대한 광범위한 저술을 남겼다. 그 중에서도 도시의 문명사적 비판을 담은 《도시의 문화》(*The Culture of Cities*, 1938)와 《역사 속의 도시》(*The City in History*, 1961)가 20세기 미국의 최대 도시이론가로 불리는 그의 대표 저술로 꼽힌다. 이에 대한 평가는 양면적이다. 한편으로 그의 이론과 사상은 복잡하고 이해하기 어려워서 도시계획 실무진에게는 접근하기 어렵고 활용성이 떨어지는 것으로 평가된다(김선범, 1995). 다른 한편으로 생태계적 관점에 바탕을 둔 거대도시에 대한 비판정신이 뉴어바니즘(박세훈, 2010), 종합적인 지역계획(Wheeler, 2002), 살기 좋은 도시를 위한 비전(Mellon, 2009), 창조도시 계획(Kovacs, 2023) 등의 분야에 영향을 미침으로써 도시계획의 변화에 계속 영감을 주는 대상이 되고 있음을 보여준다.

문화도시와 관련해서 다음과 같이 세 가지 시사점을 살펴볼 수 있다. 첫째, 멈퍼드는 《역사 속의 도시》에서 도시를 인간 문명의 시원으로 보면서 도시와 문화의 불가분의 관계를 제시하였다. 멈퍼드의 시각에서 보면 도시는 인간의 문화에 새로운 가능성을 제공하는 기반이었다.

새로운 도시의 혼합물은 모든 방향에서 놀라운 인간 능력의 확대를 초래케 했다. 도시는 인력의 동원, 장거리 교통, 시간과 공간을 극복하는 통신, 대규모 토목공사를 가능하게 하는 발명을 초래했을 뿐만 아니라, 농업 생산성의 비약적인 증가를 촉진했다. ... 이 모든 일이 일어났을 때 고풍스런 촌락문화는 창조와 통제, 표출과 억압, 긴장과 이완의 독특한 결합이라 할 수 있는 도시문명에 항복했고, 이것의 외형적 표현이 역사적 도시였다. (루이스 멈퍼드, 2016: 54~55).

오늘날 직업적 과잉전문화와 관료적 무책임주의에 의해 한계에 봉착한 현대도시의 변화 방향도 문화에서 찾을 수 있다. 멈퍼드는 도시의 주된 기능을 사용하여 '힘'을 '형태'로, '에너지'를 '문화'로, '죽어있는 물질'을 '예술의 살아있는 상징'으로. '생물학적 재생산'은 '사회적 창조성'으로 전환시켜야 함을 주장하였다(김영수, 2005: 110). 멈포드는 역사적 도시의 출현도, 현대 도시의 문제 해결도 모두 문화에서 해법을 찾았다.

둘째, 도시의 출현에서 새로운 현상에만 초점을 맞추는 것이 아니라 연속성을 강조하였다. 바로 이 점이 패트릭 게데스(Patrick Geddes)의 《진화하는 도시》(1915)에 영향을 받은 멈퍼드의 진화론이 갖고 있는 중요한 성격이었다. 게데스는 생물학에서 역사적 진화의 개념을 수용하여 사회과학 분야에 적용하여 스코틀랜드에서 지역연구에 큰 영향을 미쳤다(안영진, 2005). 이러한 진화론의 성격이 멈퍼드 사상의 중요한 기초가 되었다. 멈퍼드의 진화론은 차일드에 대한 비판에서 잘 드러난다(p.55). 멈퍼드에 따르면, 차일드의 도시혁명에 대한 주장은 실제로 일어난 일을 명확하게 드러내기보다 모호하게 만들었다. 그 이유는 도시 혁명이라는 개념이 새로운 요소의 돌출을 지나치게 강조하기 때문이다. 멈퍼드는 오히려 지속적인 영향을 강조한다. "도시의 발생은 전시대의 문화적 요소를 쓸어 내기보다는 사실상 그것들을 함께 모아 그 효력과 범위를 증가시켰다(루이스 멈퍼드, 2016: 55)." 멈퍼드가 도시에 대한 역사 분석에서 강조하고 싶어 하는 것은 단절이 아니라 연속성이다.

그렇다면 연속성의 중요한 내용은 무엇인가? 멈퍼드는 "도시란 무엇인가?”(p. 3)의 질문에 대한 답을 원시시대 인간의 사회적 생활이 갖는 특성에서부터 이어오는 공통점에서 찾고 있다. 그 사례가 묘지와 사당이다. 묘지와 사당은 동물과 다른 인간의 관심을 보여준다. 도시에 남아있는 촌락 구조의 연원을 찾아 거슬러 올라가면, 구석기 시대의 동굴 경험이 나온다. 죽은 이를 묻은 무덤이 도시의 출현을 가능케 한 정착의 뿌리이다. 시신을 동굴이나 돌무덤에 안치한 것이 인간의 정주를 가져 온 중요한 계기가 되었다. 이러한 점에서 “사자의 도시는 생자의 도시의 선구요, 핵심을 이루었다(p.9).” 도시 생활의 핵심은 바로 이 죽음과의 관계를 통해서 설명될 수 있다. 공간적으로 죽은 자와 산 이의 관계가 이루어지는 것이 동굴이다. 동굴의 역할은 구석기 시대 인간의 주거공간이었지만, 이보다 더 중요한 것이 예술과 의식이었다(p.10). 죽음과 예술의 공간인 동굴은 “인간의 풍요로운 생활을 위해 마련된 교제의 장소(p.12)”였다.

멈퍼드의 동굴에 대한 예찬은 그의 도시에 대한 인식의 원형을 보여준다. 동굴에 모여들어 정착한 인간들은 “단지 식량의 증가로 생기는 풍요가 아니라 상징적인 환상과 예술을 마음껏 향유함으로써 생기는 사회적 기쁨”과 “생활을 향상시키고자 사는 공동의 꿈”을 누리면서, “정서적으로 황홀할 만큼 정신적으로 의미 있고, 아리스토텔레스가 훗날 《정치학》에서 짧게 묘사한 최초의 유토피아와 같이 훌륭한 생활”을 맛본다(p. 12).

멈퍼드의 사상에서 이러한 원초적인 인간 공동 주거의 모습은 과학기술의 발전, 사회조직의 변화, 도시 규모의 확장과 같은 외형적 변화에도 불구하고 도시의 본질로 자리 잡아 지속된다. 고대도시가 성장의 결과로 등장하였어도 촌락시대의 습성은 여전히 남아있다. 도시의 배아적 구조가 촌락에는 이미 존재하였으며(p. 34), 과거로부터 전승되어 온 규칙이나 결정을 임기응변적으로 적용할 때 구성원들의 합의를 도출하는 촌락 장로회의 민주주의는 도시에서 사라진 것이 아니라 여전히 최초의 정부기구로서 도시에 남아서 중요한 역할을 수행한다. 멈포드는 각 문화의 새로운 단면만을 강조하는 입장을 비판하면서 물질문명의 변화에도 불구하고 비물질적 문화가 모든 지층을 관통하면서 적극적으로 작용하고 있음을 제시했다.

셋째, 멈포드는 도시에서 이상적인 모습을 구현하는 유토피아주의를 도시의 본원적인 특징으로 보았다. 유토피아주의가 멈퍼드의 사상에서 중요한 위치를 차지하고 있음은 1922년에 발표한 그의 첫 저술이 《유토피아 이야기 *The Story of Utopias*》였다는 사실에서도 잘 드러난다. 《유토피아 이야기》에서 멈퍼드는 플라톤(Plato), 토마스 모어(Thomas More), 프란시스 베이컨(Francis Bacon), 토마소 캄파넬라(Tommaso Campanellaare), 테오도르 헤르츠카(Theodor Hertzka), 윌리암 모리스(William Morris), 허드슨(W. H. Hudson), 웰즈(H. G. Wells) 등의 사상가와 르네상스, 산업주의, 컨트리 하우스(Country House)와 코크 타운(Coketown), 메갈로폴리스(Megalopolis) 등으로 이어지는 흐름에서 나타난 유토피아 사상의 흐름과 그 한계들을 설파하였다(Mumford, 1922). 이후의 도시연구 저술에서도 유토피아 사상에 대한 관심은 이어졌다. 예를 들면, 《도시의 문화》에서도 전원도시(garden city)의 등장에 영향을 미친 로버트 오웬(Robert Owen)과 푸리에(Fourier)의 이상주의적의적인 주장의 영향을 설명하고 있다(Mumford, 1938: 392).

도시의 유토피아 지향은 한편으로는 도시의 발달에서 촌락의 성격이 유지되는 것을 통해서 구현되었다. 도시의 발전은 이전에 흩어져 있던 기능들을 제한된 지역에 끌어모음으로써 공동체를 "역동적인 긴장과 상호작용 상태(루이스 멈퍼드, 2016: 56)"로 이끄는 것이지 공동체적 관계를 해체시키는 것이 아니다. 촌락의 유대관계에서 나오는 친밀감과 포용성이 도시의 활력의 원천인 것이다(p.26).

다른 한편으로는 도시에서 유토피아주의는 종교와의 결합을 통해서 안정적인 제도화의 틀을 갖게 되었다. 도시의 유토피아주의가 기반한 신성성은 고대 문명의 거대한 유산들이 종교적 공간이었던 동굴의 모습을 띠고 있는 사실에서도 발견된다. "피라미드, 지구라트, 미트라 교도의 석굴, 기독교의 지하납골당 등은 모두 산중의 동굴이 그 원형이다. 동굴의 형태와 사용 목적은 도시의 궁극적 발달에 큰 역할을 다했다(p.13)." 물리적 생존보다도 신성성에 관한 것이 인간의 정착지를 정하는 결정 요인이었기 때문에 도시는 신성성을 기반으로 문명제도를 계승하였고(p.14), 도시 안에서는 촌락에서와 마찬가지로 성채로부터 성소가 분리되어 존재하면서 신성성의 중요성이 이어졌다. 그래서 고대 도시의 형성을 이야기할 때 멈퍼드는 기술, 정치, 종교 중에서도 종교를 상세하게 다루어야 할 필요성을 강조하였다(p. 59). 예를 들면, 도시의 외형을 드러내는 성벽의 첫 용도도 "군사용이었다고 단정할 수 없고 오히려 종교적인 것으로 성소의 신성한 경계를 한정짓고 유해한 사람 및 그보다 악령을 방지하기 위한 것이었기 때문이었다.(p.65)" 현실적으로도 물리적 힘만으로는 증가한 규모의 공동작업을 도시에서 수행하기 어렵고 자발적인 동조를 이끌어내야 하는데 종교가 그 역할을 수행하였을 것으로 해석한다. 촌락에서 성소가 중심지를 차지하였던 것처럼 정치, 경제, 종교 사이의 기능 분화가 이루어지지 않았던 시절에 종교가 중요한 역할을 수행했던 것이다.

도시국가의 발전에서 신성성이 차지하는 중요성에 대한 논의는 칼 야스퍼스(Karl Jaspers)가 《역사의 기원과 목표 *Vom Ursprung und Ziel der Geschichte*》에서 제기하고 쉬무엘 아이젠슈타트(Schmuel Eisenstadt, 1987)가 발전시킨 차축 이론과 연계하여 바라볼 수 있다. 차축이론에 따르면 세계적으로 BC 800년과 BC 200년 사이 약 500년 동안 인류에 중요한 정신적 변화과정이 진행되었다. 이러한 변화과정 중에 초월적 질서와 세속적 질서 사이의 긴장 관계로부터 새로운 문명이 출발하였고 사회적 분화가 나타나서 엘리트 집단이 형성되었다. 야스퍼스는 이와 같은 정신적 변화가 우리가 현재 살고 있는 시대를 만든 역사의 기점이 되었고 이러한 역사의 기점이 만들어진 시기를 차축시대(die Achsenzeit)라고 표현했다(칼 야스퍼스, 1986: 21). 차축시대에 나타난 인물과 사상들로는 중국의 공자와 노자, 묵자, 장자 등의 철학, 인도에서는 우파니샤드, 불타, 이란의 짜라투스트라의 등장과 선악의 투쟁이라는 세계상, 팔레스틴에서는 엘리야, 이사야, 예레미아 등의 예언자가 등장, 희랍에서는 시인으로서 호머, 철학자로서 파르메니데스, 헤라클레이토스, 플라톤이 있고, 비극론자로서 투키디데스, 아르키메데스 등이 있다(p.22). 중국, 인도, 서양에서 등장한 차축시대의 사상들은 여러 차이에도 불구하고 인간이 자신의 한계와 함께 자기 자신을 전체 속에 있는 존재로 인식한다는 공통점을 가졌다. 차축시대의 사상 안에서 세계의 공포성과 자신의 무력함을 경험한 인간은 물음을 제기하고 해방과 구원을 희구하는 존재가 되었다. 차축시대 논의는 도시 형성의 배경이 되는 문화적 변동에서 신성성이 특정한 문명권에 한정되지 않고 세계적으로 보편적인 성격을 가짐을 보여준다. 그리고 이와 같은 신성성이 도시의 유토피아주의로 연결된다.

"도시는 신성하고 안전한 권력을 찬미하는 구체적인 표현 수단일 뿐만 아니라, 삶의 모든 차원을 확대시켜 주는 의식적인 관념을 뛰어넘는 것으로 확인되었다. 우주의 대표로서, 천국을 지상으로 끌고 내려오는 수단으로 시작함으로써, 도시는 가능성의 상징이 되었다. 이상향(Utopia)은 도시의 원초적 구성에 통합된 일부분이었고, 처음부터 도시는 이상 투사의 형태를 갖추고 있었기 때문에, 기대 수준이 낮고 일상생활 습관과 세속적인 희망을 초월하려는 노력을 하고자 않으며, 느슨하게 통치되고 있는 소규모 공동사회에서는 영원히 잠재적으로 남아 있을 수 밖에 없는 것들을, 현실 속에 실현시켰다(루이스 멈퍼드, 2016: 56)."

도시가 가능성의 상징이기 때문에 이상향이 도시의 원초적 구성에 통합되어 있다. 촌락 단위에서는 꿈꾸기만 할 수 있었던 이상을 도시에서는 현실 속에서 실현시킬 수 있다는 뜻이다. 이상향에 대한 지향이 도시의 원초적 속성이라는 주장은 문화도시에 대한 이해에 중요한 시사점을 던진다. 이상적이고 초월적인 공동체 이상을 도시에 구현하려는 노력이 문화와 도시의 관계를 발전시키는 기본적인 지향이자 추동력이 될 수 있음을 보여주기 때문이다.

홀의 예술적 창조의 **황금기를 위한 조건들**

홀은 런던대학, 캘리포니아대학의 교수이자, 영국 왕실로부터 기사 작위를 받은 도시학자이다. 역사지리학에서 출발하여 도시계획을 연구한 도시사학자로서 홀은 《내일의 도시 *Cities of Tomorrow*》를 통해 근대 도시계획의 등장과 그에 따른 변화를 설명하였고 UN과 같이 《미래의 도시 *Urban Future 21*》를 저술하여 지속가능한 도시 논의에 중요한 기여를 하였다. 홀은 도시의 변화를 위한 실천에도 적극적으로 참여하여 영국 대처 정부에서 경제회생을 위한 기업유치특구(Enterprise Zone)를 제안하고 영불해저터널의 개통에 맞추어 테임즈강 동부회랑개발계획을 세움으로써 런던의 균형발전에 기여하였다. 이와 같이 홀은 다양한 지적 편력과 컨설팅 경험, 그리고 사회경제 동향을 종합하는 실용적인 절충주의를 지향한 것으로 평가된다(권원용, 2001: 319).

1998년에 발간한 《문명 속의 도시 *Cities in Civilization*》에서 홀은 방대한 도시비교연구를 바탕으로 문화와 창조의 문제를 다루었다. 서구의 역사 전체에 걸쳐 도시와 문화의 관계를 다룬 홀의 저술은 그 규모와 수준 면에서 지금까지 나온 논의들 중 독보적인 지위를 갖고 있다. 홀 스스로가 가장 야심차게 썼기 때문에 가장 애착이 가는 책(피터 홀, 양도식, 2005)이라고 한 《문명 속의 도시》는 "위대한 도시들이 왜 갑작스럽게 창조적인 도시가 될 수 있었을까? 위대한 도시들이 어떻게 황금기, 벨 에포크(Bel elÉpoque)를 가질 수 있었을까?"라는 질문에 대한 답을 찾기 위한 시도였고 저술을 완성하는데 10년의 시간이 소요되었다(Hall, 2003: 1).

그렇다면, 홀은 왜 창조성에 대해서 관심을 갖게 되었을까? 1980년대 문화에 기반을 둔 도시 변화가 가시화되었다. 홀은 경제학자 케인즈(John Maynard Keynes)가 1930년에 쓴 에세이에서 경제적 필요로부터 인간이 해방되어 누구나 자신이 하고 싶은 일을 하는 세상이 미래에 도래할 것이라고 예견한 사실을 언급하면서 케인즈가 예견했던 시대가 이제 도래한 것이라고 보았다. 경제적으로 최소한의 보장이 가능하고, 문화예술이 산업화되면서 개인의 수입과 경제성장의 원천이 되는 시대가 도래한 것을 보면서 하고 싶은 일을 하는 세상에 가까워진 것으로 인식한 것이다. 1980년대부터 유럽의 도시들에서 제조업의 공백을 문화산업이 채우고 1990년대 후반부터 창조산업과 창조도시가 도시 문제 해결에 중요한 방안으로 제기된 것이 그 방증이었다.

홀은 창조성의 황금기를 설명하기 위한 이론적 자원으로 예술철학을 집필한 이폴리트 텐(Hippolyte Taine, 1828-1893)이 제시한 일반적인 태도와 마음 상태로서의 예술적 환경(artistic milieu)에 대한 논의에 스웨덴의 경제지리학 논의를 종합하여 창조적 환경(creative milieu) 개념을 제시하였다(Hall, 1998: 15). 이 외에도 경제의 영향을 강조하는 마르크스주의 논의를 수용하였고 멈퍼드의 대도시 비판에 대한 반박도 중요한 연구 관심이 되었다.

홀은 예술적 창조성과 기술적 창조성을 구분하고 그 조합에 따라서 예술적 창조도시, 기술적 생산적 창조성이 두드러진 도시, 문화예술과 기술이 결합한 도시의 세 가지 유형으로 창조적인 도시를 구분하였다. 이 세 가지 유형들 중 이 책에서 다루는 문화도시, 그리고 통상 가장 많이 언급되었던 문화도시가 예술적 창조도시다. 홀이 예술적 창조도시로 본 분석 대상은 BC 6세기경의 고대 그리스 아테네, 르네상스에서 시각예술의 발전을 주도한 피렌체, 드라마와 연극의 발전을 이룬 16세기 런던, 1780-1830년까지의 음악 혁명의 시대와 1900년 경 세기말의 청년 빈 운동과 같은 폭발적인 변화를 수반한 빈, 시각예술의 변화를 이룬 벨 에포크 시대의 파리, 연극, 영화, 그래픽 등의 시각예술 분야에서까지 혁신적인 발전을 맞이한 1920년대 베를린이 있다. 홀은 이러한 도시들이 특정한 조건에서 창조성이 발현되는 상황이 지나면 위기를 겪으면서 창조성의 시기가 끝났다는 점에서 황금기가 존재하는 것으로 인식하였다.

홀은 6개 도시의 황금기 사례를 분석하여 예술적 창조성의 발현을 가능케 한 조건들을 제시하였다. 홀이 제시한 요인들은 유사성에 바탕을 둔 전형을 찾은 것으로 이론적 구성에까지 이르지는 못하였다. 하지만, 도시와 창조성의 관계에 영향을 미치는 사회경제적 요인들을 제시했다는 점에서 중요한 학술적 기여를 하였다.

예술적 창조성의 발현을 가능케 한 조건으로 가장 먼저 제시한 것은 규모의 중요성이었다. 6개 도시들이 당대 기준으로 상당히 큰 규모의 도시였다는 사실은 창조성을 확보하기에 대도시가 더 유리함을 보여주었다. 이러한 사실의 발견은 차일드의 인식과는 공통적이면서 멈퍼드에 대해서는 비판의 증거가 되었다. 뉴욕의 확장에 대한 비판적 인식에서 출발하여 거대도시화에 대해서 부정적인 인식을 표방하였던 멈퍼드의 논의와는 달리 도시가 일정한 규모 이상을 달성할 때 창조성의 결과를 낳을 수 있다는 점을 강조한 것이다.

피시만은 멈퍼드의 저작과 거대도시에 대한 비판에 대한 대응이 홀의 저작 전체에 자리 잡고 있다는 점을 지적하였다(Fishman, 1999).

다음으로 강조한 것은 이 도시들이 사회경제적으로 급격한 변화를 겪었다는 사실이다. 급격한 사회경제적 변화는 다양한 영향을 미쳤다. 무엇보다 사회경제적 변화를 통해서 이 도시들은 상당한 경제적 부를 쌓았다. 부유한 도시들이 모두 이러한 창조성의 성과를 낳은 것은 아니기 때문에 부가 창조성의 충분 요건은 아니지만, 예술적 창조성의 발흥에는 상당한 경제적 부의 축적이 뒷받침되어 있었다. 피렌체의 경우, 경제적 배경으로 중세의 철 생산 증가, 도구 기반의 동력 사용 증가, 혁신적인 해상력과 육상 수송의 발전, 유럽의 내외 무역 급증, 흑사병으로 노동 절약 장치 사용 증가, 무역 팽창에 따른 보험, 은행업과 같은 부수 산업 증가로 부가 증가하면서 예술활동에 대한 후원으로 이어졌다(아놀드 하우저, 1999a). 이러한 해석들은 마르크스주의적 해석을 수용한 것으로 볼 수 있다. 부의 축적은 예술 후원을 가능케 했다. 창조적 예술성의 발흥 뒤에는 예술 후원이 중요한 역할을 수행했다. 도시 안에서 이루어지는 공동체적인 후원이 중요하게 작용하였다. 이러한 후원은 도시 지배 유력 가문이거나 도시국가나 민족국가의 차원으로 행해졌다. 피렌체에서는 Baptistery가, 런던의 극장을 위해서는 궁정이, 파리에서는 루브르가, 비엔나에서는 시청이, 베를린에서는 대베를린 시청이 중요한 역할을 수행하였다(Hall, 1998; 50).

사회경제적인 변화는 경제적 후원 외에도 사회경제적, 정치적, 문화적 긴장관계를 낳으면서 이러한 긴장관계가 새로운 예술적 창조성의 추동력이 되었다. 급격한 사회경제적 변동의 결과는 과거 역사의 흔적과 공존이라는 결과를 낳았다. 자본주의 도시의 경우, 과거의 수공업적이고 장인적인 전통이 중요한 도시에서 전자본주의적인 특성은 자본주의 시장 경제가 중요한 사회경제질서가 되면서 정치적으로 갈등과 연관되는 긴장관계를 낳았다. 사회경제적인 급변에 따라 이 시기는 대개 정치적으로 평온한 사회가 아니었다. 이런 점에서 예술적인 창조성의 황금기는 안정적인 창조성(stable creativity)의 시대는 아니었다. 대표적으로 대혼란과 살인이 난무했던 르네상스 시대 피렌체에서 도시의 예술 후원과 권력 투쟁은 서로 연관되어 문화 지도력이 정치력과 더불어 가장 강력한 힘이 됨을 보였다(야코프 부르크하르트, 2003: 292). 이와 같은 정치적 긴장과 갈등, 경쟁 관계를 바탕으로 르네상스 시대 많은 도시에서 개인이나 사교단체가 인문주의의 발달을 위한 수단을 제공하고 자기 도시 학자를 후원하였다. 홀은 긴장관계에서 과거 사회의 문화적인 전통에 대한 저항이 창조성의 원천이 되었으며, 특히, 사회의 기득권에 속한 집단이 아닌 변방의 존재들이 창조적인 역할을 수행하였음을 강조하였다. 비앙키니는 홀의 프랑스 사례 분석을 바탕으로 예술적 창조성의 발현에서 후원의 중요성을 강조한 점과 주류 문화와 주변 문화 사이의 접촉과 갈등이 새로운 예술 창조성의 배경이 된 사례들을 통해서 현재 문화정책에 대한 시사점이 있음을 지적하였다(Bianchini, 2011).

또한, 홀은 예술적 창조성을 발흥케 한 조건으로서 교역의 중요성을 강조하였다. 교역은 물질적 재화의 획득 외에도 외부 문화의 내용을 수용하여 새로운 문화를 창조할 수 있는 여건을 조성하고 재능 있는 이민 인구의 유입과 고용을 가능케 한다. 이러한 논의는 외부로부터 창의적인 인재의 유입을 강조하는 리처드 플로리다(Richard Florida)의 창조계층 이론과 상통하는 부분을 보인다(Florida, 2002).

예술적 창조성이 발현되었던 도시들의 또 다른 공통점은 소수를 위한 고급문화 위주의 도시였다는 점이다. 시민 다수가 문화를 공유했던 아테네 외에는 홀이 비교했던 예술적 창조성의 도시에서 문화는 항상 소수 엘리트를 위한 것이었다. 런던의 경우, 시민에게 인기를 끌었던 연극이 상업화된 예술로 대상층이 넓었지만, 실제 관람이 이루어진 계층은 중상층 중심이었다. 역사적으로 발달했던 문화도시에서 문화를 향유한 계층은 중상층이었고, 이 도시들은 부르주아 도시라 할 수 있다. 물론 모든 부르주아 도시가 예술적으로 창조적인 도시가 되는 것은 아니지만, 대부분의 문화도시에서 다수 계층이 배제되어 있던 것이 현실이다.

끝으로 창조적 환경(creative milieu)의 형성이 예술적 창조성이 나타나는데 중요한 역할을 수행하였다. 피렌체의 비좁은 거리에 특정 세대가 서로 부대끼며 다양한 창조적 작업을 하였다. 파리에서는 몽마르트와 몽파르나세의 지역 안에서 예술인들이 카페와 카바레를 오가며 어울렸다. 창조적 환경의 조성에는 재능 있는 인구 유입도 중요한 요인으로 작용하는데, 외부 인재가 유입되면 이민자와의 복합적인 관계가 형성되면서 가져오는 문화적 자극과 충격이 예술적 창조성의 중요한 원천이 된다. 그리스에서는 메틱이, 빈에서는 유대인이, 파리에서는 프랑스 전역과 유럽에서 이주해 온 예술지망생들이 예술적 창조성의 주역이 되었다.

홀의 논의가 가지는 한계는 황금기에 대한 연구에서 나타나는 문제점이라 할 수 있다. 급작스럽게 부상하여 오래 유지되지 않았던 황금기에 초점을 맞추면 이론화보다는 우연적인 요소의 개입이 중요하게 나타나기 쉽다. 특히, 홀의 논의에서 황금기가 중단된 이유에 대한 설명이 미흡하다. 개별적인 사례를 보면 아테네는 펠로폰네소스 전쟁을 계기로 중단되었고 런던은 청교도 집권으로 인해 극장의 시대가 막을 내렸다. 홀이 황금기를 강조하여 분석하였으나 모든 창조성의 시대를 급작스럽게 도래한 사건으로 보는 것은 아니었다. 아테네 사례에 대한 분석을 통해서 아테네의 창조성이 발현된 시기는 사실 오랜 기간에 걸쳐 이루어진 시행착오의 경험이 축적된 바임을 밝히고 있다(Hall, 1998: 67). 이러한 도시들은 오늘날의 기준으로 볼 때 과연 문화도시라고 할 수 있을지 의문이 가는 부분도 있다. 삶의 질이 예술적 창조성을 쫓아가지 못하였기 때문이다. 아테네와 빈의 경우(p. 177) 모두 열악한 주거환경에서 살았고 그래서 광장이나 카페와 같은 공공장소로 시민들이 나와 여기서 문화에 대한 정보를 얻고 문화활동을 감상했다. 문화도시가 이상적인 모습으로 평가되었던 배경이 오늘날의 맥락과 상당한 차이가 있었음을 알 수 있다.

전파와 확산, 진화와 구조

지금까지 차일드의 고대도시, 멈퍼드의 역사 속의 도시, 홀의 예술적 창조성에 대한 비교 연구를 살펴보았다. 오늘의 문화도시를 이해하기 위해서는 여타의 사회과학 논의와 현재의 양상을 고려할 때 다음과 같은 논의를 추가해 볼 필요가 있다.

먼저, 문화도시에서 일어난 변화나 특성을 이해하기 위해서는 개별 도시 안에서 일어나는 변화만이 아니라 변화의 맥락을 고려하는 것이 필요하다. 이러한 점에서 명확한 사실은 대부분의 도시들이 배후지와의 관계 만이 아니라 다른 도시와의 관계 속에서 변화를 겪는다는 점이다. 도시들 사이의 관계는 경쟁과 협력의 네트워크 성격을 갖고 있으며 도시 네트워크의 성격 역시 역사적으로 많은 변화를 겪어 왔다. 도시 사이의 경쟁은 문화도시의 등장에서 매우 중요한 역할을 하였다. 하지만, 시대에 따라 다른 양상을 보였고, 특히 도시들 사이의 대등한 경쟁 관계가 영토국가의 등장에 따라 변화를 겪게 되었다는 점을 주목할 만하다. 페르낭 브로델(1997)는 15세기에 유럽의 역사에서 국가가 다시 등장하기 시작한 이래 18세기까지 영토국가의 확장을 바탕으로 도시를 이해해야 함을 주장하였다. 실제 16세기에 지역 수준에서 형성되었던 유럽 도시의 네트워크가 18세기 말에 이르면 유럽 전체를 포괄하는 단일한 도시 네트워크로 발전하게 되었는데, 이러한 변화는 유럽의 경제 네트워크의 확장에 의해서 주도된 것이 아니었다. 오히려 경제적으로는 침체기였던 17세기에 정치적 수도가 집중적으로 성장한 결과였다. 유럽의 도시의 발전 과정에서 교역의 확장이 중요한 역할을 수행한 것으로 강조되어 왔으나, 이에 못지않게 중요한 것이 국가의 형성에서 도시의 역할인 것이었다. 이 과정에서 자원과 소득의 재분배가 진행되었고 그 수혜자는 정치 수도였다. 영토국가라는 더 큰 공간적 범위 안에서 여러 도시들이 포함될 때 도시들 사이의 경쟁관계는 더 이상 대등한 관계가 아니었던 것이다.

수도의 의의는 홀의 연구에서 다룬 6개의 사례 중 아테네와 피렌체를 제외한 다른 4개 도시가 모두 수도라는 사실에서도 볼 수 있다. 하지만, 그동안 수도가 실제 가졌던 중요성에 비해 도시연구에서 경시되었고 최근에 동구권의 몰락 이후 신생 국가들의 설립과 함께 비로소 수도의 중요성이 부각되어 그동안 유럽사에서 차지했던 수도의 중요성이 재조명되는 실정이다. 수도의 중요성이 도시 연구나 도시사 연구에서 한동안 중시되지 않은 것은 서구 역사의 특수성이 작용한 면도 있다.

도시국가를 넘어선 민족국가의 성립 과정에 의해서 문화도시 형성의 전반적인 맥락이 달라졌다. 특히, 수도의 권력과 위상이 강화되는 과정을 통해서 문화도시가 중요한 역할을 부여받고 형성되었음을 제시하고자 한다. 문화도시는 국가와의 관계를 통해서 파악할 필요성이 크지만, 그동안 서구의 사례에서 국가와의 관계가 그다지 조명되지 못하였다. 유럽의 경우 국가의 역할을 상당 부분 유럽연합이나 유럽의회가 대신 맡고 있고, 미국의 경우 핵심적인 대도시인 뉴욕, 시카고, LA 등에 미치는 정부의 영향은 제한적으로 보이고 수도인 워싱턴D.C가 유럽의 수도와 같이 문화수도의 역할을 하지 못하고 있다. 홀의 분석에서는 도시와 국가의 관계가 충분히 설명되지 못하였다. 런던에서는 왕실과 도시 사이의 긴장관계, 빈은 합스부르크 제국의 수도라는 점, 파리는 부르봉 왕조에서 만들어진 아카데미의 영향 등이 논의되었으나 역사적인 변동에 의한 영향을 설명하는 데 관심을 기울일 필요가 있다. 홀은 이들 도시들이 아테네를 제외하고 모두 자본주의 도시라는 성격을 가지고 있음에 관심을 기울였다. 홀 자신은 수도에 대한 논의를 통해서 수도에 대한 유형화를 제시하였지만, 창조성이 발현되는 도시라는 관점에서는 파리, 런던, 빈, 베를린이 모두 수도였다는 사실에는 별 관심을 보이지 않았다. 하지만, 유럽의 과거 민족국가 형성 시기나 현재의 서구를 제외한 대부분의 국가들에서 문화도시는 곧 수도라는 지위와 연관되고 이는 문화도시의 형성에 국가와의 관계가 핵심적인 역할을 수행한다는 점을 볼 수 있다. 이러한 점에서 국가의 발전이라고 하는 정치적 변동이 미친 영향에 대한 논의를 보완할 필요가 있다.

다음으로 도시 사이의 관계를 이해할 때 도시들 사이에서 서로 작용하는 영향에 대한 이해이다. 도시들 사이에서 나타나는 이러한 학습과 모방의 영향은 문화의 전파와 확산이 이루어지는 방식이라 할 수 있다. 이와 관련된 논의로서 차일드의 문화진화론적 관점은 한 도시에서 앞서 일어난 변화가 그 후 다른 도시와 직접적인 접촉이 없더라도 지대한 영향을 미친다는 사실을 보여주었다. 비록 그 영향의 진원지가 어느 도시인지 모를 때에도 심지어 그 영향은 심대하다. 진화론적 관점에서는 과거의 연속성과 변형을 이해하는 것이 중요하다. 진화론적 관점이라고 해서 목적론적인 발전을 상정하는 것은 아니지만, 진화론적 관점을 적용할 때 필요한 것이 선행 사례로서 의미뿐만 아니라 원형으로서 영향이 지대하다.

차일드가 말한 문화진화론에 해당하는 사례는 고대도시를 넘어서 역사적으로 곳곳에서 볼 수 있다. 문화진화론의 사례로 인쇄업 발명이 르네상스 등장에 미친 영향을 볼 수 있다. 구텐베르크(J.Gutenberg)의 1450년 활자 인쇄술을 통해 종이에 글자를 눌러 찍어내는 활판 인쇄기 도입으로 반복사용이 가능해지고 주형 주조로 재생이 용이해지자 전 유럽에 인쇄술이 확산되었다. 그 결과, 유럽 전역의 장서수가 인쇄술 도입 45년 만에 10만권에서 약 900만권으로 비약적인 증가를 보였는데, 이러한 과정에서 고전에 대한 관심이 도시 생활 속에서 증폭되었다. 당시 귀족과 시민이 도시에서 함께 살면서 실질적인 평등을 이루고 교양의 필요성이 절감되었던 이탈리아에서 여가와 재력이 사교계 형성에 중요한 자원으로 기능하며 고대에 대한 지식과 정보가 모든 교양의 핵심이 된 것이다(야코프 부르크하르트, 2003: 249). 이러한 배경 속에 라틴어로 번역된 그리스어 저작의 복제가 이루어지며 15세기에 고대 열풍을 일으킴으로써 르네상스의 기반이 되었다.

또한, 문화적으로 이름을 날린 도시들이 다른 도시의 모방의 사례가 되는 경우가 많다. 동양의 도시들이 《주례고공기》에서 제시된 이상적인 유교 도시의 모형을 따라 도시를 만든 것과 같은 경우도 있으나, 어느 도시의 변화가 새로운 모델로서 명성을 갖게 되면 이러한 모델을 추종하는 움직임이 다른 도시들에서 변화의 동력이 되어왔다. 정책이전(policy transfer)이나 정책모방('xerox' policy making)이라는 개념처럼 성공적인 도시를 모방하는 경우는 이미 과거에도 만연했다. 르네상스 당시의 정치적 상황에서 "피렌체를 제2의 아테네로" 만들겠다는 움직임이 예술 활동을 위한 국고 지출로 이어졌고 도시의 효과적 선전 수단이 되면서 예술품 주문으로 확대되었다(야코프 부르크하르트, 2003: 197). 이와 같이 이상화된 도시를 따르는 노력은 단순한 모방에 머물지 않았다. 예술사에서 보면 르네상스 사례가 빙켈만, 곰브리치, 부르크하이머 등에 의해 지속적으로 재해석 되면서 근대 자유주의의 이데올로기로서 기능하였고 유럽문화수도의 이상으로까지 이어졌다. 부르크하르트가 국가의 간섭을 반대하고 미술의 자율성을 옹호하기 위해 르네상스를 연구하거나 유럽문화수도가 사업의 정당성을 찾고자 할 때 아테네가 유럽문화수도 모델로 등장하였다.

바로 이러한 점을 좀더 종합적으로 이해하기 위해서 주목해야 할 것이 예술과 도시의 관계이다. 예술과 도시의 관계는 크게 다음과 같은 세가지 유형을 구분할 수 있다.

- 도시의 영광을 드높이기 위한 예술
- 도시의 현실을 표현하는 예술
- 도시의 발전을 위한 수단으로서 예술

차일드가 지적하였던 것처럼 발달한 도시의 수준을 드러내는 수단으로서 예술적 창조물들이 중요한 기능을 수행해 왔고, '영광(glorification)으로서 문화'라는 관점이 실제로 오랜 역사 동안 문화예술에 대한 후원을 가능케 했다(Mulcahy, 2006). 하지만, 근대에 들어서 나타난 '예술을 위한 예술'을 추구하는 모더니즘의 경우는 예술이 이제 도시를 찬양하는 것이 아니라 도시의 현실을 있는 그대로 드러내고 많은 경우 비판적인 관점에서 드러낸다. 하지만, 근래 들어 부상한 문화도시와 도시문화정책의 흐름 속에서 예술은 도시의 경쟁력을 높이거나 장소성을 드러내는 수단이 되어 목적의식적으로 활용되기에 이르렀다. 바로 이러한 역사적인 발전 단계들을 고려할 때 홀의 연구에서 창조성 자체가 주목받았지, 창조성의 결과가 도시발전에 미친 영향에 대해서 초점을 맞추지 않았던 점을 이해할 수 있다. 물론, 문화예술이 가지는 상징적 차원의 중요성은 일찍이 인식되었다. 도시가 기념비적 건축을 통해서 자신의 이미지를 만들어내는 것은 이미 역사적으로 오래된 일이다. 하지만, 홀의 분석에서 창조성은 설명의 대상이었기 때문에 창조성이 사회의 다른 분야에 미치는 영향에 대한 논의는 찾기 힘들다.

이와 같은 구분은 다른 기준을 고려하여 좀 더 세분화할 필요가 있다. 예를 들어 예술이 도시를 지배하는 정치권력으로부터 얼마나 자유로운지도 중요한 변수가 된다. 아테네와 르네상스 이탈리아와 같이 예술적 창조성이 발현되었던 시기에 자수성가형 인간의 승리에 유리한 조건이 형성되었다. 아테네에서 예술 조각과 신전 건축이 의미하였던 것은 예술가들이 특정한 지역 권력에 얽매여 종속적 지위와 창작의 기회를 포기해야 하는 상황에서 벗어날 수 있었음을 의미하였다. 이는 개인 사이의 경쟁을 부추겼다. 그리스의 민주주의적 정신은 그리스 조각과 건축이 이집트 조각이나 페르시아 건축으로부터 벗어나 고유한 특성의 발전을 가능케 했다. 그리고 이와 같이 도시에 대한 종속성은 예술가가 특정한 도시에 매어있는지 아니면 자신의 활동에 어느 정도 작업에 대한 선택권이 주어지는지의 기준을 보여준다. 도시 간의 경쟁이 심했던 고대 그리스나 르네상스 시기 이탈리아에서는 예술가들이 도시들을 이동하면서 자신이 원하는 조건에 맞추어 작업을 하기도 하였고, 그 결과가 더 많은 경쟁과 우수한 작품으로 귀결되었다. 이와 같이 국가와 도시의 관계, 그리고 예술세계에서 진행되는 진화적 변화를 사회구조적 변화와 연결시켜 이해할 때, 문화도시의 중요한 주체들의 행위 동기를 더 잘 이해할 수 있다. 특히 사회이동의 가능성과 성취동기에 미치는 영향이 중요하다. 예술가의 성취동기가 강화될 수 있는 사회적 맥락에 대한 논의가 홀의 논의에서 제공되지 않는 점은 아쉽다.

끝으로 예술이 도시의 발전을 위한 수단이 되는 경우에 대해서 조금 더 깊게 생각해 볼 필요가 있다. 예술은 도시의 발전에 어떻게 기여할 수 있는가? 낙후된 도시 환경을 개선한다는 의미에서의 젠트리피케이션을 불러오거나 관광객을 유치하는데 얼마나 효과를 발휘하는지와 같은 문제들에 대해서 최근 관심이 많은 것이 사실이다. 하지만, 도시에 미치는 영향을 생각할 때 문화와 예술이 가져다주는 내재적인 기여도 중요하다(Markusen, 2014). 예술은 아름다움, 비판, 혁신, 문화적인 연대, 정서적 통찰 등과 같은 여러 색깔의 경험을 제공하지만, 조작화하여 객관적으로 측정하는 것이 어렵기 때문에 그 가치를 인정하는 것이 쉽지 않은 일이 되어 버렸다. 그렇더라도 역사적으로 문화예술이 도시발전에 끼친 심대한 영향을 놓칠 수 없다. 르네상스의 피렌체에서 일어난 변화를 보면, 르네상스 이탈리아의 정치적 불안은 도시 사이의 경쟁을 가져왔고 근대 인간 성장의 기반을 가져왔다. 르네상스를 통해 "신앙과 어린애 같은 집착과 망상으로 짜여 있었"던 "공통된 베일"이 약화되었다. "이탈리아에서 처음으로 이 베일이 바람에 날려갔다"(p.201). 국가와 같은 정치 기구를 포함하여 세계의 모든 사물을 객관적으로 바라보는 인식이 싹튼 것이다. 인간이 주관성을 의식하게 되었고 개성이 발달하는 기회가 마련되었으며 개인주의와 함께 세계시민주의의 발흥을 가능케 하였고 단테와 같이 다재다능한 인간의 시대로서 르네상스 인간상이 제시되었다. 이와 같은 인류 역사에서의 공헌이 가능했던 것은 여러 정치적, 경제적, 사회적 요인들이 복합적으로 결합된 결과였으나 예술적 표현과 문화적 성숙이 이러한 발전에 지대하게 영향을 미쳤음은 부인하기 힘든 사실이다. 이와 같은 방식으로 문화도시가 도시 발전과 더 나아가 인류의 삶에 기여할 수 있는 부분을 어떻게 간과할 수 있겠는가?

바로 이러한 맥락에서 또 하나의 중요한 점을 멈퍼드의 논의에서 찾을 수 있다. 멈퍼드에게 도시는 공동체적 관계, 집단적인 의례, 그리고 여기서 도시에 부여되는 성스러운 의미 등의 복합체이다. 이는 도시를 이상의 구현 대상으로 만들었는데, 도시 안에서 지속되는 유토피아주의의 뿌리라 할 수 있다. 이러한 성격이 문화도시 안에서도 두드러지게 나타난다. 현실의 결핍과 비루함, 도시 안에서 나타나는 혼란스럽고 파괴적인 성격들, 도덕적 당위에 부합하지 않는 현실, 이런 것들을 넘어서는 이상을 도시에 투사하는 것이 문화도시에 중요한 동력이 되기 때문이다. 문화예술의 영향은 다양한 각도에서 조망될 수 있지만, 이와 같은 이상도시를 향한 유토피아주의가 도시 변화를 위한 실천행위에 배태되어 있기 때문에 도시의 문제를 제기하는 문화예술의 역할이 중요성을 갖게 된다.

2장

문화수도에서
글로벌 예술도시로

문화도시로 인식되는 대표적인 도시들이 어떻게 그 모습과 위상을 갖추게 된 것인지를 이해하기 위해서는 두 가지 관점에서 종합적으로 바라보아야 한다. 하나는 문화도시의 속성을 그 도시가 있는 국가와 세계 체제와의 관계 속에서 바라보는 것이다. 다른 하나는 예술의 영역에서 일어난 변화가 문화도시의 형성에 미친 영향을 이해하는 것이다.

먼저, 문화도시의 발전은 민족국가의 형성 과정에서 일부 도시들이 수도라는 특권적 위치에 놓이게 됨으로써 가능해졌음을 살피고자 한다. 이 과정은 브로델이 말하는 영토국가의 등장이고, 엘리아스가 설명한 절대국가 등장의 과정이며, 이를 통해 수도에 중요한 자원이 집중됨으로써 문화도시라 할 만한 도시의 경관과 외양을 갖추게 되었음을 이해할 수 있게 된다. 19세기 중반부터는 유럽 국가들이 제국주의 열강이 되었을 때 수도는 민족국가의 수도를 넘어서 제국의 중심이 되었다. 이러한 역사적 과정을 전체적으로 바라볼 때 수도의 권력과 위상이 강화되는 과정을 통해서 문화도시가 중요한 역할을 부여받고 형성되었음을 이해할 수 있을 것이다. 하지만, 정치 체제와 경제 체제의 변동 안에서만 문화도시를 바라보는 것으로는 문화도시가 가지고 있는 고유하고 특수한 성격을 이해하는데 한계가 있다.

문화도시의 특성을 이해하기 위해서 필요한 또 다른 관점은 예술 분야에서 일어난 역사적 변화가 도시의 문화적 위상에 영향을 미치는 복합적인 양상을 인식하는 것이다. 문화도시가 성장하고 자리 잡는 역사는 동시에 예술의 자율성과 차별성이 인정받는 과정이었으며 예술가의 지위가 사회적으로 확보되는 과정이었다. 바로 이러한 차원에서 두드러진 도시가 19세기 모더니티의 수도로 불린 파리였다. 프랑스가 유럽 전체에서도 지배적인 문화적인 위상을 갖게 된 계기는 아카데미 제도를 중심으로 예술과 국가의 결합을 통해서 예술의 위상이 공고해진 덕분이었다. 하지만, 파리는 예술이 국가로부터 상대적으로 자유로워지고 시장의 영역 안에서 작동하게 된 상황에서도 문화도시로서의 위상을 강화시킬 수 있는 기반을 갖추었다. 이 장에서는 이와 같은 문화도시의 공고화 과정이 도시의 현실을 예술화한 모더니즘 예술의 부상과 이와 연관되는 보헤미안의 등장, 그리고 자율적인 예술 장의 성립에 의해서 가능해졌음을 제시할 것이다.

문화도시의 위상은 다른 도시와의 관계에서 상대적인 우위를 점한 결과이자 예술적 성공을 위해 무슨 노력이라도 할 준비가 되어 있는 야심 차고 유능한 인적자원이 도시에 집중되어 이룬 성과이다. 절대왕정을 거쳐 민족국가 출현의 여정에서 이루어진 정치적 기획을 바탕에 두고 등장한 문화도시는 자본주의 도시가 되어서도 그 위상을 강화할 수 있었다. 그래서 문화도시의 위상은 쉽게 넘보기 어려운 성격을 갖게 되었다. 하지만, 여러 가지 요인들이 중첩될 때 문화도시의 위계가 큰 변화를 겪기도 했다. 대표적인 경우로 문화도시의 압도적인 위상을 가졌던 파리가 2차 세계 대전 이후 뉴욕에 의해 도전받고 그 위상을 내어준 사실을 볼 수 있다. 이와 같은 변동성이 오늘날 문화도시를 둘러싸고 전 지구적으로 진행되는 치열한 경쟁을 설명해 준다.

바로크 도시

도시로 자원이 집중되는 것은 고대도시에도 있었던 일이다. 도시국가 체제로 자원이 집중되었고 기념비적인 건축물들이 만들어졌다(Childe, 1950). 하지만, 그러한 도시의 집중성 이면에는 촌락에서부터 지속되어 온 공동체성이 있었고 이러한 공동체성에 의해 도시의 활력이 유지되었던 중세의 도시들이 있었다(루이스 멈퍼드, 2016). 그렇지만, 중세의 도시와 질적으로 성격을 달리하는 도시가 발달하면서 이와 같은 균형은 흔들리게 된다. 도시의 성격에 근본적인 변화를 가져온 동력은 유럽의 역사에서 절대주의 왕정의 권력 집중을 계기로 성장한 민족국가에서 찾을 수 있다.

절대국가의 형성과정은 경제적으로는 물물경제의 축소와 화폐경제의 성장에 바탕을 둔 정치, 경제, 사회 요인들의 복합적인 과정이었다(노르베르트 엘리야스, 1996). 절대국가의 권력 집중 과정은 고정 수입을 가지고 있던 영주, 기사계급, 귀족의 기반이 약화됨과 동시에 시민계급이 성장하고, 이에 따른 조세 소득의 확대로 중앙권력자인 왕의 기반이 강화되는 과정이었다. 재정의 확대는 군사적 기회의 증가로 이어지며 전쟁 기술의 발달을 가져왔고, 이에 따라 기사 계급의 무력 독점이 약화되면서 귀족과 기사는 몰락하여 왕의 신하가 되었다. 이 과정에서 발생한 시민계급과 귀족계급의 긴장관계는 왕에게 권력을 행사할 수 있는 유리한 공간을 만들어 냈다. 외부세력과의 부단한 전쟁도 재정 부담이 되지만 절대국가가 스스로를 키워갈 수 있는 중요한 계기로 작용하였다. 전쟁에 의해서 정당화된 조세 확대와 상비군의 강화는 통치기구의 발전으로 이어졌고 개인 행위에 대한 사회적 통제방식까지 변화시켰다. 국가 형성으로 인해 가능해진 사회적 평화가 기사도 중심의 중세사회가 갖고 있던 전사 사회적 성격을 변화시키면서 국가에 의한 물리적 폭력의 독점으로 외적 통제의 시대에 종지부를 고했다.

절대국가와 문화도시의 연결을 파악하기 위해서는 바로크 스타일과 바로크 도시를 이해하는 것이 필요하다(Doukhan, 2011; Forster, 2009; Mayernik, 2019; 루이스 멈포드, 2016). 바로크 스타일은 처음에는 주로 로마 가톨릭교회를 중심으로 미술과 건축물에 사용되었다. 우상숭배를 경계하는 개신교와 달리 종교개혁 시기를 거치며 가톨릭교회는 화려한 예술을 더욱 강조하였다. 과거 글을 모르는 이들에게 미술이 성서와 교리의 주요 내용을 전달해 주는 역할을 했다면, 종교개혁 시기에는 글을 잘 아는 사람에게도 미술이 웅장함과 화려함으로 감동을 줄 수 있다는 점을 깨달은 것이다. 가톨릭 교회에서 시작된 바로크 양식의 효과를 절대군주도 인식하면서 절대군주의 영광을 드러내는 문화적 스타일로 바로크 양식이 자리 잡게 되었다. 루이 14세가 대표적인 경우였다. 그가 만든 베르사이유 궁전의 거대한 규모는 바로크 양식의 중요한 사례가 되었고 다른 나라의 군주들도 이에 영향을 받아 바로크 양식을 추구하게 되었다(에른스트 곰브리치, 1997).

바로 이 바로크 시대의 도래와 함께 서구의 역사에서 로마 제국의 멸망 이래 다시금 도시의 규모가 확장되면서 권력의 위세를 드러내는 수단으로 도시의 위상이 부각되었다. 바로크 시대를 외적으로 드러내는 건축, 미술, 음악이 종합적인 총체를 이루어 도시의 공간 형성에 지대한 영향을 미쳤는데, 그 결과 바로크 시대에 도시는 호화롭고 장대해졌으며, 도시는 바로크 시대의 특징을 보여주는 중요한 무대가 되었다. 바로크의 영광을 드러내는 극장적 장치의 확장이 된 것이었다. 바로크 도시는 극장과 마찬가지로 그 자체가 소우주로서의 속성을 가졌다. 바로크 도시에서는 도시의 사소한 공간부터 핵심공간까지 다양한 도시 이벤트가 극적으로 연출되었고, 이를 위해 건축물과 도시공간이 조정되었다.

바로크 도시의 대표적인 사례로 교황 식스투스 5세 재위 기간(1585-1590)의 로마가 있었다. 종교개혁으로 인해 크게 흔들렸던 가톨릭 교회의 권위를 잡기 위해 식스투스 5세 교황은 트리엔트 공의회(1545-1563) 이후 유럽 각지에서 오는 순례객들에게 도시의 위용을 드러내면서 로마의 중요한 교회들이 모두 연결될 수 있도록 도시를 건설하였다(마크 기로워드, 2009: 198-199). 교회 사이를 연결하는 도로망을 건설함으로써 로마의 도로를 개선하여 전반적인 이동의 편의성을 증진시키길 원했던 앞선 교황들의 희망이 실현된 것이었다.

도로망의 건설에 더하여 가톨릭교회의 건재함을 순례자들이 느낄 수 있도록 국제적으로 유망한 예술가들의 작품을 로마에 설치하였다. 이와 같은 로마의 바로크 예술과 도시는 다른 가톨릭 절대국가로 확산되었다.

파리에서는 앙리 4세가 1589년에서 1610년까지 프랑스 국왕으로 재위하면서 수도의 중요성을 강조하며 공공사업을 펼치면서 도시를 크게 개조하였다. 성벽의 확대, 도로와 상수도 건설, 하수도 개조, 광장 건설과 같은 도시 인프라를 확충하였으며 루브르 궁전을 확장하고 교외에 새로운 궁전을 건설하여 왕조의 위용을 과시하였다(레오날도 베네볼로, 2001: 655). 이 시기를 거치면서 부르봉 왕조 기간 동안 건축, 회화, 문학, 철학에서의 발전을 통해 예술과 문학에서 "위대한 세기"라 할만한 새로운 문화의 형성이 이루어졌다(p. 660).

이와 같은 바로크 도시의 등장을 보면서 멈퍼드는 바로크 개념을 예술사나 건축학적인 의미로 한정된 전문 용어가 아니라 두 가지 모순적 요소가 작용하는 사회적 서술어로 사용하였다[6]. 하나는 데카르트의 합리주의 영향 속에서 추상적인 수학적, 방법론적 측면이다. 이는 바로크 도시에서 엄격한 도로계획과 형식적인 도시 배치나 기하학적 체계로 표상된다. 다른 하나는 감각적, 반항적, 낭비적, 반고전적, 반기계적 측면이다. 의상, 성생활, 종교적 환상주의, 미친 듯한 정치 등의 특성으로 나타난다. 이와 같은 두 가지 측면이 결합하면서 바로크 도시가 중세 도시의 친밀성을 약화시키고 파괴하였는데 이러한 바로크 도시의 특성을 대표하는 사례를 수도로 보았다. 수도의 역할에서는 수도의 정치적 역할 못지않게 사회적 역할이 중요했다(루이스 멈퍼드, 2016: 774). 정치적 수도의 권력 통합은 소도시가 가진 힘과 창의력의 상실을 의미하였고, 지방적 습관, 관례, 방언과 같은 지역성을 약화시키면서 법규, 모방적 유행 등

6 멈퍼드는 바로크와 르네상스의 관계에 대해서 독창적인 해석을 제시하였는데(p 768), 르네상스는 순수성을 가진 초기 바로크, 베르사유에서 페테르부르크의 신고전 형태는 후기 바로크, 18세기의 낭만주의 고딕 부활주의는 바로크의 변덕 단계로 이해하였다.

국가적 형상의 창안자로서 왕궁이 자리 잡게 되었다. 국가의 특권은 국가가 모든 것을 포용함으로써 곧 지방도시에게는 자유의 소멸을 의미했다. 16세기 이후 인구, 면적, 부가 왕궁이 자리 잡은 도시에서 빠르게 증가하였다. 그 과정에서 인간적인 척도를 상실하고 인간관계가 기계화된 거대도시에 대한 멈퍼드의 비판의 출발점인 바로크 도시의 거대화가 등장한 것이다.

절대왕정과 아카데미의 영향

문화도시가 그 위상을 자리 잡기 위해서는 예술 생산의 중심이 되어야 했다. 바로크 시대 지배자에 의한 정치적 작업이 근대적인 예술의 탄생을 배경으로 문화도시의 성장을 이끌었다. 이는 단지 건축물의 외관이나 그림의 아름다움을 넘어서는 문제로 예술가의 지위 변화와 밀접하게 연관되어 있다. 유럽에서는 13세기까지 목수나 석공과 같은 기능 구분은 있어도 명예나 신분에서 차이를 보이는 예술가라는 집단은 없었다. 르네상스 시대에 서서히 예술의 자율성이라는 차원에서 주목할 만한 변화가 일어나면서 예술가의 지위에 변화가 발생했다(아놀드 하우저, 1993b). 르네상스 시대에 예술가의 지위에 변화가 발생한 것은 당시 이탈리아의 정치적 상황과 함께 미술품의 공급체계에 변동이 나타났기 때문이었다. 이탈리아 도시국가들이 서로 경쟁하는 가운데 군주들이 예술 인재들을 평가하고 활용하는 능력이 중요해지면서 예술가들은 특정한 군주에 얽매이지 않고 방랑하면서 독립성을 갖고 자신의 시장가치를 높일 수 있었다. 점차 미술품의 수요 공급 체계가 헌납에서 수집으로 바뀌고, 예술가의 독립적인 예술활동이 출현함으로써 예술의 독자성이 나타날 수 있었다. 고객을 위한 생산에서 상품 생산으로 전환되었고, 그 결과

16세기에는 작품을 거래하는 화상까지 출현하였다.

초기 르네상스에 예술가는 소시민적 수공업자였는데, 점차 예술가의 길드에 대한 의존 관계가 쇠퇴하면서 예술가가 해방되는 상황에 이르렀다. 특히, 예술가와 인문주의자가 결합한 것이 예술가 지위 상승의 중요한 기반이 되었다. 그리스 로마 시대에 대한 이상화를 바탕으로 문학작품과 미술작품 통일성이 강조되며 길드와 보수적 세력에 예술가가 대항할 수 있는 이론적 자원이 인문주의자로부터 제공된 것이다. 당시의 라틴화된 교양 엘리트이자 문화 엘리트였던 인문주의자들은 예술의 심판자로 등장하면서 현대적 의미에서의 예술 감상자층이 되었고 예술은 역사와 이상을 재해석하며 인문학과 결합하였다. 인문주의자들은 예술가들에게 신화적, 역사적 주제에 대해 학문적으로 조언하였고 예술가의 사회적 지위 및 정신적 가치가 정당화되면서 예술가의 지위 상승을 위한 기반이 형성되었다. 특히, 이탈리아의 도시들이 성장하면서 예술수요가 증대하여 예술가의 실업위험이 감소하였고 조형예술과 문예를 포괄하는 통일적 예술 개념이 출현하면서 예술가의 사회적 지위가 소시민적 수공업자로부터 자유로운 정신노동자로 상승하였다. 르네상스 예술가의 사회적 지위가 계급적으로 통일된 집단이 아니지만, 경제적으로 보장되고 사회적으로 안정된 하나의 계층으로 발전하였다.

그렇지만, 르네상스 시대에 이루어진 예술가의 지위 변화가 미친 영향은 제한적이었다. 오스카 크리스텔러(Oskar Kristeller)는 18세기 이전에는 정교한 미학 개념이 발달하지 못하였으며 미학적 개념의 체계가 정립되지 않았다고 주장하였다(Kristeller, 1950). 16세기부터 아카데미 예술 이론의 발전이 이루어지고 이 과정에서 다른 분야의 이론적 논의가 수용되면서 길드와의 차별성이 확보되었다. 18세기에 들어서야 예술활동에 대한 미학적 사고가 등장하였다. 바움가르텐은 미학이라는 개념을 도입하여 별도의 학술 체계를 주장하였고, 칸트는 《판단력 비판》에서 심미적 판단에 대한 논의를 제시하였다. 이러한 점에서 순수예술의 시작이 된 현대의 예술개념은 고대의 기능적 예술개념이 순수예술과 수공예의 범주로 구분된 18세기부터 시작되었다는 것이다. 이를 통해서 과거에는 시각예술에 한정되었던 순수예술 개념이 18세기에 회화, 조각, 건축, 음악, 시의 다섯 종류의 예술을 포괄하게 되었다.

순수예술 개념의 변화는 단지 인식론 차원에서만 이루어진 것이 아니었다. 순수예술의 발명을 철학자들의 사유가 낳은 결과로만 생각한다면 실제 진행되었던 역사적 과정의 의의를 망각하는 것이 된다. 래리 샤이너(2015)는 순수예술(fine arts)이 역사적 구성물로서 200년 전 유럽인들의 "발명"으로서 나타나게 된 과정을 제시하였다. 1680년부터 1830년대를 잇는 한 세기 반 동안 실용적 예술체계가 순수예술로 정립되었다. 순수예술이 정립되기 전에는 광범위하고 실용적인 예술체계가 존재하였다. 그리스어 테크네(techne)와 라틴어 아르스(ars)는 말 조련, 시 짓기, 구두 제작, 꽃병 그림, 통치술 등 인간의 모든 기술을 의미하였다. 자연과 반대된 인간의 많은 활동이 예술에 포함되었다.

순수예술의 발명은 예술과 수공예가 분리되고, 예술가와 장인이 분리되는 거대한 분리였다. 정제되고 관조적인 즐거움과 실용적, 오락적 즐거움이 구분되었다. 18세기의 분열 이후 우아나 창안과 같은 고상한 이미지들은 모두 예술가에게만 귀속된 반면, 장인이나 수공예는 단지 기술만을 보유하고 규칙에 따라 일하면서 돈을 우선시하는 영역이 되었다. 순수예술의 등장은 '고상한 사람들을 위한 고상한 예술(p. 149)'의 출현에 의해서 가능해졌다. 칸트는 《미와 숭고의 감정에 대한 고찰》에서 돈과 성의 관점에서 세상을 바라보는 저급한 욕구의 사람들과 '순수한 느낌'을 즐기는 '고귀한 감성'의 사람들을 대조하였다(p.172).

순수예술의 분리 과정에서 문화도시와 관련하여 정치사회적으로 중요한 계기가 되었던 것이 아카데미의 설립과 확산이었다(p. 179). 아카데미의 설립은 문화예술과 국가 권력의 관계를 설명하는데 중요한 계기로 작용하였다. 15세기에 이탈리아의 도시들에서 사람들이 모임을 갖고 고전 문학과 고전 예술에 대한 관심의 영향 속에 모임을 갖기 시작했을 때, 이들은 플라톤과 제자들의 모임이었던 아카데미의 이름을 따서 스스로를 '아카데미아'라고 불렀다. 명칭의 유래가 된 아테네의 아카데미는 아테네 외곽의 올리브나무 숲 이름으로서 플라톤과 제자가 철학 토론을 하던 장소로 플라톤 철학의 상징이었다. 그런데 아카데미에서 교육의 내용이 점점 체계화되고 조직의 운영이 치밀해졌다. 처음에는 건물이나 조직도 없었으나 피렌체에서 코시모 1세와 같은 통치자의 후원을 받아 조르조 바사리의 주도로 1563년 아카데미아 에 콤파냐 델 디세뇨(Accademia e Compagna del Disegno)가 설립되었다. 화가, 조각가, 건축가가 길드로 구성되어 규합되었던 Compagna de San Luca라는 신앙회가 쇠퇴 후 재건되는 과정에서 바사리가 미술 아카데미 설립을 주창하여 1563년 코시모의 승인을 받아 아카데미가 창립되었다. 아카데미의 구성 방식을 보면, 먼저 코시모 대공과 미켈란젤로를 명예대표로 초빙하였고, 비밀투표로 선출된 미술가의 이름 목록과 가장 많이 거명된 미술가 명단을 코시모에게 제출하여 코시모가 36명을 회원으로 임명하는 방식이었다. 시니어와 주니어 회원의 두 그룹을 구성하였는데, 주니어의 교육 활동을 목표로 아카데미아 활동을 추진하였으나 교육 활동이 실제 효과적으로 진행되지는 못하였다. 다만, 한 공방 장인에만 의존하지 않고 여러 선생에게 이론 강의를 들을 수 있다는 장점이 있었고, 이를 통해 학식을 넓히며 재능을 인정받을 기회가 부여되는 정도였다. 이와 같은 아카데미가 좀 더 체계화된 것은 로마에서 이루어진 아카데미의 설립에 의해서였다. 1593년 로마에 아카데미아 디 산루카(Accademia di San Luca)라는 이름으로 아카데미가 설립되었고 미술교육의 이론적 체계 정립이 이루어졌으며 해부학, 기하학 등의 교육과 강연이 제공되었다(이한순, 2001).

아카데미는 북유럽으로 퍼져나갔다. 1617년에 안할트 공작에 의해 바이마르에 설립된 후, 1635년에는 리슐리에 추기경에 의해 파리에 아카데미 프랑세스가 설립되었다. 로마의 아카데미 모델을 수용한 프랑스의 아카데미에서 절대국가와 아카데미의 결합이 공고해졌다(김정락, 2010). 본격적으로 프랑스에 아카데미가 도입된 것은 루이 14세 시기인 1648년에 아카데미가 설립된 것이 계기가 되었다. 당시, 프롱드 당파의 내전을 겪으며 왕정 강화의 필요성이 부각되었고 왕당파 예술가와 궁정 미술가 중심으로 아카데미가 설립되었다. 아카데미는 미술가들이 소속되어 있던 길드와 긴장관계에 놓였다. 길드는 아카데미 회원 수나 권리를 제한하려 시도하였고, 이는 구세대 예술가와 신세대 예술가 사이의 세대 간 갈등 구도로 이어졌다. 하지만, 절대왕정의 비호를 받은 아카데미의 성장을 길드 예술가들이 막을 수 없었다. 특히, 재무장관 콜베르가 아카데미의 왕실에 대한 종속 관계를 공고화하였다. 루이 14세 시절 동안 무용 아카데미(1661년), 문학 아카데미(1663년), 왕립 과학 아카데미, 음악 아카데미(1666년), 왕립 회화 아카데미(1667년), 건축 아카데미(1671년)가 연이어 설립되었다(마크 기로워드, 2009: 325-326). 프랑스의 아카데미즘도 체계적인 방식으로 영향력을 넓혔다. 강연을 통해 미술과 교육에 대한 이념을 정립하여 길드와의 차별화를 추진하였고, 이탈리아 르네상스에서 형성된 이상적 고전주의를 프랑스에서 계승 발전시키기 위해 출판을 통해 확산시켰다. 이 과정을 통해서 회화가 지적이며 학식을 필요로 하는 기예(art)로서 교양인을 위한 것이 되었고, 아카데미는 문화도시의 부상에 있어서 두 가지 중요한 역할을 수행하였다.

하나는 아카데미를 통해 정당화된(legitimate) 예술이 구축되었다. 이러한 아카데미즘의 성격을 보여주는 것이 주제에 따른 위계였다. 예컨대, 움직이지 않는 정물보다는 풍경과 동물이 높은 평가를 받았고, 그보다는 인물을 다루는 것이 높은 평가를 받았다. 인물을 다루는 경우에도 하층민보다는 상류층의 초상화가 높고, 그보다는 현대와 고대의 역사적 장면이 우월하고 가장 높은 위치를 차지하는 대상은 교회의 신비였다. 좋은 예술에 대한 기준이 국가에 의해 체계화된 것이다.

다른 하나는 예술가에게 사회적, 경제적 자원을 획득하는 경로가 마련되었다. 아카데미의 목적은 젊은 화가에 대한 교육과 함께 예술의 수준을 향상시키고 높은 수준을 유지하는 것이었다. 예술가를 위한 보상과 통제, 교육과 훈련 기회 제공, 전시 공간 제공, 우수작품 시상, 아카데미 회원 선발이 절대국가에서 왕정의 후원을 바탕으로 이루어졌고, 아카데미는 점차 독점적 지위를 인정받게 되었다. 이로써 예술가를 규제하였던 길드를 대체하였는데, 초기에는 길드로부터의 독립을 얻었고, 길드를 대체한 후에는 권력과 위신을 독점하였다. 아카데미의 권위가 확립되면서 예술가는 학식 있는 사람으로서 미와 취향의 원칙을 가르치는 교사가 되며 위상이 높아졌고 아카데미의 소속 범위도 점차 확대되었다.

특히, 아카데미의 영향을 대외적으로 확대시키고 위상을 공고하게 만든 것이 살롱(Salon)이었다(스테판 게강·정지선, 2001 | White & White, 1993). 매년 혹은 격년으로 개최된 살롱은 아카데미 회원이 심사 선발하는 관전으로 작품의 선정은 물론, 게시 높이까지 결정하였다. 최우수작품상은 Prix de Rome이라는 명칭으로 로마로의 유학이 부상으로 주어졌다. 살롱은 상당히 대중적인 행사로 치러졌다. 많은 관중이 관람하였으며, 사회적으로나 예술적으로 중요성이 매우 컸다. 수상작들은 화상을 거쳐 주로 공공 미술관이 소유하였고 개인 소장 목적의 구매는 드물었다. 살롱의 작품 심사와

전시를 통해 아카데미즘이 사회적으로 공고화되었다. 작품의 가치가 명확한 기준에 따라 위계화되었는데, 역사적 회화가 우선시되었고 일상생활을 다룬 장르 회화에서 풍경화가 가장 낮게 평가되었다. 정통 예술에 대한 규범 설정이 이루어져서 고전적이고 기독교적인 주제만이 적합하고, 자연세계에서 가장 완벽한 형태만이 제시되어야 했다. 인간은 가장 완전한 미의 형태이며 이상화된 형태로 제시되어야 하였고, 작품은 균형을 갖추어야 했으며, 회화는 예술의 정수로 인정받았다. 아카데미즘에서 초점은 화가에 대한 평가가 아니라 작품에 대한 평가였으며 대작(masterpiece)의 출품에는 작품당 평균 2년 제작이 걸려서 화가들은 평균 22년 동안 11편의 작품을 출품할 정도였다(White & White, 1993).

아카데미는 어떠한 결과를 낳았는가? 아카데미의 영향으로 프랑스 미술이 독보적 위상을 확보하게 되었다. 아카데미는 200년간 성공적으로 운영되며 프랑스의 미술계가 예술사조의 변화를 주도할 수 있었다. 아카데미는 바로크 스타일에서 출발하였으나 신고전주의, 낭만주의, 사실주의 등의 다양한 흐름을 낳았다. 아카데미 시스템의 정착 이후 미술계 지원자가 급증하였고 시민계급의 성공 경로로 인식되었다. 아카데미 소속과 살롱의 전시를 꿈꾸는 많은 예술가들이 프랑스 전역에서 파리로 모여들었다. 사회적 이동에 대한 관심이 분출하였던 프랑스 사회에서 아카데미 시스템은 미술이 중요한 신분 상승의 통로가 될 수 있음을 보여주었고, 여기에 많은 인재들이 참여함으로써 결국 프랑스가 미술의 발전을 주도하게 되었다. 하지만, 다른 한편으로 지나치게 많은 지망생들을 양산한 결과 아카데미 시스템의 수용 능력의 한계에 도달하였으며, 아카데미 시스템의 정치화가 나타났고 결국 붕괴의 과정을 겪게 된다. 이러한 아카데미 시스템의 붕괴 과정을 보면, 아카데미 시스템 스스로의 성공의 결과로 붕괴된 것이라 할 수 있다(White & White, 1993).

모더니티의 수도

수도의 성장은 자연스러운 지리적, 경제적 과정이기보다는 정치적 과정이었다(Ringrose, 1998). 수도의 등장이 의미하는 바를 이해하는 것이 중요한데, 수도가 가지는 위상이 커질수록 도시들 사이의 관계는 이전과 같이 대등한 것이 아니게 되었기 때문이다. 수도인 도시와 다른 도시 사이의 관계는 더 이상 평등한 게임이 아니었고, 그 차이는 국가가 가지는 권력이 클수록 더 커졌다.

문화도시의 발전에 있어서 수도가 가지는 의의는 너무나 큼에도 이에 대한 논의는 그동안 부족한 상황이다. 도시연구 전반에 걸쳐 수도에 대한 관심이 미흡했던 탓이기도 하다. 문화도시의 이해를 위해서는 역사적으로 나타난 수도의 유형과 함께 그 특성을 이해하는 것이 필요하다. 역사적으로 보면 처음부터 수도가 압도적으로 중요한 역할을 수행하였던 것은 아니었다. 수도가 이 도시 저 도시로 바뀌는 경우도 있었고, 수도와 다른 도시 사이의 차이가 크지도 않았다. 수도는 왕이 거주하는 영지와 성채로서 의미를 가질 뿐이었다. 바딤 로스만(Vadim Rossman, 2017)에 의하면 역사적으로 수도의 유형은 다양했다. 수도가 지리적으로 고정되지 않은 경우들도 많았는데, 신성로마제국에서는 여러 도시들이 수도를 돌아가며 맡은 결과 제국이 다중심화되었다. 현재 유럽연합의 경우에도 브뤼셀 외 다른 도시들까지 수도 역할을 할 수 있도록 분산시키는 방안을 논의하고 있다. 또한 기능에 따라 왕실 수도(royal capital)와 신성한 수도(sacred capital)가 구분되기도 하였다. 클리포드 기어츠(Clifford Geertz, 1973)는 13세기 인도네시아의 힌두 수도를 가리켜 정치 질서의 물질적인 육화(the material embodiment of political order)인 동시에 초자연적인 질서의 소우주(a microcosm of the supernatural order)라고 표현하였다. 이와 같이 수도는 현세의 권력과 초

자연적 질서를 연결해 주는 역할을 했었다. 수도가 지리적으로 한 도시에 정착하게 된 것은 당연한 일이 아니라 역사적 변화 과정의 결과물이었다.

유럽 국가에서 수도는 17세기에 비약적인 성장을 경험했다. 17세기 이전에는 수도가 유럽 다른 도시들과 비교해서 성장 속도에 차이가 크지 않았다. 17세기 이전에 두드러진 성장을 경험했던 도시들은 제노아, 베니스, 앤트워프와 같이 국제 교역의 중심에 있던 도시였다. 하지만, 17세기 들어서 국민경제의 성장을 바탕으로 자본이 수도에 집중되면서 수도가 비약적인 성장을 하였다. 이러한 사실은 수도의 성장에 작용한 정치적 요인의 중요성을 보여준다. 링로즈의 경험적 연구가 수도의 성장에 작용한 정치적 요인을 실증하였는데, 경제적인 네트워크가 유럽 국가의 수도들이 성장할 수 있는 조건을 마련한 것이 아니라 유럽 수도의 정치적 기반 확립이 그 국가의 경제적 성장을 가능케 했고, 유럽 전체의 경제적 기반 강화를 가능케 했다(Ringrose, 1998). 아메리카와 동방항로 개척으로 인한 교역의 증가, 유럽 인구의 성장, 도시국가의 쇠퇴와 국민국가의 성장이 결합하여 더 거대한 도시와 건물들을 낳았다. 이러한 도시의 거대 규모화가 집중된 것이 수도였다. 인구와 부의 증가에 따라 수도에서 법률, 정치, 재정 업무가 증가하고, 수도의 사회적 위신, 상업 거래, 서비스 산업의 성장으로 이어지면서 수도의 건물이나 가로가 새로운 규모의 거대화를 야기했다. 여기에 더하여 수도 사이의 경쟁이 작용하였다. 런던과 파리의 경쟁이 두 도시 안에서 공공건물의 건설 경쟁으로 이어졌고, 그 영향을 받아서 프로이센의 베를린, 러시아의 상트페테르부르크, 합스부르크 제국의 빈 등도 변화의 흐름을 쫓아갔다(마크 기로워드, 2009: 335-336). 발전 경로가 다르고 여건이 다르지만, 민족국가의 수도들이 보이는 전형이 있었고, 대표적인 모델은 벤야민이 19세기의 수도라고 부른 파리였다(발터 벤야민, 2008a). 혁명으로 인한 혼란을 반복적으로 겪으면서도 파리는 중심적인 위치를 놓치지 않았다.

써본은 유럽의 수도 건설에서 민족국가를 기념하는 성격을 갖기 위해 초점을 맞추었던 핵심 요소들을 네 가지로 꼽았다(Therborn, 2002).

- 민족국가의 중추기관(입법, 사법, 행정 기능)
- 주요 거리의 건설(상업, 산책, 시가 행진 등)
- 고급문화의 제도화와 문화기관 건축물 건설
- 도시공간의 정치화와 기념물화

이와 같은 건축물들이 민족국가의 위용을 드러내면서 수도는 세속문화의 중심지임을 과시하였고, 박물관, 오페라, 콘서트홀, 도서관, 대학, 드라마 극장 등이 수도를 상징하는 대표 건축물이 되었다. 문화기관이 수도의 랜드마크로서 기능하면서 수도의 기능과 문화도시의 규모 확장이 서로 연관되었다. 수도를 통해서 자원 동원 가능성이 증대하였고 국가 사이의 경쟁이 고조되면서 수도의 문화적 역할이 확립되었다(Claval, 2000). 대표적으로 민족국가 형성과 함께 국립박물관의 건축이 19세기 동안 진행되면서 국립박물관의 건축 자체가 박물관이 표상하는 가치관을 드러냈다. 국가들마다 다소 시기에 차이가 있으나 민족국가 형성을 전후하여 국립박물관을 건축하는 것은 필수적인 경로가 되었다(Elgenius, 2011). 그리고, 민족국가의 수도에 건축된 국립박물관과 국립 예술 기관들이 수도 한복판 좋은 지역에 자리 잡고 민족국가의 정치권력과 종교, 고급문화를 대표하면서 문화수도의 외양을 만들었다(Aronsson & Elgenius, 2011: 9). 또한, 민족국가 단위로 예술 장의 구조화가 이루어지면서 국가 단위의 예술가 단체가 조직되었고 예술가와 예술단체들 사이의 네트워크가 수도를 중심으로 형성되었다. 박물관, 오페라, 필하모

닉 오케스트라의 공연장 등 문화시설이 건립된 수도는 낭만주의의 영향 속에 민족문화를 표상하는 대표 도시로서 위상을 갖추게 되었다. 그리고 이러한 수도 모델이 확장되어 동유럽, 아시아, 아프리카 등까지 전파되고 민족국가 성립과 함께 나타난 수도 모델이 중부 유럽과 남부 유럽 국가들로 확장되었다(Makas & Conley, 2009).

19세기의 수도에서는 산업화로 인한 변화에 적응하기 위한 혹은 산업화로 인한 확장을 관리하기 위한 도시 개조 사업이 수행되었다. 도널드 올슨(Donald Olsen)은 19세기 런던, 파리, 비엔나를 분석하면서 19세기 도시의 성장을 산업도시로 이해하는 방식의 한계를 지적하며 산업화를 넘어서는 도시개조 작업의 성격을 분석하였다(Olsen, 1986). 산업혁명은 사망률 감소에 따른 인구 증가, 기술적 진보와 경제적 발전의 결과로 농업, 공업, 3차 산업에 의해서 만들어진 재물과 사회시설의 증가, 인구 증가와 생산 변화에 따른 주민의 공간적인 지역분포문제 발생, 그리고 이를 해결하려는 교통수단의 발전 등 급속한 변화를 야기했다. 이러한 변화에 대처하기 위해서는 건축 환경을 공공적으로 관리하는 전통적인 방식으로는 충분치 않았고 새로운 도시 관리 체계가 필요했다. 그 결과, 신식의 교통수단을 수용할 수 있는 도로가 건설되었고, 군사적인 유용성을 잃어버린 채 도시의 확장에 장애물이 된 성벽이 철거되었다. 산업화의 동력이지만 검은 연기를 내뿜는 공장 지대를 분리시키고 여가 공간으로서 중요성이 커진 도시 공간이 미화되었다. 여기에는 좁은 지역에 밀집된 인구와 부족한 도시 인프라의 연결에서 벌어진 심각한 위생 문제와 전염병 발생 가능성에 대처하기 위한 목적도 있었다.

올슨은 죠지 4세에 의한 리젠트 거리(Regent Street) 조성, 루이 나폴레옹에 의한 오스망의 파리 개조, 비엔나의 링슈트르라세(Rangstrasse) 건설 사례를 분석하였다. 가장 먼저 시작된 것은 리젠트 거리 사업이었으나, 가장 큰 규모로 진행된 것은 나폴레옹(Napoleon) 3세의 막강한 권력을 바탕으로 오스망(Hausmann)의 파리 개조가 가져온 일련의 변화들이었다. 사실 파리를 제국의 수도로 만들겠다는 야심을 품은 것은 나폴레옹 3세의 삼촌인 나폴레옹 1세였다. 나폴레옹 1세는 파리를 제국의 수도로 성장시키겠다는 계획을 가진 최초의 프랑스 지도자였다. 파리를 제국의 영광이 드러나는 수도로 성장시키겠다는 것이 그의 통치전략의 핵심이었다. 하지만, 그의 짧았던 제정 기간 동안 목표를 달성할 수 없었고 파리는 산업화를 거치면서 더럽고 지저분한 도시에서 나아지지 못하였다. 영국에서의 망명 기간을 통해 런던의 변화 과정을 직접 목격한 나폴레옹 3세는 오스망 지사를 통해 삼촌의 이루지 못한 야망을 실현시키고자 했다(Kirkland, 2013).

오스망 지사의 능력과 기술자들의 높은 수준이 진보적인 법률(1840년의 토지수용법과 1850년의 위생법)에 뒷받침된 덕분에 짧은 기간에 도시계획이 일관되게 실시되었다. 파리의 대규모 개조사업은 파리의 금융시장의 성장을 통해서 막대한 자금의 동원이 가능했기 때문에 이루어질 수 있었다. 런던의 리젠트 거리 조성 사업을 위해 차용된 자금이 40만 파운드였던 것에 비해 파리에서는 2,000만 파운드가 시의 차관으로 모금되었다(마크 기로워드, 2009: 451). 특히, 파리는 단일한 행정구역으로 되어 있어 다수의 자치구가 연합된 형태였던 런던에 비해서 재개발이 용이했다.

나폴레옹 3세는 흐름과 소통의 장애가 되는 벽을 허물어야 이상적인 공동체를 만들 수 있다는 생시몽의 순환 이념에 영향을 받아서 순환도로의 건설을 통해 빛과 바람이 통하는 도시의 건설을 추구하였다(이창남, 2010: 11). 그러한 영향 속에서 오스망은 좁고 굽은 골목길을 펴고 넓은 대로를 건설하여 도시 중앙부에 방사형으로 대로를 연결하였다. 새로운 도로만 건설된 것이 아니었다. 수도, 하수도, 가스등, 합승마차 도로망 등의 기본 도시 인프라와 학교, 병원, 기숙사, 부대막사, 형무소 삼림공원 등의 서비스 시설을 공급하였고 시의 새로운 행정조직을 만들면서 파리가 급성장했다. 파리 개조를 거치면서 파리의 인구가 120만 명에서 200만 명으로 증가하였고 파리시 세입은 두 배로 증가하였다(레오나르도 베네볼로, 1991).

광범위하게 진행된 파리의 개조를 통해서 여가유흥의 도시가 만들어졌고, 불르바르의 상점가가 만들어졌으며, 현대적인 소비문화가 등장하였다. 1848년 혁명에서 궁극적으로 승리한 부르주아 계급이 국가가 간섭하지 않는다는 이념을 버리고 적극적인 국가의 개입을 통해 도시의 새로운 모델을 만들었고, 그 대표적인 사례가 제2제정 시대 파리의 변혁이었던 것이다. 이와 같이 제국의 문화수도들은 19세기에 예술 작품으로서의 도시를 만들어 가는 과정에서 '기념물'이자 '가정'이 되었고, '놀이터'이자 '도큐멘타'가 되었다(Olsen, 1986). 벤야민이 모더니티의 수도 파리에서 분석한 아케이드가 새로운 소비의 이종적인 공간으로 등장하였고(발터 벤야민, 2008), 뒤이어 백화점들이 과거 왕실에서나 가능했던 사치의 민주화를 실현시키는 새로운 소비의 궁전으로 자리 잡으면서(Williams, 1982), 파리는 런던, 비엔나 등과 함께 자본주의 도시에서 등장한 새로운 도시 현실을 드러내는 전범이 되었다.

런던, 파리, 비엔나는 산업도시의 우울한 모습을 뒤덮어 버릴 수 있는 외적 미관이 두드러진 도시가 되었다. 문화도시로서 새로운 도시 경관을 대표하는 건축물로 파리 오페라 건물을 볼 수 있다. 샤를 가르니에(Charles Garnier)에 의해서 설계된 파리의 오페라 하우스는 1861년부터 1875년까지 건축되었다. 오페라 하우스는 제2제정의 수도 파리의 새로운 모습을 드러내는 상징물이었다. 오스망에 의해서 만들어진 새로운 파리는 가르니에의 웅대하고 화려한 오페라 하우스를 필요로 했다(Mead, 1995: 138).

보헤미안과
자율적인 예술 장의 등장

그렇다면 순수예술이 수도에 집중된 상황은 아카데미에 의해서만 설명될 수 있을까? 만약 그렇다면 예술이 더 이상 후원에 의존하지 않고 시장 거래에 의해 유지될 때 문화예술의 중심지로서 문화도시의 역할은 유지하기 힘들었을 것이다.

근대의 자본주의 도시에서 중요한 예술의 변화가 나타났는데, 도시가 예술의 대상이 되었다는 점이다. 그리고 이러한 양상이 뚜렷하게 나타난 사조가 모더니즘이다. 모더니즘은 과거 농촌 생활에서 겪지 못했던 도시의 현실을 바탕으로 등장하였다. 이러한 점에서 대도시는 모더니즘 등장의 배경이 되었다(피터 게이, 2015). 그리고 문화수도가 예술의 중심지 위상을 뚜렷한 노력 없이도 유지할 수 있었던 것은 현대 예술의 발원지가 대도시에 바탕을 두었기 때문이다.

모더니즘이 도시의 현상이고 특히 대도시의 현상이라는 점을 시인 샤를 보들레르(Charles Baudelaire, 1821년 - 1867년)가 명확히 보여준다. 보들레르가 그의 《악의 꽃》에서, 그리고 그가 현대의 예술가라고 찬사를 보냈던 콩스탕탱 기스(Constantin Guys)에 대한 글에서 보여준 것은 사교계 생활의 볼거리나 고상한 마차, 사랑스러운 여인, 잘 차려입은 예쁜 아이들까지 대도시에서 등장하기 시작한 현실이었다.

그리고, 보들레르를 분석한 벤야민의 글을 통해서 예술과 도시의 관계가 무엇을 의미할 수 있는지를 살필 수 있다. 벤야민은 예술가들이 바라보고 표현한 작품 속에서 드러난 도시의 현실을 감상하고 그 의미에 대해서 인문학과 사회과학에서 토론하는 고리를 만들었다. 벤야민에게서 도시와 예술의 관계를 보여주는 핵심은 신화였다. 벤야민은 파리의 농부에서 깊은 영감을 받았고 짧은 에세이 정도로 생각했던 아케이드 프로젝트를 필생의 미완성 작업으로 발전시켰다. 벤야민은 초현실주의로부터 많은 영향을 받고 공감하면서도 초현실주의와 거리를 두며 비판했다. 그 까닭은 이들이 자본주의 소비문화에 잠긴 대도시가 만들어낸 신화적인 현실을 인식하면서도 이를 벗어나거나 깨뜨리려는 노력을 하는 것이 아니라 신화 속에 그대로 머무르고 있다는 점이었다. 바로 이와 같이 벤야민이 모스크바, 베를린, 나폴리, 그리고 파리와 같은 대도시를 분석하면서 남긴 작업들은 신화의 식별과 비판적 분석이었다(그램 질로크, 2005: 28). 벤야민은 도시 예술에 대한 분석을 통해서 문화도시에서 이루어질 수 있는 예술과 도시 현실과의 관계가 어떠한 가능성을 가질 수 있는지 보여준다. 또한, 벤야민과 보들레르 사이에 존재하는 시간적인 간극이 도시의 현실과 이를 반영한 예술 작품이 나오고 그 의미를 해독하는 것이 동시대적인 작업이 아닐 수 있음을 보여준다.

보들레르는 파리를 최초로 서정시의 대상으로 만들었으나(벤야민, 2005: 102), 모더니즘의 등장은 개인 예술가의 창조적인 아이디어에만 의해서 가능한 것이 아니었다. 도시 안에서 새로운 예술적 주장이 비록 예술인의 사후라 하더라도 널리 받아들여지고 예술가 집단 안에서 큰 흐름을 형성하는 데 있어서 중요한 역할을 하게 된 것이 대도시에 보헤미안이 집중되었기 때문이었고 대표적인 사례가 파리였다(마크 기로워드, 2009: 448). 바로 이와 같이 예술은 천재 개인 예술가에 의해서만 만들어지는 것이 아니라는 것이 20세기의 예술이론인 예술제도론이나 예술사회학의 강조하는 바이다.

파리에서 보헤미안은 소르본 대학이 있던 라틴 지구에 몰려들었던 젊은 학생들과 문인, 화가 등을 부르는 명칭이었다. 보헤미안이 널리 알려지는 데 큰 역할을 한 것이 무르제가 저술한 《보헤미안의 풍경과 정경》이라는 책이었다. 무르제가 자신의 주변 사례를 바탕으로 집필한 이 저술은 연극으로 옮겨졌고 푸치니에 의해 오페라《라보엠》으로 만들어졌다. 보헤미안은 규칙적인 생활 대신 유흥을 즐기는 삶의 태도를 갖고 있으며 예술에 모든 것을 거는 젊은이들로 그려졌다. 보헤미안이 객관적으로 범위를 확정할 수 있는 실체도 아니었고, 길드와 같이 조직된 것도 아니었지만, 보헤미안의 공간적 집결은 대도시가 예술세계에서 차지하는 위상을 지탱해 주는 기반이 되었다. 파리는 19세기에 40만명 가까운 노동자들이 사는 산업도시였는데, 이 노동자들이 도심으로 몰려들어 사는 노동지구 중 하나가 몽마르트 언덕이었다. 집값이 저렴했고 서커스 공연장, 유원지, 세탁소 등 유흥가와 그림의 주제가 될 수 있는 것들을 쉽게 발견할 수 있었던 몽마르트 언덕은 예술가들을 끌어들였다(마크 기로워드, 2009: 468). 파리의 몽마르트와 몽파르나스가 보헤미안의 사회성이 드러나는 대표적인 곳이었다. 이 곳에서 보헤미안은 놀이와 같은 분위기 속에서 자유롭게 마음껏 풍자하고 조롱하며 자신의 의견을 밝힐 수 있었다(Lyon, 2009).

현대 예술의 변화를 주도하는 보헤미안 예술가들이 도시에 모이는데 놀이터로서 도시가 가지는 특성이 중요한 역할을 했다. 파리와 비엔나에서 카페가 대표적인 공간이었고 몽마르트에서는 특히, 카바레가 중요한 장소였다(리사 아피냐네시, 2007; 김복래, 2010). 이러한 공간에서 예술가들은 자유롭게 만나며 거침없이 표현했다. 예술인들은 왜 파리를 선택했는가? 이 질문에 대한 답으로 피카소에 대한 홀의 분석을 볼 수 있다(Hall, 1998: 224-225). 스페인 출신의 피카소는 불어를 잘하지 못했지만 파리에 와서 오랜 기간 작업을 하였다. 피카소를 파리로 부른 것은 파리의 거리 생활과 미술관, 그리고 다른 작가들의 작품이었다.

그렇다면 이러한 보헤미안이 파리와 같은 대도시에 모여든 것은 어떠한 의미가 있는 것일까? 부르디외는 보헤미안이 모여드는 지역을 바탕으로 이른바 '예술 장(champ, field, 場)'이 생겨났으며 이것이 자율적인 예술을 주장하는 현대 예술의 발전에 결정적인 역할을 담당했음을 주장하였다. 부르디외가 1992년에 발간한 《예술의 규칙》 (Les Règles de l'art, 1992)은 《문학 장의 기원과 구조》라는 부제가 의미하듯이 문학 장의 자율성과 장의 이분법적 구조를 설명하고 작가의 관점과 순수미학의 역사적 기원을 제시하였다(피에르 부르디외, 1999). 장은 사회적 분화를 나타내는 단위로서 종교적, 경제적, 법률적, 정치적 기능의 분화를 설명하며, 하나의 망으로, 혹은 위치들 사이의 객관적 관계들의 지형으로 정의된다. 장은 특수하고 고유한 논리 적용으로 장에 따른 고유 논리가 작동한다. 예술적 장, 종교적 장, 또는 경제적 장은 각기 다른 논리를 따른다. 고도로 분화된 사회에서 각각의 장은 다른 장들을 지배하는 논리로 환원될 수 없는 자율적인 사회적 소우주들의 총체로 구성된다.

자율적인 예술 장이 만들어지는 데 있어서 중요한 전제조건은 예술가와 소비자들이 풍부하게 모여있어야 하는데, 대도시가 그런 조건을 갖춘 곳이 되었다. 부르디외는 자율적 예술의 장을 구성해 나간 보헤미안들이 이중적 단절을 수행했다고 설명한다(부르디외, 1999: 112). 한편으로는 사회적 예술에 대항해서, 다른 한편으로는 부르주아 예술에 대항해서 자율적인 예술을 표방하였다. 파리에서 자율적인 예술 장의 성립이 가능했도록 만든 사회적인 요인들이 있었다(p. 175). 파리에는 이미 아카데미의 영향으로 많은 재능있는 예술가 준비생들이나 신진예술인들이 모여들었다. 또한, 당시 많은 젊은 층이 고등교육을 받기 위해 파리로 몰려들었고 지식인 예비군과 같은 역할을 수행했다. 경제적 성장과 경제 발전에 힘입은 교육받은 인구의 팽창이 중요한 배경이 되었다. 이러한 환경들은 자율적 예술의 장이 상업화되지 않으면서도 유지될 수 있는 기반을 제공하였다. 교육받은 인구의 팽창은 출판사나 신문과 같은 문화적 기업들에 종사하면서 생활을 영위하는 생산자를 증가시켰으며 동시에 그들이 만들어낸 생산물을 소비하는 잠재적 독자 시장을 팽창시켰다. 특히, 파리에 당시 신문을 중심으로 문화적 재화를 다루는 시장이 성장하기 시작하면서 보헤미안은 이러한 문화재화의 시장으로부터 적은 액수의 돈을 벌면서 파리 생활을 버틸 수 있었다(피에르 부르디외, 1999; 아놀드 하우저, 1999b).

부르디외는 보헤미안의 삶의 방식, 그리고 보헤미안의 라이프스타일에 대한 예술화가 예술 장의 출현을 가능케 함으로써 현대 예술의 발전에 중요하게 작용했음을 주장하였다(피에르 부르디외, 1999). 바로 이러한 지점이 벤야민(2008)이 파리를 19세기 모더니티의 수도로 본 배경이 된다. 라이프스타일의 예술화가 진행되면서 다양한 차원(경제, 문화, 사회, 상징)의 자본과 권력관계가 조응하는 아비투스와 장의 상호 조정 관계가 나타난다. 장에 따라서 상이한 아비투스가 형성되며 각 장은 동일한 아비투스를 갖춘 행위자들에 의해 그 장의 성격이 표출된다. 장과 아비투스가 서로 상응하는 관계가 구축됨으로써 자기 완결적인 예술가들의 세계가 만들어지고 이 세계는 바깥에서 보면 이해하기 힘들지만 안에서 보면 극히 자연스러운 상황으로 인식되어 보헤미안의 상호작용이 자연스럽게 이루어진다. 보헤미안들에게는 매우 자명한 것처럼 보이는 아비투스가 형성되는 것이다.

부르디외가 제시한 예술 장은 결국 권력의 문제를 다룬 것이었다. 장과 권력관계가 핵심이다. 장은 일종의 시장으로서 재화의 생산자와 소비자로 구성되어 행위자들의 대결과 투쟁이 이루어진다. 행위자들은 장의 지배를 확보하기 위한 자본 축적을 목표로 투쟁하는데, 장은 대립적 힘의 공간에서 이루어지는 게임으로 비유된다. 장의 지배를 확보하기 위해 벌이는 게임에는 승리의 결과로 기대되는 내기물이 있는데 흥미로운 점은 이 내기물의 가치가 사회 어디에서나 통용되는 것이 아니라 게임하는 사람들 안에서만 인정되는 가치를 가지기도 한다는 점이다. 게임에 사로잡혀 게임의 내기물의 가치를 신뢰하고 간절히 바라는 사람들 만이 인정하는 경우가 생긴다. 이것이 부르디외가 설명하는 자율적인 예술의 장이다. 이러한 자율적인 예술 장의 성격을 보여주는 것이 '거꾸로의 경제세계'이다(p.117). 예술가들은 자기들의 예술 외에는 다른 가치에 굴복하는 것을 거부한다. 예술가들이 원하는 것은 적어도 단기적으로는 다른 예술가의 인정이다. 거꾸로 된 경제세계에서 예술가는 오히려 경제적인 영역에서 잃어야 상징적인 영역에서 성공한다(p.120). 예술적 가치에 대한 절대적인 주장은 심지어 "시장을 사라지게 한다(p.118)."

흥미로운 점은 이러한 설명을 통해서 부르디외가 마르크스주의류의 경제결정론적인 설명을 비판할 수 있게 되었다는 사실이다. 부르주아 출신이기 때문에 부르주아의 가치관을 추구하는 것이 아니라 오히려 부르주아의 가치관으로부터 벗어날 수 있게 된다. 플로베르의 《감정교육, *L'Éducation sentimentale*, 1869》에서 나오는 '상속자들'처럼 순수예술을 추구하는 과정에서 부르주아 출신이 유리한 이점을 갖게 된다. "즉각적인 필요의 제약과 화급함으로부터 해방시켜 주며, 시장이 없어도 '버틸' 가능성을 주는 물려받은 경제적 자산은 아방가르드적 시도와 밑빠진 독에 물붓기식의 또는 장기간의 투자에 있어서 성공할 수 있는 가장 중요한 인자들 중의 하나이다(p,121)." 플로베르가 그러한 존재였다. "물려받은 돈이 돈에 대한 자유를 보장해 준다(p.121)."

그렇다면 이러한 보헤미안이 파리에 모여서 자율적인 예술 장을 가능케 한 결과가 파리에 가져다준 것은 무엇일까? 그것은 예술의 중심지로서 파리의 명성이었다. 문화경제학 분야의 연구 결과를 보면(Kelly & O'Hagan, 2007). 영국과 독일의 예술사전에 등재된 예술가들의 출신지를 세기별로 분석한 결과, 13세기부터 17세기까지 기간에는 이탈리아와 저지대국가 출신이 압도적으로 많은 반면, 19세기에는 프랑스가 압도적으로 많았다. 또한 중요한 예술가들이 이동하여 활동한 도시들에서도 파리가 우위를 차지하였다. 이 연구에서는 특정한 도시로 예술가들이 집결하였던 원인을 경제적 부유함, 예술적 자유, 기회를 잡을 수 있는 이벤트 등으로 꼽았고, 파리에 특히 작용한 것은 예술학교와 같은 예술 인프라와 영향력 있는 예술가들의 존재가 영향을 미쳤을 것으로 분석하였다. 앞서, 홀이 피카소가 파리로 와서 작업한 이유로 제시한 내용과 유사한 것이다. 바로 이러한 원인들의 결합을 배경으로 하여 파리에서 보헤미안이 모여서 자율적인 예술의 장을 구성할 수 있었기 때문에 절대왕정과 결합된 아카데미의 영향이 소실되어가는 시점에도 파리는 예술의 중심지로서 위상을 굳건히 지켜나갈 수 있었다.

문화도시의 두 가지 구성적 차원으로서 도시 경관과 예술의 발전이 결합하면서 1870년대 파리의 모습은 전 세계인에게 경이의 대상이었고 다른 도시들에 의한 모방의 대상이 되었다(마크 기로워드, 2009: 449).

글로벌 예술도시 **뉴욕**

문화도시의 또 다른 변화는 세계 패권과의 관계이다. 예술적 창조성의 후원 뒤에는 늘 패권에 대한 열망이 자리 잡고 있었다. 19세기 후반은 세계적인 차원에서 '진보된' 자들이 '후진적인' 자들을 지배하는 제국의 시대가 되었다(에릭 홉스봄, 1998: 154). 성장하는 제국의 중심에는 제국을 상징하는 문화수도가 자리 잡았다. 제국의 문화수도에서 다루는 문화예술의 내용은 제국의 통치로 범위가 넓어졌고, 런던의 연극에서는 제국주의 지배의 관계상이 재현되었다. 런던의 극장은 방대한 제국에서 벌어지는 일들을 극장의 오락으로 만들어 제국의 수도에 살고 있는 시민들에게 전달하는 역할을 하였다. 런던의 관객들은 식민지의 전통을 보여주는 이색적인 복장을 입은 배우들의 공연을 통해서 제국의 시민으로 사회화되는 기회를 가졌다. 이와 같이 제국의 엘리트가 식민지에서 경험하는 삶의 모습을 담은 연극은 제국의 건설이 정치적이고 군사적인 과정일 뿐만 아니라 문화적인 프로젝트의 성격을 가졌음을 보여준다(Gould, 2011).

문화도시로서 제제2차 세계 대전 이후 뉴욕의 모습은 유럽의 수도와는 사뭇 다른 양상을 보였다. 파리의 경우 당시 유럽에서 문화와 예술 분야에서 가장 중요한 도시였지만, 경제적으로는 그렇지 않았다. 브로델이 프랑스가 문화적으로 찬란한 것은 프랑스가 세계를 지배하지 못한 데에 대한 일종의 위로였다고 볼 정도였다(페르낭 브로델, 1997: 86). 하지만 제제2차 세계 대전 이후 뉴욕은 경제적 지배와 문화적 지배를 동시에 달성하였다. 현재, 세계 도시들의 순위를 보면 경제 분야와 문화예술 분야의 상관관계가 높게 나오는데, 뉴욕이 그러한 현재의 양상을 주도한 선도 모델이 되었다.

뉴욕은 다른 유럽의 수도와 달리 왕정의 입지와 같은 정치적 결정에 의해 우위를 차지하게 된 도시는 아니었다. 하지만, 수도에 상응하는 지위를 갖기 위해 적지 않은 노력을 기울였다. 1840년대에 미국 동부 해안의 도시들과 교역의 경쟁에서 승리하여 부유해진 뉴욕에서 상류층은 유럽의 귀족에 못지 않은 생활을 누렸다. 뉴욕 갑부들은 귀족적인 특권을 누리는 대자본가의 삶을 영위하였고 뉴욕 상속녀들과 유럽 귀족들 사이의 결혼이 유행하였다. 뉴욕은 정치 수도는 아니어도 지적이고 문화적인 수도가 되기를 원했다(프랑수아 베유, 2003). 그 결과, 뉴욕은 경제적인 번영만을 누린 것이 아니라 다양한 문화적인 투자를 경험했다. 비록 15년 후 문을 닫기는 했으나 1824년에 도서관이자 토론 공간인 아테니엄이 문을 열었고, 컬럼비아 대학을 종합대학으로 발전시키 위해 투자했으며, 갖가지 종류의 직업별, 문화별 협회들이 뉴욕에 설립되었다. 도시의 이질적인 계층들이 함께 관람하였던 극장에 만족하지 않고 부유한 중산층을 위한 애스터 플레이스 극장(Astor Place Theatre)도 1831년에 설립되었다. 20세기에 들어오면서 뉴욕의 현대성은 민족주의적인 문화적 미국성이라는 성격을 갖게 되었다. 철강업으로 부를 쌓은 카네기의 기부로 1891년에 카네기 홀을 만들었고 줄리아드 음악학교가 1905년에 설립된 이래 명성을 날렸다. 메트로폴리탄 오페라 극장에서는 1903년에 당대의 세계적인 테너 카루소가 공연하였고 메트로폴리탄 박물관은 많은 기부 덕분에 세계적인 수준의 컬렉션을 갖출 수 있었다.

유럽의 수도들에 못지않은 기념비적 건축물도 뉴욕에 건설되었다. 유럽의 제국주의 국가들처럼 많은 식민지를 갖지는 못했어도 19세기 중반부터 뉴욕은 새로운 제국의 수도에 부합하는 수준의 건축물을 세우기 위해 노력했다(Scobey, 2002). 대표적으로 1867년부터 1883년까지 공사한 브루클린 다리(Brooklyn Bridge)가 제국의 시대에 부합하는 건축물로 꼽힌다. 왕실과 정부가 주도적인 역할을 하였던 유럽과 달리 뉴욕에서는 기업가와 부유층을 중심으로 박물관이 설립되었다. 1929년에 MoMA, 1931년에 Whitney Museum, 1939년에 Guggenheim Museum, 1942년에 Art of This Century Gallery의 설립이 줄을 이었다. 그리고 2차 세계 대전 이후 문화도시 건축의 분수령으로 1950년대 중반부터 1960년대 후반까지 이어진 링컨센터의 건축을 볼 수 있다. 링컨센터의 건축에는 연방자금의 지원을 포함한 공공의 물적 자원이 있었으나 실제 그 노력을 달성하기에는 충분하지 않았다. 여기에 미국적인 발명이 자리 잡았다. 그동안 유럽의 어느 국가에서도 찾아보기 힘든 경우가 발생하였다. 록펠러 가문의 후원을 포함한 민간이 부족한 자금분을 보충한 것이었다.

문화도시로서 뉴욕의 성장을 가능케 한 중요한 기반으로 뉴욕에 자리 잡았던 보헤미안들을 지적하지 않을 수 없다. 아무리 뉴욕이 문화예술기관들과 기념비적 건축물을 갖추었어도 예술의 발달 없이 문화도시를 운위하기 어려웠을 것이다. 그리니치 빌리지(Greenwich Village)에 모여든 예술인 사이에서 발생한 교류와 다양성이 뉴욕을 문화도시로 만들었다. 1890년대부터 1920년대의 기간 동안 많은 작가 집단들이 모여들면서 뉴욕의 그리니치 빌리지가 미국에서 가장 큰 규모의 보헤미안의 집결지가 되었다(Stansell, 2010). 보헤미안들은 그리니치 빌리지의 허름한 레스토랑과 지저분한 살롱들에 모여서 술을 마시며 어울렸고, 카페가 가난한 예술인들의 클럽 역할을 하였다. 바로 이들 덕분에 뉴욕은 20세기에 들어서 시카고 같은 다른 대도시를 능가하며 미국에서 현대 문화예술의 중심지로 발돋움하였다.

뉴욕의 보헤미안이 성장하는 과정에서 중요한 역할을 한 것이 뉴딜 정책을 통한 예술인들에 대한 지원이었다. 뉴딜 정책을 수행한 프랭클린 루스벨트(Franklin Roosevelt) 대통령이 뉴욕주지사 출신이었고 뉴딜 정책에 뉴욕이 적극적으로 호응한 결과, 뉴욕시가 규모 면에서도 뉴딜 정책의 가장 큰 수혜자가 되었다. 뉴요커 출신의 루스벨트 대통령 내외는 수시로 뉴욕을 방문하여 뉴딜 사업의 진행상황을 살폈다. 그 중에서도 뉴욕 예술가들에게 뉴딜 정책은 상당히 중요한 의미를 가졌다. 공공주택을 위한 연방미술사업(Federal Art Project)이 최초로 실행된 것도 뉴욕 맨하탄의 이스트 빌리지(East Village)에 있는 퍼스트 하우스(First Houses) 프로젝트였다. 예술가들은 이 건축물의 마당을 꾸미는 작업을 하였다[7].

뉴딜 사업은 뉴욕의 예술가들이 대공황과 전쟁의 엄혹한 기간 동안 예술

7 Roosevelt House Public Policy Institute at Hunter College의 홈페이지. https://www. roosevelthouse.hunter.cuny.edu/exhibits/new-deal-new-york-city/ (2024년 1월 3일 접속)

활동을 지속할 수 있는 버팀목이 되었다. 지나치게 엄격한 재정당국의 감독이나 제한된 영역에 한정된 지원, 관료적인 행태에 대해 예술가들이 불만을 느끼기도 했으나 뉴욕에서 이루어진 뉴딜 정책의 예술 사업은 미국 전역에서 가장 창의적이고 효과적인 사업으로 평가받았다. 그리고 이러한 뉴딜 정책의 예술 사업 결과 뉴욕 예술인들이 자신의 기술을 보전하며 발전시킬 수 있는 기회를 가졌다. 그리고 이들 중 많은 예술인들이 전쟁 후에 아방가르드 예술가로서 뉴욕 예술계의 중심인물이 되는 기회를 가졌다(O'Connor, 1969). 뉴욕에서 뉴딜 프로젝트의 영향은 프랑스에서 아카데미에 대한 절대왕정의 후원이 파리에 예술인들이 집결하는 기회를 마련하고 다양한 양상으로 발전할 수 있는 터전을 제공하였던 것과 비견된다.

제2차 세계 대전 이전에 미국은 이미 영화산업 분야에서는 세계 시장을 지배하는 수준이 되었으나 현대예술에서 미국의 미술가들은 주목을 받지 못하는 처지였다. 파리를 중심으로 벌어지는 유럽의 현대예술 흐름에서 보면 미국은 변방에 불과했다. 그러나 제2차 세계 대전을 거치면서 뉴욕 스쿨(New York School)이 등장하고 뉴욕이 현대예술의 중심도시가 되었다. 뉴욕 스쿨은 뉴욕에 형성된 추상회화 그룹을 일컫는데 '추상표현주의'와 '액션페인팅'으로 널리 알려졌다. 문화도시로서 뉴욕이 위상을 널리 알리게 된 것은 바로 이 뉴욕 스쿨이 세계적으로 인정받는 아방가르드 예술로서 등장했기 때문이다. 이를 통해 뉴욕은 제2차 세계 대전 후 파리를 제치고 전 세계 예술의 중심으로 인정받게 되었다(Guilbaut, 1983: 7). 특히, 미국 예술가들의 유럽 순회 전시가 미국이 새로운 예술 흐름을 주도하는 문화도시를 갖고 있음을 드러내는 계기가 되었다. MoMA가 기획한 전시로서 1958년에 17명의 추상표현주의 화가가 《새로운 미국의 회화》를 주제로 바젤, 밀라노, 마드리드, 베를린, 암스테르담, 브뤼셀, 파리, 런던 등 유럽 8개 도시의 순회 전시를 수행하면서 뉴욕이 추상표현주의라는 새로운 아방가르드 예술의 발신지가 되었음을 과시하였는데, 당시 전시기획자는 이러한 전시를 그동안 비교조차 어려웠던 유럽의 현대예술에 대한 미국의 승리로 인식할 정도였다(전영백, 2019: 265).

하지만 뉴욕 스쿨의 성공 이면에는 다분히 정치적인 기획이 상당한 영향을 미쳤다. 그리니치 빌리지를 중심으로 한 뉴욕의 보헤미안 예술가들은 제2차 세계 대전 이전에 자본주의 질서에 대해 비판적이었으며 친사회주의적인 성향을 갖고 있었다. 하지만, 이들은 점차 소련과 같은 현실 사회주의 국가나 트로츠키주의자들의 행태에 실망하면서 기존의 사회주의적인 성향의 예술 단체로부터 분리하여 새로운 예술 단체를 만들었고 점차 탈정치화되었다. 미학적으로는 내용의 주제에 초점을 맞추는 사회주의 리얼리즘으로부터 벗어나 표현의 형식에 더 많은 관심을 기울이게 되었다. 냉전 구조에서 사회주의적 예술 진영에 대한 대항 예술 권력 등장이 필요했던 시기에 탈정치화되었으나 개인의 자유로운 표현을 찾기 위해 분투하는 예술가들은 주목받게 되었다(Guilbaut, 1983). 미국 정부는 이들의 자유로운 저항의 모습이 소련의 사회주의 예술에 대항할 수 있는 좋은 선전수단으로 가치를 갖게 됨을 인식하고 이들을 후원하였다. 여기에는 넬슨 록펠러와 같이 MoMA의 관장이면서 미국 정부에서 요직을 맡았던 기업계 인사들이 중요한 역할을 했다. 뉴욕 스쿨 작가들의 좌파 성향이나 전력 때문에 이들에 대한 지원을 반대하였던 의회로 인해 예산 지원이 어렵게 되자 CIA가 나서서 위장 단체를 통해 자금 지원을 성사시키기도 하였다(Cockcroft, 1974; Saunders, 1995).

또한, 제2차 세계 대전으로 인해 유럽에서 현대예술을 주도하던 초현실주의와 입체파 등의 예술가들이 집단적으로 미국으로 이주하면서 뉴욕에 거주했다는 사실도 중요성을 가진다. 이 과정에서 페기 구겐하임(Peggy

Guggenheim)도 큰 역할을 했다(앤톤 길, 2008: 메리 디어본, 2022). 페기 구겐하임이 뉴욕에 미술관을 열어서 기획한 전시들은 사회적으로 큰 반향을 불러일으켰다. 페기 구겐하임과 같이 예술을 이해하고 예술가들과 교류가 많은 기업가들 혹은 기업가의 가족들이 유럽의 예술가들과 미국의 예술가들이 자연스럽게 교류할 수 있는 계기를 마련하였다. 추상표현주의를 대표하는 액션 페인팅의 잭슨 폴록(Jackson Pollock)도 페기 구겐하임이 뉴욕에서 금세기 미술관을 운영할 때 발탁한 경우였다.

제2차 세계 대전 이후 뉴욕은 아방가르드의 중심지로 자리 잡았다. 다이애너 크레인(Diana Crane)은 추상표현주의, 팝아트, 미니멀리즘, 구상화, 신표현주의, 포토 리얼리즘, 패턴 페인팅 등 1945년부터 1980년까지 뉴욕의 예술세계에 등장하였던 일곱 가지 아방가르드 그룹을 분석하였다(Crane, 1987). 아방가르드의 중심으로 뉴욕이 자리 잡으면서 미국의 예술시장은 크게 성장하였고 예술기관들도 폭발적으로 성장세를 보였다. 뉴욕에서 전시하는 예술가들은 계속 증가하였고 미국 전역으로 확산된 예술 시장에서 뉴욕이 계속 주도적인 역할을 하고 있다.

또 다른 변화는 세계 패권과의 관계이다. 글로벌 예술도시는 문화적 헤게모니 기능을 갖고 있으며, 경제와 금융의 권력을 넘어서 문화자본과 언어로 글로벌 문화의 형성에 기여하는 주체들이다(King, 1993). 뉴욕의 사례는 미술관, 갤러리, 옥션과 같은 매개기관들이 글로벌 예술 도시와 가지는 관계를 보여준다. 글로벌 예술 중심지의 성격은 오늘날 주요 초국적 딜러 갤러리, 옥션 하우스, 공연예술센터, 아트 저널, 비평, 현대예술 갤러리, 영향력 있는 국제적인 예술 엘리트 등을 갖춘 것에서 증명된다. 이처럼 소수의 도시들이 현대 예술과 고전 예술을 위한 투자 기능을 수행하고 있다(Caset & Derudder, 2017).

그 결과, 예술가 활동이 국제적인 소수 도시들로 집중되는 현상이 나타나고 있다. 이들 소수 도시들에서는 예술가들끼리 서로 협력하고 경쟁하며 새로운 발전 추세에 대한 정보를 공유하면서 클러스터 효과가 발생하고 있다. 도시 인구 집중이 가져오는 문제와 위기조차도 예술가에게는 작품의 영감을 주는 소재로 활용된다(Ooi, 2017). 한 걸음 더 나아가 글로벌 금융 도시와 글로벌 예술 도시의 밀접한 관계가 나타난다. 금융도시와 예술도시 사이의 상관관계를 보면, 스피어만 상관계수가 0.48가 될 정도로 뚜렷했다(Caset & Derudder, 2017). 글로벌 도시에서 일어나는 고급 예술과 금융의 클러스터링이 있고, 고급예술과 금융 사이의 공생 관계가 존재한다. 이는 글로벌 예술 시장의 발전이 고급 금융, 은행 서비스의 중요성 강화와 연관되어 있기 때문이다. 오늘날 글로벌 예술도시의 중요한 특징은 금융 중심지와 예술 거래 중심지가 공존한다는 점이다. 뉴욕과 런던과 같은 금융의 중심지에는 예술작품의 높은 가격을 감당할 수 있는 부유한 소비자가 존재하며, 예술은 부유한 개인들을 인간화시키며 금융도시의 지속적 유지를 보완하는 사회적 기능을 제공하는 것으로 해석된다. 예술과 자본 시장 사이에 존재하는 유사한 상징적 장치를 바탕으로 오늘날 도시경제와 예술 사이의 관계가 긴밀해짐에 따라 야망 있는 예술가들이 글로벌 대도시로 이전할 이유는 더 커졌다.

3장

모든
창조성

문화도시가 국가의 수도로 혹은 제국의 중심으로 성장했을 때 그 내부에서는 모든 시민이 같은 모습으로 문화적 혜택을 누린 것은 아니었다. 홀이 말했듯이 예술적 창조성이 만개했던 도시들에서도 예술적 창조성을 누리는 사람은 늘 소수였다. 예술적 창조성이 지배 엘리트의 문화라는 점에서 문화도시는 지배의 도구이며 지배 시스템의 일부가 되었다. 유럽 국가의 수도들에서 19세기에 건설된 문화공간들에서 지배계급 분파들이 융합의 기회를 가질 때도 그러했고 신대륙에서 문화기관에 대한 엘리트의 통제를 통해 도시에 대한 계급지배가 이루어질 때도 그러했다.

20세기의 민주화 흐름 속에서 계급적 차이와 맞물려 있던 문화 불평등은 20세기 들어서 점차 중요한 해결 과제가 되었다. 그래서 일부 소수만이 아닌 모든 사람에게 문화적 기회를 제공하자는 목표를 표방한 문화의 민주화가 많은 나라에서 큰 흐름이 되었다. 영국에서 출발한 예술위원회와 프랑스에서 시작한 문화부 설립이 모델이 되어 많은 나라에서 두 모델 중에서 하나를 선택하거나 두 모델을 병행하면서 문화 민주화를 이루기 위해 힘썼다. 하지만 계급과 문화 불평등 사이의 관계는 그 속성에 대한 깊은 이해가 필요하다. 이에 대한 사회학적 설명은 문화 민주화가 국가적 노력에도 불구하고 원래 기대한 만큼 달성되지 않는 이유에 대한 이해를 제공한다.

그렇다고 문화 불평등이 변화 없이 지속된 것은 아니었다. 문화의 산업화가 고급문화와 다른 문화들 사이의 경계가 허물어지는 예술 사조의 경향과 맞물려 확장되었고, 다양한 취향의 문화를 소비하는 옴니보어가 엘리트의 문화소비 패턴으로 나타나면서 문화의 위계가 약화되는 현상이 두드러지게 되었다. 이런 흐름 속에서 세계적으로 창조도시 열풍이 나타나면서 문화도시에 대한 관심을 불러일으키는 동력이 되었으나 역풍도 적지 않았다. 다양한 변화들을 겪으면서 이제 문화도시는 특정한 집단의 창조성에 초점을 맞추던 것에서 벗어나 모든 사람의 창조성을 강조하는 흐름으로 변하고 있다. 문화민주주의라는 이름과 연관된 이러한 이상적인 지향이 실제 얼마나 효과를 거둘지는 지켜볼 일이다. 바로 이러한 흐름을 배경으로 오늘날 문화도시가 지향할 목표가 어떻게 달라졌으며 추진하는 방식이 어떠한 방향으로 달라진 것인지 파악할 수 있다.

순수취향과
계급 청중의 형성

순수예술의 개념이 서구에서 하나의 사회적 실체로 등장한 사실에 대하여 래리 샤이너(Lary Shiner)는 다음과 같은 세 가지 요소가 어우러졌음을 주장한다. “그 세 가지란 한정된 몇몇 예술가 집단, 그 집단을 쉽게 식별해 주는 널리 받아들여지는 용어, 그리고 그 집단을 다른 모든 집단들과 구별 짓는 어느 정도 일반적으로 합의된 원칙 혹은 기준이다(래리 샤이너, 2015: 151)”. 순수예술이 근본적으로 소수를 위한 예술로 등장했을 때, 순수취향을 받아들이는 사람과 그렇지 않은 사람의 구분이 사회적으로 계급적 경계선과 맞물려 있었다. 순수예술의 발명이 이루어진 시기에 순수예술의 범주 구축은 순수예술의 제도 형성과 함께 예술 공중의 등장이 맞물려 진행되었으며, 예술 공중의 사회적 분리 과정으로 이어졌다. 샤이너의 논의가 갖는 의의는 순수예술의 범주 구축이 이루어진 역사적 과정에서 미학의 범주 구성이 단지 인식론적 수준의 지적 구성물만이 아니라 실제 사회 집단의 분리를 반영한 것이라는 사실을 드러냈다는 점에 있다. 예술 공중의 사회적 분리와 맞물려 소수를 위한 예술인 순수예술이 발명된 것이다. 칸트(Immanuel Kant)가 저급한 욕구의 사람들과 순순한 느낌에 관심을 갖는 고귀한 감성의 사람들을 대조하면서 순수미학의 논리를 제시한 것은 이와 같은 사회적 구별의 논리를 철학적으로 해석한 지식화 과정의 결과였다(p. 172). 칸트적 미학이 순수취향으로서 무사무욕, 순수한 관심, 인간적인 것(보통사람들에게 보통 생활 속에서 느끼는 여러 정열, 감동, 느낌, 감정상태)에 대한 체계적 거부의 성격을 보인 반면, 반칸트적 미학은 야만취향으로 이미지의 기능에 대한 관심을 표방한 것이었다(피에르 부르디외, 1995).

그렇다면 이러한 순수예술의 등장과 취향을 공유하는 집단의 맞물림은 도시에서 어떠한 모습으로 나타났을까? 도시는 이제 지배계급들 안에서 공유하는 취향과 계급교류의 장으로서 문화 소비와 향유가 이루어지는 공간이 되었다. 이와 같은 특성이 가장 두드러진 것이 음악청중(music public)의 형성이었다. 음악청중은 궁정과 살롱, 그리고 음악회와 같이 형태를 달리하면서도 서로 연관되어 있는 공간들에서 형성되었다(이경희, 2006; Weber, 2004).

출발은 궁정이었다. 궁정의 음악 후원은 일상 속에서 다양한 여가 문화 활동을 즐기기 위해 궁정이 음악가를 고용하는 형태로 이루어졌다. 궁정의 교회 행사나 세속 행사의 연주를 위한 실용적이면서 기능적인 음악에 대한 보상으로 음악가에게 고용 보수가 지급되었다(이성률, 2011). 궁정 생활에서는 식사, 사냥, 유람에 이르기까지 음악이 차지하는 비중이 컸다. 또한, 왕실들 사이의 혈연관계와 궁정 방문, 그리고 외국 주재 자국 대사의 작품 수집 활동까지 궁정은 음악 교류의 네트워크로서 기능하였다(이경희, 2006).

19세기가 되어 음악작품 창작에 대한 후원이 늘어나면서 음악의 자율성 확보로 한 발 더 나아갔다. 특히 빈에서는 황실과 귀족의 후원을 바탕으로 빈 고전주의 음악이 발전하였다. 합스부르크 황실의 음악 후원은 귀족의 음악 감상에도 영향을 미쳤고, 귀족들의 후원이 차지하는 중요성이 점차 커졌다. 페르디난트 2세(Ferdinand II, 1578-1637)부터 칼6세(Karl VI, 1685-1740)에 이르기까지 합스부르크 황제의 음악과 후원은 바로크 예술을 궁정에 자리 잡게 하였고 귀족들도 취향과 전문성을 갖춘 음악 후원을 할 수 있도록 만들었다(나주리, 2015). 궁정의 음악 선호는 공공 음악계에 지대한 영향을 미쳤다. 궁정은 작곡과 연주 위촉, 직위 부여, 작곡가의 필사본 구매나 출판 후원을 통해 음악가를 후원했고 극장 설립과 검열을 통해 공연에 개입했으며, 극장에 참석했을 때 군주의 반응은 음악가의 평판에 절대적인 영향을 미쳤다. 귀족에게 개방되었던 궁정의 음악회는 궁정 밖에서도 모방되었고 빈의 하우스카펠레(Hauskappelle) 유행에서 보듯이 궁정은 하위 귀족층에까지 음악 취향을 확산시킴으로써 초기 음악 청중을 형성하는데 영향을 미쳤다(이경희, 2006).

마침내, 마리아 테레지아(Maria Theresia, 1717-1780)가 재정 긴축을 이유로 음악 후원을 축소함에 따라 음악 후원의 중추가 황실에서 귀족으로 이동하였다. 이는 음악후원의 형태가 '공적 후원'(official patronage)에서 '사적 후원'(private patronage)을 거쳐 '공공 후원'(public patronage)으로 변모해가는 서양음악의 역사 과정 중 공적 후원에서 사적 후원으로의 변화 과정을 보여준다(나주리, 2015). 궁정의 음악생활과 공공음악회의 관계는 절대주의 왕정의 예술 소비 활동이 어떻게 도시의 공적 영역으로 확산되었는가를 보여준다. 또한 왕실이 자리한 수도에서 근대적이고 대중적인 음악활동이 어떻게 번성하게 되었는지를 이해할 수 있게 해준다. 수준 높은 귀족들의 음악 후원이 있었기 때문에 기능적이고 실용적인 목적의 기악을 넘어서 자율적인 발전이 이루어진 빈 고전주의 음악이 태어날 수 있었다(연상춘, 2007).

도시 안에서 음악청중의 제도적 수용은 공공음악회에서 이루어졌다. 귀족과 왕실의 직접적 후원을 대신하여 독립적이고 공식적인 무대로서의 상업 체제인 공공음악회를 통해서 음악은 대중이 수용하는 문화(mass culture)가 되었다. 이는 음악 공연이나 음악의 확산이 음악가와 청중 사이의 인간적인 관계에 의존하지 않고 비인격적인 관계에서 이루어지게 되며 이를 통해 더 많은 청중을 목표로 하게 되었음을 의미하였다(Weber, 1977: 6). 음악회는 1680년부터 1750년 사이에 유럽에서 산발적으로 등장하다가, 1750년부터 1790년에는 런던, 파리, 비인의 세 도시에서 성장하였다. 1790년부터 1813년 사이에는 사회정치적 격변기 속에 휴지기를 가지다 1813년부터 1848년 사이에 폭발적 성장이 이루어졌다. 그리고 1848년부터 1870년 사이에는 음악회가 현대적인 방식으로 공고화되었다(Weber, 2004: 3).

공공음악회가 공고화되는 과정에서 중요한 역할을 수행한 것이 가정과 살롱(Salon)이었다. 공공음악회는 가정음악의 활성화와 맞물려 확산되었다. 중간계급의 가치로서 규율을 습득하는 데 음악 감상이 중요한 역할을 했고, 특히 딸에게 피아노를 학습시키는 것은 양육과정에서 필수적인 의무로서 거의 사회적인 의례 행위로 여겨졌다(Weber, 2004: 35).

귀족과 재정가, 그리고 중간계급이 모였던 살롱은 여러 계급이 통합된 음악 청중의 산파 역할을 수행하였다. 또한, 신예 음악가의 데뷔 무대로서도 기능하였고, 고전음악 이데올로기를 전파하는 역할도 수행하였다(이경희, 2006)[8]. 살롱에서 이루어진 음악 후원의 수혜자였던 대표적인 음악가가 베토벤이었다(티아 데노라, 2009).

음악청중이 음악적인 면에서 성숙하고 발전하는 모습은 음악을 듣고 공연을 관람하는 태도의 변화에서도 읽을 수 있었다. 극장청중의 음악청취 태

8 살롱은 원래 이태리어 salone에서 파생된 프랑스어로서 큰 방, 많은 방이라는 의미를 가졌다. 정기적인 사교모임을 뜻하며 역사적 기원으로서 16세기 르네상스 궁정, 17세기 프랑스 살롱, 18세기 공론장의 성격을 갖게 되었다.

도 변화가 18세기 중반부터 19세기에 걸쳐 나타났다(Johnson, 1995). 18세기 중반 이전에는 청중들에게 극장은 개인 살롱의 연장이자 만남의 장소로 공연에 집중하지 않는 경우가 많았다. 음악적 의의를 찾는 것 자체가 생소한 일이었고, 공연 중에서 소음이 생기거나 분위기가 어수선하더라도 불평하지 않았다. 1770년대와 1780년대 프랑스에서 공공영역에서 판단하는 것이 자리 잡았는데 이러한 변화가 중요한 분기점의 역할을 하였고, 1800년대부터 1820년대 사이에 관람객의 미적 감수성에 상당한 변환이 이루어졌다. 음악과 감정이 연결되고 진지한 경청 태도가 확산되면서 다른 사람의 산만한 태도는 불평의 대상이 되었다. 개인의 음악판단이 정당화되면서 감정의 공개적 표출이 자연스러워졌다.

극장을 찾는 음악청중 계층도 확대되었다. 과거에는 교향악단의 공연장에 입장하는 것이 귀족이나 상위 중간계급에게만 허용되기도 하였으나 점차 입장할 수 있는 계층의 범위가 확대되었다(Weber, 1997). 이와 같은 관객의 확대는 동시에 진지한 음악의 등장을 바탕으로 귀족과 상위계급이 문화적 헤게모니를 발휘할 수 있는 기회를 제공한 것이다. 공공음악회는 새로운 계급 통합 청중의 탄생 무대이자 지배 엘리트가 주도하는 문화공간의 역할을 하였다(Weber, 2004). 살롱과 오케스트라의 역할은 상호보완적으로 진지한 예술의 제도화가 이루어지는 계기를 마련하였고, 대중음악 향유 문화가 1770년부터 1870년까지 유럽의 음악세계에서 진화하면서 공고화되었다(Weber, 1977). 절대왕실에서 극히 한정된 범위에서 향유되었던 음악이 귀족을 통해 궁정 너머로 확산되었고. 가정, 살롱과 밀접하게 연관된 공공음악회의 성장을 바탕으로 19세기 유럽의 수도들에서 대중적인 음악 문화로 자리 잡았다. 이 과정에서 유럽의 주요 도시들은 진지한 고전음악의 향유를 통해 귀족과 중간계급의 문화적 헤게모니가 행사되는 문화도시의 모습을 갖추게 되었다.

미국의 예술 제도화

유럽과 같은 절대왕정이나 국가의 예술 후원 경험을 갖지 못했던 미국에서는 어떠했을까? 로렌스 레빈(Lawrence Levine)은 셰익스피어의 수용을 사례로 미국의 문화적 위계가 어떻게 부상하는지를 설명하였다. 레빈에 따르면 1850년대까지 미국에서는 취향의 구분이 명확히 드러나는 문화적 경계가 존재하지 않았다. 오페라와 민스트럴 쇼(Minstrel Show) 같은 연극이 동시에 공연되고 셰익스피어의 연극이 대중적인 인기를 누리고 있었다. 하지만, 1870년대부터 고급예술과 하급예술 사이의 구분이 중요하게 작용하기 시작했으며 19세기 말에는 이와 같은 구분이 상당히 완성되었다. 셰익스피어의 연극을 각색하여 대중성을 높여 왔던 이전의 공연과 달리 이제 원본에 충실한 연극의 공연을 통해서 대중적인 작품을 선호하던 관객으로부터 진지한 예술 공중을 분리시켰다(Levine, 1990).

유럽에서 순수예술의 등장과 계급 취향 사이의 관계 형성을 주도하였던 왕과 귀족, 그리고 상위 부르주아 등이 미국에서는 존재하지 않았다. 그럼에도 비견할 만한 관계가 형성되었는데, 미국에서 이러한 관계 형성을 주도한 것은 도시 엘리트였다. 미국의 사회학자 폴 디마지오(Paul DiMaggio)는 미국 도시들에서 이민자 유입에 대항한 지배 계급 중심의 문화시설 건립이 이루어진 사례로 보스턴 미술관(Museum of Fine Arts: MFA)과 보스턴 심포니 오케스트라(Boston Symphony Orchestra: BSO)의 설립사례를 분석하였다(DiMaggio, 1982a; 1982b). 보스턴 미술관은 1870년에 설립되었고, 보스턴 심포니 오케스트라는 1881년에 설립되었다. 두 기관이 설립되던 당시, 보스턴에서는 고급문화가 충분히 발달하지 못하였다. 고급문화를 규정하고 보급할 수 있는 조직 형태가 부재한 상황에서 예술과 오락이 혼재되어 있었기 때문이다. 문화 이벤트에서 많은 관객 확보를 위해 장르가 혼재되고 경계를 초월하는 경우가 대부분이었다. 보스턴의 인구학적, 경제적 성장 속에서 이민자가 급증하고 선거권의 확대로 무산자들을 대변하는 Know-Nothings 정당이 권력을 획득하여 지역사회의 질서와 문화적 권위에 도전하는 등 정치적인 통제가 어려워지자 보스턴 엘리트(Brahmins)의 위기 의식이 확산되었다. 이에 대한 대응으로 도시 엘리트들이 주도하여 고급예술기관을 설립하고 운영하기 시작했다[9]. 고급예술기관의 설립을 통해서 예술과 오락 사이의 경계를 구분하고 예술 감상의 새로운 에티켓이나 예술작품과 감상자 사이의 관계에 대한 인식을 만들어 냄으로써 고급문화를 제도화한 것이었다.

보스턴의 도시 엘리트는 기업가 정신에 바탕을 둔 조직 형태를 창출하여 엘리트 구성원이 고급예술기관을 통제하고 지배할 수 있도록 했다. 이들이 문화시설의 설립과 운영을 위해 활용한 조직 형태는 비영리법인(non-profit corporation)이었다. 19세기 보스턴의 엘리트들에게 이미 익숙한 수단이었던 비영리법인 형태를 통해서 엘리트들은 자립적인 이사회를 구성하여 전문예술가 집단에게 의사결정을 내리며 문화시설을 운영하였다. 이러한 방식을 활용함으로써 시장의 압력으로부터 박물관과 교향악단을 보호하였으며, 국가나 다른 사회계급으로부터 영향을 차단하고, 더 많은 엘리트층으로부터 지원을 획득하면서 법인의 추상적인 공공목표 안에서 다양한 사업 목표를 수용하였다.

9 보스턴 미술관은 보스턴에 있던 교육기관들, 협회, 도서관이 소장하였던 미술품, 건축도면 등을 협의를 거쳐 중앙집중화하면서 설립되었고, 건축비 모금이 이루어졌다. 보스턴 심포니 오케스트라는 헨리 리 히긴슨(Henry Lee Higinson, 1834-1919)이 주도하였는데 그 리더십을 보면 기존의 음악조직(Handel and Haydn Society, Harvard Musical Association)을 인정하면서도 존 드와이트(John S. Dwight)가 주창한 상설 교향악단 설립을 실현하였다. 그의 주장이 실현된 배경에는 연 2만 불 기부라는 개인적인 기여를 통해 확보한 권위가 있었다. 그는 이를 바탕으로 유럽인 지휘자를 선정하였고, 단원이 타 음악단체에서 하는 활동을 제약하였다.

이와 같이 고급예술기관 설립과 운영에 참여했던 보스턴의 엘리트를 디마지오는 문화자본가(cultural capitalist)라고 불렀다. 한편으로는 축적한 자본으로 박물관과 교향악단을 설립하여 고급문화의 이상을 실현하는데 기여한 자본가라는 의미가 있고, 다른 한편으로는 부르디외가 제시한 문화자본의 수집가라는 의미를 가진다. 고급예술기관을 설립함으로써 후손들이 문화자본을 획득할 수 있는 보고를 창출한 것이다. 이들 보스턴의 문화자본가들은 가문, 사업, 취미활동, 학연 등을 통해 여러 겹으로 결합되어 자의식이 강한 집단이었고 효과적으로 예술 시설을 장악하여 예술활동을 통제하였다. 문화자본가들은 위기를 극복하는 과정에서 사회계급으로 변화되었다. 학교, 복지단체 등 제도를 설립하고 주변환경으로부터 차별성을 가지는 조직(클럽, 사립학교, 문화제도 등)을 구성했으며, 소수 엘리트 한계를 극복하기 위한 중간 계급 교육을 시도하였다. 이와 같이 고급예술기관을 통하여 도시 엘리트들이 도시 안에서 다른 계급들을 헤게모니적으로 지배하는 관계는 다른 도시에서도 나타났다. 비록 보스턴에 비해 덜 폐쇄적이고 포용적인 양상을 띠기는 했어도 뉴욕 필하모닉 오케스트라의 사례에서도 찾아볼 수 있다(Accominotti et. al, 2018). 문화도시는 소수가 향유하는 문화의 권위를 공고히 함으로써 다른 구성원에 대한 문화적 지배를 정당화하는 도구로 기능하였던 것이다. 이와 같은 역사적 흐름의 이면에는 고급문화와 하급문화 사이의 분리를 공고화하는 제도화 과정이 있었다.

문화의 민주화

일부 엘리트 계층의 소수문화라는 현실을 개선하기 위한 노력이 20세기에는 큰 물결을 이루어 세계적으로 확산되었다. 이를 문화의 민주화(democratization of culture)라 부른다(Mulcahy, 2006). 20세기 들어서 문화의 민주화를 위한 국가적 노력이 본격화되었다. 고급문화를 대중에게 개방함으로써 민주화시켜야 한다는 이상은 18세기 계몽주의적 개혁의 주장에서 뿌리를 찾을 수 있다. 1750년부터 1850년대까지 혁명의 소용돌이 속에서 왕실은 소장하고 있던 예술품을 대중에게 감상할 기회를 주었고 예술이 대중을 교화시킬 수 있을 것이라 믿었다. 그러한 노력이 여러 도시에서 공공박물관의 형태로 나타났는데, 그 중 가장 성공적인 시도가 루브르 박물관이었다(McCellan, 1994). 산업혁명 시기에는 농촌 생활의 습관이 몸에 밴 노동자들을 도시의 공장 활동에 적응하도록 만드는 것이 어려운 일이었고 여가의 합리화가 진행되었는데(Roberts, 1999), 같은 맥락에서 문화의 민주화가 진행되었다. 이러한 점에서 문화의 민주화는 사회 통제의 관점에서 해석될 수 있다.

20세기에 들어서 고급문화의 확산과 향유기회 확대에 초점을 맞춘 문화의 민주화가 등장하면서 세계적으로는 영국에서 출발한 예술위원회 운동과 프랑스의 문화부를 전형으로 삼은 프랑스 모델이 등장하였다. 2000년대가 되면 세계 대부분의 나라에서 문화예술에 대한 정부의 지원이 제도화 되었다. 예술위원회 모델을 운영하는 나라가 있는가 하면, 정부부처를 운영하는 나라도 있고, 정부부처와 예술위원회를 같이 운영하는 나라도 40여개나 된다. 국제적으로는 유엔의 인권헌장(Universal Declaration of Human Rights)에서 문화적 권리가 명시되었다. 유엔 인권헌장 제 27조에서는 1항에서 “모든 사람은 공동체의 문화생활에 자유롭게 참여하며 예술을 향유하고 과학의 발전과 그 혜택을 공유할 권리를 가진다."는 내용과 2항에서 "모든 사람은 자신이 창작한 과학적, 문학적 또는 예술적 산물로부터 발생하는 정신적, 물질적 이익을 보호받을 권리를 가진다"는 내용을 제시하였다.

하지만, 영국에서 비롯된 예술위원회 모델이나 프랑스 모델이 당시에 처음부터 오늘날처럼 당연히 필요한 정부의 업무로 인식된 것은 아니었다. 앙드레 말로의 프랑스 문화부는 문화의 민주화를 표방하였다. 모든 사람에게 평등을 현실적으로 보장하여 누구나 차별 없이 문화자산을 접할 수 있는 기회를 제공하고자 했다(진인혜, 2007). 예술에 대한 국가의 지원이라는 프랑스의 오랜 전통에도 불구하고 1959년에 이루어진 문화부의 창설에 대해서는 회의적인 반응이 압도적이었다(Dubois, 2011). 당시 프랑스의 특수한 사회정치적 상황과 말로 장관의 노력에 의해 문화부는 자리 잡을 수 있었다.

먼저, 영국의 예술위원회 모델의 등장 경험을 보면 문화의 민주화를 둘러싼 양면성을 볼 수 있다(Minihan, 1977). 빅토리아 시대 영국의 보수적인 지배층은 대륙과 같이 민주적인 요소가 문화 영역에 발생하는 것을 달가워하지 않았다. 대륙과 달리 정부의 예술 분야 개입에 대한 소극적 입장, 청교도적인 위치에서 미술 분야 자체에 대한 회의, 개인적인 영역에 대한 국가의 개입을 과도한 것으로 여기는 분위기 등이 작용하였다. 하지만, 대륙국가들과의 경쟁에서 영국 제품이 뒤지는 이유가 디자인의 열등함에 있고, 이를 수정하기 위해서는 국민들의 취향이 개선되어야 한다는 논리에 공감하여 미술관의 건설에 동의하게 되었다.

문화정책 제도화에 중요한 역할을 수행한 것은 영국의 블룸즈베리 그룹이었고 그 중에서도 케인스가 핵심적인 역할을 수행하였다(Upchurch, 2004). 블룸즈베리 그룹은 1901년부터 1940까지 영국에서 모더니즘을 주도하였던 미술가 그룹을 말한다. 영국의 예술위원회 설립과 예술위원회 운동을 통해서 예술가들에 대한 후원을 가능하게 만들고 문화 향유를 국민 누구나 할 수 있는 것을 목표로 삼게 하는 것이었다. 문화분야에 민주주의적인 변화를 가져오자는 것으로 해석되었다. 예술위원회에 핵심적인 것은 예술의 지원에 대한 결정에 있어서 정부가 직접 개입하지 않고 전문가들로 구성된 위원회가 결정하는 것이었다. 이후 예술위원회는 여러 예술단체와 협회들이 모여서 예술에 대한 정부와 사회의 지원을 이끌어내는 기관으로 변모한다.

프랑스의 문화부 설립은 드골 대통령의 5공화국 설립 이후 나타난 새로운 사회 계획의 일환으로 추진되었다(Looseley, 2001). 드골 대통령은 당시 알제리 전쟁을 겪으며 나타난 4공화국의 혼란을 종식하기 위하여 새로운 헌법을 바탕으로 강력한 대통령의 리더십을 보여주어야 하는 상황이었다. 초대 문화부 장관이 된 앙드레 말로는 소설가이자 지식인이며 레지스탕스 전사로서 인지도가 높았고 좌파 진영에서도 권위를 인정받았으며 동시에 드골 정당의 강력한 지지자로서 드골 대통령이 친구라고 부를 정도의 인사였다. 말로는 문화부라는 부서의 고유한 영역을 확보하는 것을 중요하게 생각했고, 문화부가 정부 내에 별도의 부처가 되었을 때 기존에 교육부의 정책 영역으로부터는 예술과 문학을 가져왔고, 산업부로부터는 영화를 가져왔다. 한편으로는 사회학자들과 제휴하였다(Dubois, 2011). 당시에는 현대화(modernization)의 필요성이 프랑스 사회에서 강력하게 대두되었던 시점이었다. 사회학은 당시 프랑스 지성계에서 막강한 영향력을 행사하던 철학과 문학의 영역에서 벗어나 독립적인 위상을 달성하기 위해 경험적인 연구의 수행이 절실했다. 이를 위해서는 정부로부터의 지원이 필요했다.

프랑스 문화정책의 지향점은 사회에 더 많은 문화시설을 공급함으로써 더 많은 프랑스 국민들이 우수한 문화를 접할 수 있게 되고 더 나은 삶을 누릴 수 있게 된다는 것이었다. 문화의 집을 파리 이외에 전국적으로 만들고 공급을 확충하는 방안이 대표적인 사업이었다. 문화의 민주화 모델은 복지국가의 확장과 함께 세계적으로 확산되었고 각 국가의 복지국가 모델에 의해 영향을 받아 실행되었다(Zimmer & Toepler, 1996). 이와 같이 고급문화 확산 중심의 문화정책이 달라진 것은 자크 랑(Jack Lang)이 미테랑 대통령 정부에서 문화부 장관을 맡게 되면서였다. 더 중요한 점은 문화정책의 초점이 달라진 상황에서도 문화의 민주화를 포기하기 보다는 대체로 지속적으로 추진한다는 점이었다. 즉, 문화정책의 새로운 패러다임이 등장할 때 이전의 패러다임이 폐기되기보다는 유지되면서 새로운 패러다임이 중첩되는 경향을 보여왔다.

구별짓기의 **동학**

문화의 민주화는 어떠한 결과를 낳았을까? 문화 불평등에 대한 사회학적 논의들을 통해서 이와 같은 정책적 노력의 가능성과 한계점을 이해할 수 있다. 계급과 문화 사이의 관계를 설명하는 논의들 중에서 물질적인 토대가 문화예술을 포함하는 상부구조를 규정한다는 마르크스의 논의가 가장 영향력이 큰 논리가 될 수 있다. 하지만, 예술형식을 계급구조의 반영으로 바라보려는 기계적인 방식으로는 현실에 존재하는 사회계급과 예술 사이의 복합적이고 다양한 양상들을 설명하는 데 한계가 있다. 마르크스주의의 문화예술에 대한 설명 방식에 대해서는 다음과 같은 문제점들이 지적되어 왔다(오스틴 해링턴, 2014: p. 98).

- 예술의 미적 약호나 양식과 같은 형식적 발전에서 보이는 상대적 자율성에 둔감

● 문화 예술 행위나 결과물들이 사회경제생활의 구조가 형성하는 데 기여하는 바를 무시
● 예술가 개인의 창조 작용에 대한 설명 어려움

따라서 개인의 경제적 이해관계와 문화적 실천의 관계를 기계적으로 설명하지 않으면서도 그 연관성을 이해할 방법이 필요한데, 이러한 과제를 해결하는 데 가장 성공적인 업적을 남긴 학자가 부르디외였다. 부르디외는 마르크스와 베버, 뒤르켐과 같은 고전 사회학자들의 이론적 요소들을 바탕으로 주관주의와 객관주의, 구조와 실천을 종합하는 아비투스와 같은 개념을 바탕으로 문화예술의 사회학 이론을 구성하여 계급과 문화 사이의 관계에 대한 설명을 제시하였다(루이 핀토, 2003; 파트리스 보네위츠, 2000).

부르디외의 문화예술 사회학 연구의 주된 관심은 사회불평등의 재생산 구조에서 문화예술이 작용하는 관계를 밝히는 것이었다. 그의 이러한 문제의식은 문화예술의 취향에 대한 연구에 앞서 진행한 그의 교육사회학 연구에서 잘 나타난다. 부르디외는 전후 평등주의적 이상을 바탕으로 확대된 고등교육 체계에도 불구하고 고등교육을 통한 사회불평등이 지속되는 구조를 분석하였다. 부르디외에 따르면, 학교에서 교육하려는 합법적인 문화가 중립적인 외양을 갖지만, 실제 중립적이지 않고 지배계급에게 익숙한 문화이다(피에르 부르디외, 2000). 따라서 사회계급별로 어린 학생의 학업성취도가 달라지는데, 이는 교육을 통해 주입하려는 아비투스(habitus)와 이전의 교육작업을 통해서 주입된 아비투스 사이의 차이에 의해서 교육의 생산성이 결정되기 때문이다(p.107). 결정적으로 중요한 것은 학교 입학 전 가족을 통해 주입되는 아비투스이며, 부르디외는 특히 언어자본과 문화자본의 중요성을 강조한다. 이와 같이 부모로부터 상속받은 문화자본이 작용하기 때문에 무상교육 제도의 시행에도 불구하고 부

모의 사회계급에 따라 자녀의 교육적 성취에 큰 차이가 나타난다.

문화자본이 학습활동에 영향을 미치는 것과 같은 방식이 문화소비에도 적용된다. 부르디외는 《예술의 사랑》에서 문화예술 소비 활동에 대한 서베이 조사 결과를 통해 교육수준과 직업에 따라서 박물관과 전시회 방문 비율에 상당한 차이가 있음을 보였다(Bourdieu & Darbel, 1997). 더 나아가 《구별짓기》에서는 좀 더 포괄적이고 광범위한 분야에서 사회계급에 따른 문화소비 활동에 차이가 나타남을 실증하였다(피에르 부르디외, 1995). 예컨대, 음악의 경우, 정통적 취향의 《피아노 평균율》, 중간적 취향의 《랩소디 인 블루》, 대중적 취향의 《아름답고 푸른 도나우 강》에 대한 선호도를 조사하였다(p.41). 선호도를 계급 분파별로 비교한 결과, 정통취향의 음악에 대해서는 지배계급 중 학력자본이 가장 높은 분파에서 선호도가 높고, 중간취향의 음악에 대해서는 중간계급과 민중계급이, 그리고 대중적 취향의 음악에 대해서는 민중계급의 선호도가 가장 높아 학력자본과 반비례했다.

여기에서 부르디외는 취향에 대한 전통적인 견해인 칸트의 설명을 논박한다[10]. 칸트로 대변되는 취향에 대한 기존의 주장은 취향은 자연스럽게 타고난다는 전제를 갖고 있으나 부르디외는 이러한 견해는 환상이라고 일축한다. 정통적인 문화에 대한 취미, 선호를 자연의 선물로 간주하는 카리스마적 이데올로기와 달리, 과학적으로 관찰해 보면, 문화적 요구는 양육과 교육의 산물인 것으로 드러난다(p.20). 문화적 실천이나 예술 선호도가 교육수준이나 출신계급과 가지는 연관성이 그 근거이다. 그래서 취향은 계급의 지표로 기능하며, 사회적으로 공인된 예술, 각 예술의 장르와 유파가 가지는 위계에 소

---

10 부르디외의 《구별짓기(La distinction, 1979)》의 한국어판 부제는 "문화와 취향의 사회학"으로 되어 있지만, 영어 번역본의 부제목은 *A Social Critique of the Judgment of Taste*로 칸트의 비판 철학을 겨냥한 의도적 제목임을 알 수 있다. 1960년대 프랑스 사회에서 조사한 자료에 대한 경험적 분석을 바탕으로 취향에 대한 사회적 비판, 사회공간, 아비투스와 생활양식, 장의 역학, 계급 취향과 생활양식 등의 개념을 논의하였다.

비자들의 사회적 위계가 상응하는 것으로 나타난다.

특히 취향의 작동 방식을 보면, 취향의 정당화는 다른 취향에 대한 거부의 형태로 확인된다(p.103). 취향은 혐오감, 다른 사람의 취향에 대한 공포감 또는 본능적인 짜증에 의해 촉발되는 불쾌감이다. 더구나 취향과 계급 사이의 관계는 실로 광범위하게 삶의 다양한 영역에서 나타난다는 점이다. 음악 취향과 사회계급 사이에서 발견되는 상관관계는 한 걸음 더 나아가 사진, 회화, 문학, 연극 등의 다른 예술분야는 물론, 음식, 미용, 의상 등의 생활용품, 스포츠 레저활동, 신문과 구독잡지 등까지도 확장되어 발견된다.

따라서 취향은 한 사람의 계급을 확정하고 사회불평등의 위계에서 분류하는 확실한 기표로서 기능한다. 취향과 계급 사이에 확인되는 상관관계는 사회구조와 문화취향 사이의 상동구조를 보여준다. 부르디외에 따르면, 취향은 계급을 구분하며 차별화하고 계급 내 동질적인 구성원의 결속을 가능케 해주는 기능을 가진다. 취향과 계급의 관계는 문화실천과 학력자본, 출신계급의 관계로 설명된다. 취향과 계급의 연관성을 바탕으로 사회적 위치들의 관계 차원에 따른 투쟁적인 사회공간이 구성된다. 그러한 계급적 상징 투쟁의 과정에서 문화예술의 소비와 실천이 중요한 의미를 가진다.

부르디외는 취향의 발생원리로서 앞서 교육사회학 연구에서도 나타났던 아비투스라는 개념을 제시하였다(p.279). 아비투스는 사회화 과정을 거치는 동안 개인이 획득하는 영구적인 성향체계로서 계급 환경에 대응하여 형성된다. 아비투스는 지각도식과 평가도식으로서 흔히 가정이나 학교에서 무의식적 학습을 통해 습득된다. 아비투스는 다양한 경우에 적용될 수 있는 일련의 지각도식과 평가도식이기 때문에 다른 영역에도 이항가능하다. 아비투스에 따라 취향이 다르게 나타나고 그 취향에 따라 사회집단이 구분된다. 아비투스는 실천 조직의 원리로서 한 사회 안에서 사회집단별로 상이한 삶의 양식이 존재하는 이유를 설명하는 기반이 된다. 각 계급, 계급 분파마다 특이하게 나타나는 성향의 체계로서 아비투스가 존재하기 때문이다.

예술 소비는 판독 또는 해독 행위의 성격을 갖기 때문에 예술작품에 담긴 암호나 약호에 익숙해져야 의미 있는 문화소비가 가능해진다. 약호를 해독할 수 있는 문화적 능력을 갖춘 사람에게만 예술작품은 의미가 있다. 예술작품이 생산된 시기, 유파, 그리고 저자의 특징을 드러내는 스타일을 분별하고 미학적 향유의 대상이 되는 작품의 내재적 논리에 익숙해져야 예술을 감상할 수 있다. 하지만 문화소비는 단지 문화적 대상들에 대한 지식의 습득 문제가 아니다. 심층적인 수준에서 사물을 지각하고 음미하는 도식을 활용할 수 있어야 하는데, 이러한 원리를 깨닫지 못하고 약호를 알지 못하는 한 예술 소비자는 예술작품의 온갖 표현들 속에서 길을 잃고 헤맬 수밖에 없다. 문화적 경험들이 아비투스에 따라서 상이하게 지각되고, 분류되고, 기억되기 때문이다. 예를 들어 똑같은 영화에 대해서도 어떤 사람들은 주인공만 기억하는 반면, 다른 사람들은 감독의 작품세계와 연결하여 분석한다. 따라서, 아비투스는 문화 실천의 대상뿐 아니라 방식까지도 영향을 미치면서 구별짓기의 역학을 만들어낸다.

부르디외의 사회계급과 문화취향 사이의 관계에 대한 논의는 형식적으로 불평등의 장벽이 사라진 현대 사회에서 사회계급 사이의 불평등이 존재하며 지속하는 가운데 문화영역이 어떻게 작동하는지에 대한 설득력 있는 이론적 논의를 제시하였다[11]. 문화도시에 대한 이해에 있어서 부르디외의 논의가 갖는 의미는 무엇일까? 자신이 행사하는 힘의 토대인 권력관계를 은폐하면서 의미와 정당성을 부여하는 권력의 행사를 부르디외는 상징폭력이라고 규정하였다(피에르 부르디외, 2000: p. 20). 이와 같은 부르디외의 설명을 따르면,

11 부르디외의 논의에 대해서는 프랑스 뿐 아니라 국제적으로 많은 비판과 수정이 제안되었으나, 현대 예술사회학의 출발을 만든 고전이라 할 만하다. 근래 논의로는 Hanquinet & Savage (2016) 참조.

도시 엘리트의 문화적 취향을 정통성 있는 것으로 간주하며 다른 사회 구성원들에게 이를 합법적인 예술로 수용하도록 제시하는 문화도시는 거대한 상징폭력의 공간으로도 이해할 수 있을 것이다. 비록 복지국가의 선한 외양을 갖고 문화의 민주화가 진행된다고 할지라도 부르디외의 관점에서 제기되는 비판적 논의를 피하기 힘들다. 그리고 이러한 지점에서 부르디외와 프랑스의 문화부가 문화정책이 처음 시작되던 시기에 협조 관계였으나 훗날 부르디외가 문화부에 대해서 상당히 비판적인 입장을 취한 까닭을 이해할 수 있다.

또 다른 문제는 이와 같은 문화적 불평등을 해결하려는 노력이 그리 성공적이지 못하였다는 사실에 있다. 20세기 동안 여러 나라에서 문화정책으로 진행된 문화의 민주화를 위한 노력의 성과는 그다지 긍정적이지 못하였다. 프랑스 문화부의 1990년 조사 결과에 따르면 관람객 수의 증가나 관중들의 유형이 일부 확장되었으나, "민주화 실패"라고 부를 정도로 박물관이나 연극 관중들의 사회적 구성이 1970년대에 비해 달라진 바가 없고 사회계급 간의 격차가 오히려 확대된 것으로 나타났기 때문이다(문시연, 2009). 정부 지원의 결과가 문화예술에 대해서 관심이 적거나 어렵게 느끼는 국민들을 관객으로 끌어들인 것이 아니라 기존의 문화 향수층에게만 유리하게 작용한 것이라 볼 수 있었다. 또한, 1981년과 2008년의 프랑스 국민 조사결과를 비교한 필립 쿨랑종(Philippe Coulangeon)은 구별짓기의 축에 변화가 있지만, 계급적 불평등은 여전히 존재함을 주장하였다(Coulangeon, 2013). 문화 민주화가 기대한 성과를 거두지 못한 것에 대해서는 문화예술교육정책의 미미함, 기존 문화시설에 대한 피로감과 관객개발 노력의 부족, 사회적 고립이나 텔레비전과 같은 대중매체의 영향력 증가에 대해서 효과적으로 대처하거나 활용하지 못한 점 등이 거론되었다.

영국의 조사결과를 보더라도 문화 소비에서 큰 변화가 일어난 것이라

보기 어렵다. 여전히 소수의 국민 만이 고급문화를 향유하는 것으로 나타난다. 워윅위원회(Warwick Commission, 2015)가 2012년부터 2015년까지의 영국 국민의 문화활동 조사 자료를 분석한 결과, 교육수준이 높고, 부유하며, 인종적으로도 동질적인 8%의 영국 국민들이 여러 분야의 문화예술 활동에서 두각을 나타낸다는 것이다. 정부 지원에 의해서 이루어지는 예술 활동의 수혜층이 이 정도로 교육수준이 높고 부유한 집단에게 집중되고 있다는 사실은 문화정책이 오히려 역진적인 성격을 가진다는 해석까지 가능케 한다. 이는 문화참여의 불평등이 여전히 해결되지 않는 문제임을 시사한다(Barcelona City Council, 2020: 9-10). 그렇다면 문화도시는 결국 소수가 향유하는 문화를 기반으로 하면서 대다수 시민의 삶과는 괴리되어 사회 엘리트의 지배를 문화적으로 정당화하는데 그치는 것일까?

문화산업의 성장과 **창조산업의 등장**

부르디외의 논의는 문화적 위계가 사회계급과 맞물려 작동하는 문화 불평등의 구조적 성격을 보여준다. 하지만, 이제 몇 가지 요인들로 인해서 문화적 위계 자체가 크게 흔들리고 있다. 문화적 위계가 약화된 중요한 배경으로 문화산업의 성장을 꼽을 수 있다. 문화산업이 성장하여 그 영향력이 커지면서 고급문화 중심의 위계질서가 약화되었다. 2차 세계대전 직후만 해도 문화의 산업화에 대해서 부정적인 인식이 팽배하였다. 한편으로는 통속적이고 상업적이어서 문화적 가치를 찾기 힘든 대중문화를 생산하는 문화라는 점에서 다른 한편으로는 지배질서를 공고히 하는 수단에 불과하다는 점에서 문화산업의 역할에 대한 부정적인 평가가 우세했다. 여기에는 프랑크푸르트 학파의 호르크하이머와 아도르노의 문화산업에 대한 비판적 담론이 미친 영향이 컸다. 나치즘에서 산업화된 문화가 파시즘에 동원되어 치명적인 비극을 낳을 수 있음을 경험한 이들에게 문화의 산업화는 문화가 가지고 있는 유토피아적인 해방의 가능성을 봉쇄하는 파멸적인 수단이고 자본주의 지배가 일상 여가 속에도 관철됨으로써 대중을 무력화시키는 수단과 다름 없었다(테오도르 아도르노·막스 호르크하이머, 2001).

프랑크푸르트 학파의 문화산업에 대한 주장은 적지 않은 비판을 받았다. 프랑크푸르트 학파의 문화산업의 특성에 대한 이해가 경험적으로 맞지 않는 문화산업의 사례들도 많다는 점에 대한 지적이나, 문화소비자를 지나치게 수동적인 존재로 인식한 점 등이 주로 비판되었다. 하지만, 정책적인 차원에서 문화산업에 대한 비판적 시각을 약화시키고 적극적인 정책 대상으로 인식하도록 변화시킨 동인은 무엇보다 문화산업의 성장이었다. 2차 세계 대전 이후 문화산업은 세계적으로 비약적인 성장을 보였다. 텔레비전, 비디오 레코딩, 컴퓨터 기술 등의 발달로 문화산업의 새로운 분야들이 등장하였고 전 세계적으로 문화 생산과 소비에서 문화산업이 차지하는 비중이 증가하였다(UNESCO, 1982: 9). 이에 따라 전체 문화 활동에서 시장 생산에 의한 재화가 차지하는 비중이 비약적으로 증가하였다. 이 기간에 미국의 문화산업이 전 세계에 수출한 문화상품이 압도적인 우세를 차지하였고 미국의 국제원조는 문화상품의 수입에 대한 제약을 없애라는 압력을 거부하기 힘들게 만들었다(Hesmondhalgh, 2002: 63). 특히 1980년대 이후 미국의 영화산업의 성장과 매출 증대가 두드러졌다. 1970년대 등장한 블록버스터와 비디오 레코더의 발명에 힘입어 미국 영화산업은 연간 9%대의 성장을 보였고 세계 시장에 대한 장악력을 높여나갔다(Maltby, 2003: 189).

미국은 자국의 문화산업이 가지는 경쟁력을 바탕으로 무역자유화를 명분으로 세계시장에 대한 지배를 확대하고자 하였는데 이에 대한 반발도 거세게 일었다. 특히, 문화산업은 문화적 정체성에 미치는 영향 때문에 다른 산업과는 다르게 다루어야 한다는 주장이 힘을 얻었다. 이에 따라 문화산업을 일반 상품 생산의 범주로 보아 자유무역의 질서 안에 편입시킬지, 아니면 예외를 인정해야 할지가 세계 무역 질서 형성에 있어서 근본적인 쟁점이 되었다. 특히, 1990년대 진행된 무역 자유화의 흐름 속에서 문화상품을 예외로 보아야 할 것인가 국제적으로 중요한 이슈가 되었다. 국제 무역체제에서 문화적 생산물 수출이 증가함으로써 문화산업이 국가경제에 기여하는 비중이 점차 증가하고 문화적 정체성을 구성하는 핵심요소가 되면서 문화적 생산물을 단순히 교역의 대상으로만 볼 수 없다는 논리가 힘을 얻게 된 것이다. 문화산업의 상품은 의미를 생산함으로써 삶의 방식과 공동체의 정체성에 영향을 미치는 특수성을 가진다. 미국이 세계에서 가장 큰 문화적 생산물을 수출하는 상황에서 다른 선진국들도 문화상품의 국제거래에 전면적인 자유화를 적용하는데 비판적 입장을 취하였다. 수입국가들에서 외국의 문화상품에 의해 자신의 고유문화가 위협받고 자국의 문화산업의 성장 기회가 박탈된다는 인식이 확산되었다. 특히, 프랑스와 캐나다가 미국의 일방적인 문화적 영향력에 대한 우려 때문에 문화상품에 대한 무역협상의 예외적 적용을 강력하게 주장하였다(데이비드 트로스비, 2004: 191-192).

이와 같은 문화산업의 성장과 국가적인 중요성을 배경으로 이제 문화산업은 비판의 대상으로부터 적극적인 문화정책의 육성 대상으로 변모되었다. 프랑크푸르트 학파의 문화산업(Kulturindustrie)에 대한 비판적 이해에서 벗어나 문화산업을 단일한 존재로 이해하는 대신 cultural industries로서 문화산업의 복합성을 강조하고 프랑스처럼 국가적인 차원에서 미국의 문화산업이 미치는 패권적인 영향에 대한 대응 필요성이 부각되었다(Hesmondhalgh, 2002: 15).

문화산업을 중시하는 움직임은 국제기구에서도 가시화되었다. 1978년 파리에서 개최된 유네스코 총회에서는 사회의 문화발전을 위해서 문화산업이 중요한 역할을 수행할 수 있다는 전제를 바탕으로 문화산업에 대한 국제 비교연구를 실행하도록 결정하였다. 문화산업이 문화의 고유한 기능을 저해하는 기제라는 생각 대신에 사회의 발전을 추진하는데 도움이 되는 수단이라는 생각이 국제적으로 인정된 것이었다. 국제 공동 연구 협력의 결과, 1980년 몬트리올 총회에서 발표된 논문들을 중심으로 《문화산업. 문화의 미래를 위한 도전 *Cultural Industries. A Challenge for the Future of Culture*》이라는 제목의 국제 비교연구 결과가 발표되었다(UNSECO, 1982).

물론 이러한 국제기구의 노력에도 불구하고 국제 개발 정책에서 문화산업 분야가 중요한 역할을 수행했는지에 대해서는 회의적이다. 문화산업 분야에서 이루어지는 국제협력은 여전히 "신데렐라" 취급을 받으며 성과가 미진한데, 그 이유는 유네스코의 분절화된 전략, 국제 무대에서 선진국의 문화산업과 개발 주제 연계에 대한 소극적인 태도, 예술 분야 NGO의 국제 무대 활동 약세 등이 원인으로 꼽히고 있다(Vlassis, 2016). 그럼에도 이와 같은 국제기구의 움직임은 문화산업을 중요한 정책 대상으로 공인함으로써 이에 대한 각국의 관심을 불러일으키는 상징적 기폭제가 되었다.

사회과학 연구 흐름에서도 문화산업이 미치는 영향이나 수용되는 방식의 다양성이 인식되면서 특정 집단의 정체성을 표현하는 전략적인 수단으로 활용된다는 점이 주목받기 시작하였다. 영국의 문화연구(British Cultural Studies) 집단이 이러한 흐름을 주도하면서 팬덤(fandom)에 대한 연구가 진행되고 하위집단의 정체성을 표현하는 수단으로서 대중문화와 문화산업의 가능성이 주목받게 되었다(Turner, 2003).

이와 같은 문화산업의 성장을 배경으로 1997년 영국의 토니 블레어(Tony Blair)가 이끄는 신노동당(New Labour) 정부가 새롭게 출범시킨 문화매체스포츠부(Department of Culture, Media and Sport: DCMS)의 핵심 정책으로 창조산업(Creative Industry) 진흥이 추진되었다. 창조산업의 출현은 도시에서의 문화정책에 배경을 두고 있다. 문화산업에 대한 정책 경험은 보수당 집권 기간 중 노동당 정부가 통치했던 런던시 정부에서 추진되었는데, 청소년을 동원하기 위한 정치적 성격이 있었고 일자리 창출의 기능도 있었다. 1997년 신노동당의 선거 승리 후 문화산업은 전국적인 정책 과제가 되었다. 그리고 다니엘 벨의 후기산업사회론에서 제기된 지식경제와 연관시키기 위해서 창조산업이라는 명칭을 사용하게 되었다. 지식경제는 사물이 아니라 생각을 다루는 것이기 때문에 이와 연관되는 개념으로 창조를 선택한 것이었다. 그 결과 창조산업은 후기산업사회 지식경제의 첨단 산업 분야가 되었다. 이러한 개념 설정이 엄밀한 근거에 입각한 것은 아니고 정치적인 결정에 의해서 정책결정자에 의해서 이루어진 것이지만, 이제 창조산업에서 제시한 창조성은 교육 분야에서도 중요한 화두가 되었고 해외 다른 국가들에서도 수용되어 확산되었다(Pratt, 2009).

영국의 DCMS가 개념화한 창조산업에 대한 이해는 13개의 산업을 포괄하는 것으로 창조산업 전략보고서(Creative Industries Mapping Document)에 제시되었다.

- 광고
- 건축
- 미술과 골동품
- 여가 소프트웨어 (전자게임)
- 음악
- 공연예술

- 공예
- 디자인
- 패션
- 영화, 비디오
- 출판
- 소프트웨어와 컴퓨터 서비스
- 텔레비전과 라디오

문화산업을 어떻게 정의 내리는지에 따라서 다르기는 하지만, 통상의 문화산업 범위보다는 더 광범위한 분야를 창조산업이 포괄하는 것으로 볼 수 있다. 동심원 구조의 설명 모델이 중요한 의미를 가진다. 토니 블레어 정부의 창조산업에 대한 개념화와 문화정책에 대한 적용을 위한 신노동당의 논리는 제3의 길 제시 노력과 연관되어 있다(Flew, 2012; O'Connor, 2010, 2011) 18년간의 보수 정부 통치와의 차별성을 제시하면서도 과거의 노조 중심의 노동당과도 차별화 하려는 신노동당의 노력으로 창조산업의 등장에는 예술과 미디어 산업을 통합적으로 진흥하려는 의도가 자리 잡고 있다. 여기에는 보수당 집권 기간 동안 예술에 대한 지원이 세금 낭비로 비판받던 상황에 대한 대응의 의도도 있었다. 미디어 산업과 함께 예술을 창조산업의 범주에 통합시킴으로써 예술이 생산적인 의의를 갖게 됨을 시사한 것이다. 특히, 트로스비가 핵심 창조예술(문학, 음악, 공연예술, 시각예술), 핵심 문화산업(영화, 박물관, 갤러리, 도서관, 사진), 광의 문화산업(문화유산, 출판인쇄 미디어, 음향 녹음, 텔레비전과 라디오, 비디오와 컴퓨터 게임), 관련 산업(광고, 건축, 디자인, 패션)의 네 층위를 구분하고 이를 문화산업의 동심원 모델로 제시함으로써, 창조산업의 기반이 되는 창조성이 예술적 창조성에 뿌리를 두고 있음을 주장하였다(Throsby, 2008). 이는 순수 문화예술에 대한 진흥이 국가 전체의 창조경제 발전에 중요한 역할을 할 수 있다는 논리를 시사하였다. 이를 통해 문화예술에 대한 지원정책이 재정 지출에 그치는 것이 아니라 국가 경제의 발전에 기여함을 보여준다. 즉 문화예술을 위한 지출이 이제 비용이 아니라 투자가 된 것이다. 영국 정부의 창조산업 정책과 유사한 흐름을 호주나 캐나다와 같은 영연방 국가들에서 먼저 볼 수 있었고 이외에도 많은 나라들에 영향을 미쳤다. 창조산업의 중요성에 대한 강조는 한국을 포함하여 많은 나라들의 문화정책에 영향을 미쳤을 뿐 아니라 문화를 통한 도시 발전 전략의 부상에 디딤돌이 되었다.

문화의 위계 약화와 **옴니보어의 등장**

문화산업의 성장이 이루어지던 기간에 예술계에서는 고급문화와 대중문화의 구분이 붕괴되면서 생긴 새로운 다원주의로서 포스트모더니즘의 흐름이 드러났다. 모더니즘 자체가 한때는 반란이었으나 이제 현대 자본주의 세계의 고급문화라는 누리는 지위를 누림으로써 반란의 대상이 되었다. 모더니즘의 예술이 박물관이나 아카데미에서 박제화되어 버림으로써 더 이상 비판의 기능을 갖지 못한 현실에 대한 공격을 받게 되었다(스토리, 1994: 225-226). 포스트모더니즘의 미학은 고급문화의 위계적 질서가 이제 더 이상 유효하지 않게 되었음을 지적하였다. 1950년대 말부터 1960년대 초의 기간에 고급문화로 자리 잡은 모더니즘에 대한 공격이 전방위적으로 이루어지기 시작했다. 로버트 벤투리(Robert Venturi)가 《라스베가스로부터 배우기 *Learning from Las Vegas*》를 통해 대중적인 건물을 찬양함으로써 모더니즘의 국제 스타일(International Style)을 비판하였다. 존 애쉬버리(John Ashbery)의 시, 앤디 워홀(Andy Warhol)의 팝 아트(Pop art), 포토리얼리즘(Photorealism), 신표현주의(new expressionism), 존 케이지(John Cage)의 음악, 펑크(Funk)와 뉴웨이브 락(New Wave Rock), 장뤽 고다르(Jean-Luc Godard)의 영향을 받은 전위적인 영화와 비디오들이 쏟아져 나왔다. 다른 한편에는 상업적인 픽션 필름들, 윌리엄 버로스(William Burroughs), 토마스 핀천(Thomas Pynchon), 이쉬마엘 리드(Ishmael Reed)나 프랑스의 누보 로망(nouveau roman)의 현대 소설들이 포스트모더니즘으로 분류될 수 있는 작품들이다. 이러한 작품들은 기존의 하이 모더니즘에 대한 대항의 성격을 갖고 있고, 고급문화와 대중문화의 구별을 지워버리는 것이었다(Jameson, 1983: 111-112).

포스트모더니즘의 문예사조에 해당하는 사회학적 논의가 등장하였고 이는 문화소비에 대한 부르디외 논의에 대한 대안적 설명으로 부상하였다. 바로 옴니보어(Omnivore)의 등장에 대한 주장이다. 리처드 피터슨(Richard A. Peterson)의 옴니보어 명제가 문화의 위계 대신 다양한 문화 소비가 사회적으로 중요한 시대로 변화되었음을 주장하였다. 경험적 분석을 통해서 피터슨은 사회적 상위계층이 하위계층에 비해 선호하는 음악의 종류가 더 많고(Peterson & Simkus, 1992), 고급문화 수용자들 중 젊은 층일수록 선호하는 저급문화 장르가 많았으며, 1982년에 비해 1992년에 고급문화 수용자들이 선호하는 저급문화나 중급문화 장르의 수가 증가하였음을 밝혔다(Peterson & Kern, 1996). 이와 같이 피터슨은 경험적 분석을 바탕으로 이론적 일반화를 제시하였다. 타 문화를 배제하는 고급문화 수용자의 폐쇄성이 모든 것을 감상하겠다는 개방성으로 변화되었다는 것이다(from snobbishness to omnivorousness). 그렇다고 사회불평등의 상징체계로서의 문화가 갖는 의미가 감소하는 것은 아니고, 고급취향과 하위취향의 대립에서 다중취향omnivore과 단일취향univore의 대립으로 변화된 것이었다.

그렇다면 왜 이러한 변화가 발생한 것인가? 이에 대해서 피터슨은 옴니보어 등장의 배경으로 구조적 차원과 예술세계, 지배전략 등의 차원을 구분하여 제시하였다. 구조적 변동으로 고등교육과 대중매체의 확산이 진행되었고, 인구이동과 사회이동에 따라 권위주의를 거부하고 문화적 개방성을 수용하며 개인주의 가치관이 확산되는 변화가 이루어졌다. 또한 예술세계의 변화로는 미학적 기준이 달라졌고, 대중문화 산업이 등장하였다. 세대문화로서의 대중문화가 자리 잡음에 따라 지배집단의 전략 변화도 이루어졌고, 대중문화를 수용하여 사회적 네트워크 확장에 활용하였다. 여기에 문화 민주주의 등장도 엘리트주의의 극복과 문화 다양성에 대한 긍정적 평가에 힘을 더하였다. 이와 같은 논의는 세계적으로 큰 호응을 얻었고 예술사회학의 경험적 연구는 크게 증가하였다.

창조도시의 부상과 비판

문화산업이 창조산업으로 확장되고, 문화적 위계가 그 힘을 잃어가는 상황에서 창조도시의 개념이 등장하여 세계적으로 확산되었다. 창조도시 담론에는 도시 자원을 동원한 문화적 해결을 강조한 찰스 랜드리(Charles Landry)의 *The Creative City*(2000)와 창조계급을 바탕으로 창조도시의 발전 가능성을 제시한 리처드 플로리다(Richard Florida)의 *The Rise of the Creative Class*(2002)에서 제시된 창조도시 논의가 큰 영향을 미쳤다.

랜드리의 창조도시 아이디어는 그 뿌리를 로버트 맥널티(Robert McNulty)가 1970년대 주도했던 "살기 좋은 지역만들기 운동(Partners for Livable Places)"에 두고 있다(Landry, 2006). 맥널티는 예술가의 창의성이 도시를 더 흥미롭고 이상적인 공간으로 만드는 것으로 보았으며, 창의적인 도시 만들기에 문화와 예술 활동이 큰 도움이 된다고 주장하였다. 문화와 디자인이 살기 좋은 지역만들기의 중요한 자원이라고 본 맥널티는 1980년대와 1990년대에 걸쳐 미국의 도시들에서 공공미술 사업과 찾아가는 공연을 벌였다. 기본 철학은 사회적인 평등의 중요함과 인간의 잠재성에 대한 믿음이었다. 바로 이러한 철학을 바탕으로 랜드리는 도시 문제 해결에 도시가 갖고 있는 창조성을 활용하고 문화예술의 사회적 영향을 극대화하는 전략을 제시하면서 이러한 도시를 창조도시라 명명하였다(Landry, 2000).

랜드리가 제시한 창조도시의 출발점은 모든 문제의 영역을 문화적인 관점에서 바라보는 것이다(p. 174). 창조도시의 성공사례로 랜드리가 주목한 것은 루르 공업지대의 폐광과 공장을 문화적인 수단을 활용하여 재생시킨 엠셔파크 프로젝트였다(Landry, 2000: 90). 엠셔파크 프로젝트는 모든 사례와 문제들에서 문화적 차원을 발견하여 이를 활용함으로써 생태적인 가치를 추구하면서도 고용 창출과 지역 성장에 기여하는 경제적 성과를 거두었다. 이러한 성과는 기존의 사업영역 구분을 넘어서는 횡단적 사고방식으로 혁신적인 방법을 찾아내고 그 도시가 갖고 있는 문화자원에서 문제 해결 수단을 찾는 과정을 통해서 가능해졌다. 이와 같이 문화가 창조적인 행위의 플랫폼으로 기능하는 것이 랜드리가 제시하는 창조도시의 모습이다.

도시 프로젝트의 경험을 바탕으로 창조도시 아이디어를 발전시킨 랜드리보다 세계적으로 창조도시에 대한 관심을 불러일으키는데 더 크게 작용한 것은 플로리다의 논의였다. 카네기 멜론 대학에서 경제개발학을 가르쳤던 플로리다는 창조계급에 초점을 맞춘 창조도시 전략을 주장하였다(Florida, 2002). 플로리다에 따르면, 창조경제에서 일자리와 인재의 관계가 달라졌다. 과거처럼 인력이 일자리를 찾아다니는 것이 아니라 일자리가 유능한 인력을 찾아간다. 창조경제 수행의 핵심 인력을 플로리다는 과학자, 엔지니어, 예술가, 엔터테이너 등의 창조핵심군(Super-Creative Core)과 지식산업 분야에 종사하는 전문직종들을 망라한 창조적 전문직업군(creative professional)으로 제시하고, 이들을 합하여 창조계급(Creative Class)이라 불렀다(p. 69). 창조계급이 관용적이고 개방적인 문화를 선호한다는 주장을 바탕으로 플로리다는 창조도시의 발전을 위해 기술(technology), 인재(talent), 관용(tolerance)을 묶은 3T 전략을 제시하였다(Florida, 2005).

문화도시의 관점에서 플로리다의 논의 중 특히 관계가 깊은 내용은 창조계급의 성향이 전통적인 문화예술기관보다 관용적이고 생동감 있는 거리문화를 좋아하기 때문에 이들의 라이프스타일과 취향에 부합하는 도시를 만들어야 할 필요성을 제시했다는 점이다(Florida, 2002: 165). 플로리다의 창조도시 논의와 문화정책의 관련성이 이론적으로는 명확하지 않음에도 불구하고 창조도시에 대한 관심은 곧잘 도시문화정책에 대한 지원으로 이어졌다.

플로리다의 창조도시 논의는 많은 도시에서 정책결정자들의 관심을 끌면서 세계적으로 큰 반향을 불러일으켰다. 창조도시의 이론적 논의와 실제 사업 사이에는 상당한 간극이 있었지만(Trip & Romein, 2014), 세계적으로 많은 도시에서 창조도시 사업이 플로리다의 논의를 언급하면서 추진되었다. 하지만, 창조도시에 대한 학술적 논의에서는 부정적인 평가가 우세했다. 무엇보다 도시 내 불평등이나 빈곤의 심화와 관련하여 비판을 받았다(Peck, 2005). 창조도시 논의가 신자유주의적인 글로벌화의 상황에서 도시경쟁력 강화 모델의 변형에 불과하며 양극화 상황에 무관심하거나 혹은 젠트리피케이션을 불러일으켜 양극화 상황을 심화시킨다는 진단이었다. 창조계급이 살고 싶은 도시를 위한 삶의 질 개선 과정이 젠트리피케이션을 초래하고 사회적 불평등의 심화를 초래한다(McCann, 2007; Zimmerman, 2008; Ponzini & Rossi, 2010). 오스틴(Austin)과 같이 플로리다에 의해서 창조도시로 칭송되었던 도시에서도 창조경제의 부상이 도시 안에서 주거문제를 심화시키면서 심각한 경제적 양극화를 초래하였다. 이러한 과정에서 살기 좋은 도시를 만든다는 정책도 본연의 사회적 소명을 잃어버리고 신자유주의적인 도시경쟁의 수단으로 전락했다(McCann, 2007). 이런 배경에서 사회적으로 포용적인 창조도시의 필요성이 제기되었다(Sasaki, 2010).

특히 역설적인 것은 창조도시 사업이 창조계급의 도시 내 여건을 악화시키는 상황을 불러온다는 점이다. 볼티모어의 창조도시 추진 경험을 보면, 창조도시를 위한 사회조직의 중요성이 강조되면서 창조도시 실행을 위해 다양한 주체들이 참여한 도시 거버넌스가 형성되었지만, 초기의 의견 수렴을 넘어선 지속적인 의견 교환이 이루어지지 않았고 신자유주의적인 목표달성 앞에서 별 의미를 갖지 못했다. 문화 주체들도 도시관리자와 가까운 일부 집단만 혜택을 받을 뿐 대부분 젠트리피케이션의 상황에서 집값 인상과 같은 고통을 겪게 되었다(Ponzini & Rossi, 2010). 이러한 상황에서 창조계급들 스스로가 창조도시 추진에 대해서 우호적이지 않고, 종종 반대진영에 나선다고 해도 놀라운 일이 아니다. 베를린과 함부르크에서는 창조도시 명목으로 추진되는 수변개발과 같은 도시 사업에 대해서 창조계급에 해당하는 예술가, 문화생산자, 창조직군들이 반대와 갈등의 중심에 서 있었다(Novy & Colomb, 2013).

플로리다의 이론과는 별개의 차원에서 창조도시 전략이 비판을 받기도 했다. 플로리다는 도시 어메니티의 중요성을 강조하였으나, 메가프로젝트들이 창조도시의 목적을 표방한 경우들이 많았다(Kong, 2007). 눈에 띄는 건축물을 내놓는 것으로 창조도시를 표방하는 유행에 대하여 랜드리는 특히 두바이를 지목하면서 비판하였다.

세계 각 분야의 최고 전문가들에게 자문을 구했다는 결과가 고작 아라비아와 아무런 상관도 없으며 아랍 사람들의 역사가 증명하는 이들의 창의력을 반영하지도 활용하지도 않는 거대한 테마 공원과 주택 지구란 말인가. (찰스 랜드리, 2009: 481)

그런데 이러한 과정들을 통해서 도시에 필요한 창조성이 무엇인지에 대한 질문이 던졌다는 점이 중요하다. 한편으로는 문화에 대한 도구적인 접근을 심화시킨다는 점이 비판되었다. 플로리다의 논의에서 문화는 창조계급을 유인하는 수단으로서만 의미를 갖기 때문에 문화의 소비만을 강조한 것이고 문화의 생산이 갖는 중요성을 간과한 것으로 비판되었다(Scott, 2006; Pratt, 2010). 문화에 대한 도구주의적인 접근을 넘어서 문화 생산이 갖는 가치에 대한 인식의 필요성이 주장되었다. 다른 한편으로는 창조성이 추구되는 방식에 관심이 높아지면서 하향식 사업방식에 대한 비판이 증가하였다. 대단위 랜드마크성 건설이나 개발사업의 하향식 접근을 넘어서 상향식 접근이 필요하며 이를 위해서는 토착적인 창조성(vernacular creativity)을 인식하고(Edensor et al., 2010), 풀뿌리 수준의 공동체가 갖는 중요성이 강조되었다(Ponzini, 2009). 그리고 이러한 점에서 랜드리는 도시공학과 구분되는 자신의 창조도시 이해를 강조하였는데, 시민성의 창조력이 중심이 되는 창조도시에 대한 랜드리의 생각은 다음과 같은 표현에 잘 드러나 있다.

창조도시에서는 예술가들이나 창조경제에 참여하는 집단들이 중요한 역할을 하지만, 그들만 창조적인 것은 아니다. 사회활동가든, 비즈니스맨이든, 과학자든, 공무원이든, 그 누구라도 창조적인 방식으로 이슈를 다룬다면, 창조성의 원천이 될 수 있다. 하지만, 창조성은 예술에서 정당화되고 예술적 창조성의 조직은 경제를 발전시킬 수 있는 아이디어에 대한 수요에 잘 부합할 수 있는 특별한 자질을 갖고 있다(Landry, 2006: 2).

바로 이 지점에서 문화도시의 관점에서 플로리다와 랜드리가 비교된다. 이들의 공통점은 공식적인 전문 예술을 넘어서 삶의 질 혹은 라이프스타일과 일상문화가 가지는 중요성을 강조한다는 점이다. 거리에서 이루어지는 예술 활동의 중요성을 강조하거나 도시의 역사문화적 전통과 공동체적 생활이 갖고 있는 창조성을 강조함으로써 문화도시가 공식 예술기관의 범위를 넘어서 확장될 수 있는 기반을 제공한다. 이를 통해 문화에 대한 폭넓은 이해를 부각하며, 도시문화의 중요성을 강조한다는 점도 공통적이다. 두드러진 차이점은 전문예술가를 넘어선 다양한 도시 주체들의 창조성을 강조할 때, 플로리다가 창조경제의 특정 직업군에 한정하는 것과 달리 랜드리는 가능한 모든 시민들의 창조성을 염두에 두고 이들의 다양한 창조성이 조화를 이룰 방법에 대해 고민한다는 점이다.

(창조도시는) 구조가 분명한 교향곡보다 자유로운 재즈 세션에 더 가깝다. 재즈의 형식은 민주적이다. 모두가 한 부분의 우두머리이다. 그러나 제대로만 한다면 개별적인 연주가 매끄럽게 하나로 이어진다. 창조도시가 되려면 수만 가지의 창조적 행위가 모자이크처럼 이어져 전체를 이루어야 한다. 지휘자 한 사람이 위에서 모든 것을 지시하는 것이 아니다.... 너무 많은 도시가 가라오케를 연상시킨다. 꽤 즐겁지만 이미 짜여진 각본이다. 화면의 문구는 창조적인 음악가라며 기분을 띄워주지만 사실 당신은 '따라쟁이'에 불과하다(찰스 랜드리, 2009: 472-473).

모든 사람의 창조성

지금까지 살펴본 과정을 보면, 민족국가의 형성과 같은 역사적인 과정을 거쳐서 만들어진 문화도시가 도시의 중상층 엘리트들을 중심으로 계급적인 위계 관계를 정당화해 주는 영역으로 등장하자, 이를 개선하기 위한 문화의 민주화가 문화정책으로 등장하였으나 기대했던 성과를 달성하지 못한 반면, 문화의 위계 자체가 약화되는 현상이 여러 원인들이 중첩되면서 발생하였다. 문화산업의 중요성이 인식되면서 창조산업 안에서 순수예술과 산업이 한 범주 안에 묶이게 되었고 예술계에서는 포스트모더니즘과 같은 사조가 문화의 전통적 위계를 부인하는가 하면 문화에 대한 차별적 선택을 하였던 과거의 엘리트와는 달리 가능한 많은 문화를 수용하려는 옴니보어 문화소비자가 등장하였다.

고급문화의 신성화(sacralization)를 바탕으로 엘리트 집단의 지배 질서가 문화도시의 대표적인 문화시설들을 배경으로 전개되었던 상황이 한 세기가 지나면서 창조산업과 창조도시가 부상하는 창조적 선회(creative turn)를 거쳐 점차 모든 사람의 모든 형태의 문화적 창조성을 강조하는 형태로 바뀐 것이다. 이러한 흐름들이 서로 연관되어 진행되는 동안 문화정책에서는 문화 민주주의(cultural democracy)가 등장하여 점점 더 힘을 얻기 시작했다. 문화민주주의의 등장에는 문화민주화에 대한 비판이 작용했다(Mulcahy, 2006). 문화의 민주화가 특정한 문화를 특권적 위치에 올려놓는 엘리트주의라 비판받으면서 문화민주주의가 등장하였다.

그렇다면 문화민주화를 대신하여 문화민주주의를 표방할 때 문화도시에는 어떠한 변화가 있는 것일까? 여기에 대해서는 영국의 예술위원회가 실제 문화예술 단체들의 활동과정에서 문화의 민주화와 문화민주주의를 대조한 내용을 보면 이해할 수 있다(Arts Council England, 2018: 4).

문화민주화	문화민주주의
• 관객이나 참여자들에게 공급자의 생각에 대한 의견을 물어봄	• 참여자들의 생각을 살리고 함께 창조함
• 프로그램을 착수하고 제작하여 가능한 많은 사람들에게 프로그램을 마케팅	• 처음부터 참여자들과 공동으로 프로그램을 공동 제작함
• 전문예술가를 고용하여 커뮤니티 프로그램의 목표를 실현	• 전문예술가를 고용하여 커뮤니티와 함께 아이디어를 창조함
• 청소년 모임을 만들어서 프로그램에 대한 반응을 파악하지만, 결정할 권리는 주지 않음	• 청소년들이 거버넌스와 의사결정 과정에서 적극적 역할을 수행하도록 지원함
• 리더의 생각을 사람들에게 전달	• 리더는 사람들이 생각하도록 격려
• 문화를 시각예술, 연극, 무용, 음악 등으로 한정	• 문화의 범위를 가드닝, 요리, 뜨개질, 패션 등을 포함하여 더 넓게 인정
• 커뮤니티와 참여를 특정 영역에 한정	• 커뮤니티와 참여를 문화예술 조직의 핵심으로 생각
• 저렴한 입장권으로 많은 관객의 관람 유도	• 더 많은 관객이 원하는 것을 더 잘 이해할 수 있도록 관객과 관계 맺음
• 학습과 커뮤니티 팀이 참여 활동 주관	• 참여를 핵심적인 조직 가치로 만듦
• 사람들을 관객으로 바라봄	• 사람들을 참여자로 바라봄

문화민주주의는 프랑스에서 자크 뒤아멜(Jacques Duhamel)과 자크 리고(Jacques Rigaud)가 1970년대 초에 문화의 개념적 확장을 바탕으로 문화적 자질이 없는 사람들의 창조성과 문화적 역량을 강화시키는 방향의 필요성을 주장하기 위해 문화개발(développement culturel) 정책을 주장하

였고, 1980년대와 1990년대 초반까지 문화부 장관을 맡았던 자크 랑이 문화민주주의의 발전을 정책으로 제시하였다(Looseley, 2001). 여기서는 특정한 문화자산의 가치를 주장하는 대신, 문화의 모든 형태들을 위계질서 없이 인정해 준다는 상대주의적인 문화 개념이 자리 잡았다(문시연, 2009: 288). 하지만, 프랑스에서 문화민주주의는 이후 어려움에 부딪힌다. 기존의 예술(beaux-arts) 이외 분야에 대한 지원은 상대적으로 미미했고 이민자나 소수자의 문화다양성을 강조하는 것이 프랑스의 통합에 도움이 되지 않을 것이라는 생각이 작용했기 때문이다(p. 289).

영국에서는 1960년대에 등장하여 현재까지 이르고 있는 커뮤니티 예술 운동(Community Arts Movement)이 문화민주주의의 선도적인 대표 사례로 꼽힌다(Jeffers & Moriarty, 2017). 커뮤니티 예술 운동은 특정한 범위에 한정됨 없이 다양한 실천 행위들로 구성되어서 즉흥적이고 제약 없이 진행되었으며 실험적 성격이 강하였고 커뮤니티 의존성이 높았다. 커뮤니티 예술 운동 참여자들은 이 운동의 상향식 문화민주주의가 예술위원회에서 고급 예술 지원을 위해 문화의 민주화를 하향식으로 추진하는 것과 다른 접근 방식을 취한다는 사실에 큰 의의를 부여하고 있다. 커뮤니티 예술 운동은 1960년대에는 문화정책으로부터 인정받지 못하였으나 1970년대에 인정받기 시작해서 1990년대와 2000년대 예술위원회의 주요 정책 어젠다로 부상하였다. 오히려, 영국 정부의 사회통합 어젠다(social inclustion agenda)와 함께 커뮤니티 아트를 실행하는 기관들이 늘어나면서 실험적이고 공동체 지향적인 성격은 사라지고 기관 기반으로 도구적으로 수용되고 기계적으로 평가되는 방식에 대한 비판이 제기되는 상황이다.

문화민주주의의 등장으로 인해 문화도시가 만들어져 가는 과정에서 문화적 위계가 차지하는 의미가 사라졌다거나 문화 불평등의 현황이 약화된 것은 아니지만, 문화도시의 강조점에서 기존의 문화적 위계와는 다른 차원의 지향성이 생긴 것은 분명하다. 대중문화의 광범위한 수용을 가능케 했고 문화도시의 발전에서도 문화산업이 차지하는 중요성을 강조하게 되었다. 특히, 창조도시에 대한 비판적인 논의를 거치면서 개인들의 역량강화를 강조하는 접근법들이 강조되고 있다. 이와 같이 문화민주주의에 대한 논의가 새롭게 부상하는 배경에는 수월성과 접근성이라는 차원에서 접근했던 문화 민주화에 대한 비판과 함께 창조산업 논의가 갖고 있던 신자유주의식 시장주의에 대한 비판이 있다. 이제 문화민주주의의 새로운 버전에서는 문화적 기회(cultural opportunity)의 중요성을 강조한다. 그리고 문화적 기회를 고찰한 결과, 생태계적인 속성이 중요하다는 것을 인식하게 되고, 아마티아 센(Amartya Sen)과 마사 누스바움(Martha Nussbaum)이 제시한 역량접근법(capabilities approach)을 통해 문화민주주의의 지향점을 밝히고 있다(Gross & Wilson, 2020). 여기서 문화도시에서 중요한 것은 생태계가 다층적인 성격으로 구성되어 있다는 점이다. 즉, 국가가 작용하는 층위가 있다면 도시 차원에서 영향을 미치는 수준이 있으며 지역사회 범위에서 작동하는 효과가 있다.

물론 이러한 문화민주주의가 앞으로 문화정책과 도시정책으로 어떻게 구현될 것인지는 기다려봐야겠으나, 이와 같은 흐름을 인지하는 것은 중요하다. 이전의 문화도시에서 고급예술의 취향에 가까운 엘리트들이 선호하는 소수 중심의 문화였다면 여전히 문화예술이 창조성에서 차지하는 특별한 성격이 있지만, 이제는 모든 사람의 모든 형태의 창조성이 중요한 것으로 바뀌었다. 이러한 점에서 볼 때 과거의 소수를 위한 문화도시가 적어도 명목적으로는 모든 사람의 창조성이 중요한 문화도시로 바뀐 것이다. 21세기가 시작하던 무렵 세계 여러 도시로 번져간 창조도시 전략은 문화도시 관점에서 볼 때 플로리다처럼 창조성을 가진 직군의 종사자가 도시 발전에 중요하다는 시사점을 제시하였다. 이는 문화예술의 창조성이 전체 도시 발전을 주도하는 가능성을 주장했다는 점에서 이전의 문화도시와는 차원이 다른 내용으로서 나름대로 중요성이 있었다. 더 나아가 랜드리가 주장하는 창조도시의 전략은 제한된 창조직군 만이 아니라 시민 누구나 창조성을 발휘하고 이러한 창조성이 도시의 발전에 중요함을 제시하고 있고, 이제 새로운 문화민주주의의 버전이 이러한 기대를 충족시키기 위한 환경을 조성하는 방향으로 제시되고 있다. 소수가 즐기는 고급예술의 도시에서 이제 모든 사람의 다양한 형태의 문화적인 실천을 통해 창조성이 발휘될 수 있는 도시가 문화도시로 제시된 것이다.

4장

도시 위기와 문화적 해법

20세기 후반 문화도시의 부상은 도시 위기에 의해 가능해진 것이라 해도 과언이 아니다. 도시 문제의 해결을 위해 문화를 활용하는 것에 대한 관심이 촉발된 것이야말로 19세기 문화도시 파리와 구분되는 가장 큰 변화라 할 수 있다. 따라서 1970년대 본격화된 서구 도시의 위기 양상을 이해하는 것이 필요하다. 도시 위기는 무엇보다 경제적 위기였으나 또한 공간적 질서의 붕괴라 할 수 있고 디스토피아적 양상이 도심부에 집중된 상징적 현상이었다. 도심부가 갖는 주목도와 상징 가치 때문에 서구에서 도시 위기는 도시 문명의 붕괴로 받아들여졌고 더 나아가 서구 문명이 쇠락하는 징후로 인식되었다.

도시 위기를 해결하는 과정에서 문화예술이 큰 역할을 수행한 대표적인 도시가 뉴욕이었다. 앞 장에서 보았듯이 뉴욕은 2차 세계대전 종전 이후 세계에서 경제적으로나 문화적으로나 가장 영향력이 큰 도시였다. 그런 도시가 디스토피아적 위기를 겪었고 그 위기를 해결하는 과정에서 문화적 요소들이 중요한 역할을 수행했다는 점은 세계적으로 문화도시에 대한 관심이 확산되는데 중요한 이정표가 되었다. 극적인 반전의 계기는 도심부에 각종 문화 예술과 미디어 엔터테인먼트 산업이 들어와 쇠락하였던 도심부의 공간적 특성을 바꾸면서 장소의 이미지 변화를 촉발한 사실에서 찾을 수 있었다. 이는 일부 공간의 재생 차원을 넘어서 도시 경제가 새로이 문화경제로 전환되는 과정 속 한 흐름이 되었다. 이와 같이 후기산업도시로의 변화는 일회적 사건에 머물지 않았다. 이 과정에서 도심의 오래된 공장 건물들에 예술인들이 들어가서 생활하며 창출한 로프트 라이프스타일이 나타났고 결국 워홀 경제를 회복함으로써 뉴욕시의 경쟁력을 유지할 수있었다.

하지만, 문화도시는 뉴욕과 같은 글로벌 대도시에서만 가능한 것인가? 이런 물음에 대해서 유럽의 여러 도시에서 이루어진 사례들은 문화도시의 적용 가능한 범위가 훨씬 넓어질 수 있는 가능성을 제시하였다. 이 장에서는 대표적인 사례로 스페인의 빌바오와 바르셀로나를 살펴 볼 것이다. 두 도시는 각각 빌바오 효과와 바르셀로나 모델이라는 명칭으로 세계적으로 유명세를 타게 되었다.

도시의 위기

서구 도시의 위기는 다양한 문제들이 복합적으로 작용하였고 도시들마다 양상이 다르지만, 일반적으로 가장 큰 영향을 미친 것은 경제적인 차원에서의 위기였다. 많은 서구 도시에 위기를 초래한 가장 큰 원인은 국제 산업 질서의 재편에 따른 영향이다. 동아시아 국가의 제조업과 수출 증가에 따른 경쟁력 상실에 의한 기업 파산 혹은 생산지 이전에 따른 공장 폐업으로 탈산업화와 대량 실업, 도시 경제 위축이 나타났다. 서구 도시의 제조업 위기는 대량해고, 공장폐쇄, 소매업 위축, 개인서비스 위축을 불러왔고, 도시정부의 재정 악화 혹은 도시 파산, 도시인프라 확장 억제 혹은 유지 보수 관리의 어려움을 초래하였다. 투자 위축과 자본 이탈이 가속화되었고, 지대 하락이 충분히 이루어질 때까지 자본투자의 결핍이 지속되면서 도심부의 쇠락은 많은 서구 도시에서 나타나는 일반적인 경향이 되었다.

서구 도시의 위기는 특히 과거의 제조업 중심 도시에서 심각했다. 글로벌라이제이션과 포스트 포디즘 경제의 도래, 그리고 정보 경제로의 패러다임 전환이 복합적으로 작용하여 경제 재구조화가 진행되었고 그 결과 과거 부를 쌓았던 산업도시가 위기를 겪게 되었다. 미국에서는 인구와 자본이 미국 산업화의 전통적인 중심지였던 북부와 동부에서 남부와 서부로 이동하는 현상이 나타났다. 이른바 선벨트 확장(Sunbelt expansion)이 나타나고 러스트벨트(Rustbelt) 혹은 스노우벨트(Snowbelt) 지역이 타격을 입었다. 러스트벨트는 선벨트에 비해 많은 약점을 갖고 있었다. 공장 시설은 산업화 시대에 만든 것으로 노후화되었고 도시 서비스도 낙후되었으며 도시 도로 시설이나 고속도로 연결도 좋지 않았다. 겨울이 추운 북동부 지역에 위치한 결과 에너지 비용도 높았고 높은 노조화 비율이 기업 활동에는 제약으로 작용했다. 물론 선벨트 지역도 폭력 범죄나 오염, 수원 확보 어려움 등의 문제가 존재하였지만, 러스트벨트에 대한 비교우위를 바탕으로 인구와 자본을 유입할 수 있었다(Macionis & Parrillo, 2007: 73).

탈산업화로 인한 도시의 위기를 잘 드러낸 영화가 1998년에 셰필드를 배경으로 만들어진 풀 몬티(The Full Monty)였다. 영화의 앞부분에 1970년대 셰필드에서 홍보용으로 만든 다큐멘타리 필름인 Sheffield: City on the Move라는 제목의 영상이 일부분 나온다. 이 다큐멘타리 필름에 그려진 셰필드의 모습은 장밋빛이었다. 철강 산업의 도시, 셰필드는 배출 연기를 조절하여 밝은 햇살의 빛나는 도시가 되었다. 윌리엄 워즈워스가 200년 전 런던의 웨스트민스터 다리를 소재로 지은 시에 나올만한 대상이라 칭송되었다. 하지만, 20여년이 지나 제철과 제조업 중심의 도시였던 셰필드는 글로벌 경쟁에 밀려 공장이 문을 닫아 쇠락한 도시가 되었고, 실업자가 된 노동자들은 여성 관객을 대상으로 스트립쇼를 공연하는 모습을 보인다. 이 영화는 제조업 중심의 도시경제를 공연을 통해 수익을 기대하는 문화경제가 대체해 나가는 모습을 상징적으로 보여준다. 비록 그러한 전환이 성공을 보장하거나 제조업의 위기로 인해 발생한 손실을 충분히 보충하지 못하는 경우가 많더라도 그러하다. 실제 셰필드는 한동안 문화 산업 구역(Cultural Industries Quarter: CIQ)을 만들어 도심부 활성화를 시도했으나 그리 성공적인 결과를 만들어내지 못했다. 셰필드의 사례는 위기를 겪는 제조업 도시에게 문화도시로의 진화가 유망한 대안으로 등장하지만, 성공적인 결과를 거두는 것이 결코 쉽지 않음을 보여준다.

서구 도시 위기의 또 다른 원인은 교외화와 도심 쇠퇴였다. 교외화의 성격은 역사적으로 변화를 겪었다. 산업혁명 이전에는 중상층이 도시 중심을 선호하였다. 하지만, 산업혁명의 영향으로 교외를 '부르주아 유토피아' 이상의 실현 공간으로 인식하기 시작하며, 도시의 열악한 주거환경을 탈출하여 교외의 자연친화적 여가 환경에 핵가족 중심의 새로운 공동체를 만들기 시작했다(로버트 피시만, 2000). 중산층의 교외 선호는 영국에서 미국으로 확산되었다. 일과 직장의 분리가 가족 내 성별 역할 분화와 맞물려 가속화되었다. 도심에서는 복합적 토지 이용이 약화되었으며, 계급의 공간적 분화가 강화되는 것으로 나타났다. 교통의 발달, 용도구역제(Zoning), 정부보증 주택저당제도, 베이비 붐(Baby boom) 등을 바탕으로 제2차 세계 대전 후 교외화가 확대되면서 국가 경제에 기여하고, 교외 생활양식이 출현하면서 계층의 공간적 분리를 가속화하였다(Knox & McCarthy, 2005).

북미 도시들에서 1950년대 이후 도시 양극화, 탈중앙화, 선벨트 확장, 탈산업 도시의 도래 등이 결합하여 교외화가 더 격렬한 양상으로 발행한 것이 스프롤(sprawl) 현상이었다. 저밀도 개발과 분산 개발, 끝없는 개발과 단일용도 개발은 심미적으로도 아름다움을 찾기 힘든 단조로운 경관을 창출했다. 스프롤 현상은 환경 파괴, 농지 유실, 역사 자원 파괴, 재정 부담, 교통 문제, 도시에 대한 해악 초래를 야기했다(Knox & McCarthy, 2005: 150). 특히, 미국 도시의 위기를 더 가중시킨 것은 흑백 인종 간 분리와 갈등 현상이었다. 1960년대 민권 운동이 인종간 분리 거주를 폐지시켰고 이에 따라 도심 주거지에 흑인 인종이 진입하면서 백인 중산층이 자동차 교통의 확대에 힘입어 새로운 주거지를 찾아 나서면서 중산층의 교외 이전이 가속화 되었다. 사회적 차원에서는 양극화와 격리 현상이 강화되었다. 도시 재개발이 물리적 재생에 치중하고 부동산 가치를 올리는데 집중하며 임대료를 상승시키고 오래된 공동체를 해체하면서 노숙자의 증가 요인으로 작용하였다.

이와 같은 양상은 도시위기가 집중된 지역이 도심부인 경우가 많다는 점을 설명해 준다. 도심에 특화된 제조업이 있기는 하지만, 공장 시설에 바탕을 둔 대규모의 제조업을 도심부에 유치하여 활성화 시키기 어렵다는 점을 고려할 때, 도심부 문제 해결을 위한 도시 경제 방안으로서는 서비스 경제 활성화가 유력한 대안이 될 수 밖에 없다. 특히, 글로벌 도시 논의에서 제기되었던 사업자 서비스를 성장시키는 것이 도시 정부에게 매력적인 대안이 된다. 이러한 상황에서 문화적 수단을 동원한 전략이 쇠락한 도심부를 개선하는 데 효과적인 방안으로 부상하기 쉽다.

도시 위기에서 나타나는 또 다른 중요한 현상은 도시위기가 사회적 불평등과 연관되어 드러난다는 점이다. 도심부 곳곳에서 보이는 노숙자의 모습이야말로 도시의 사회적 불평등과 빈곤 문제를 체감하도록 만드는 확실한 징표가 된다. 하지만, 이와 같이 당장 눈에 띄지 않는 곳에서도 도시의 양극화 문제는 세계적으로 계속 심화되었다. 북미 도시들에서는 양극화와 격리 현상이 게이티드 커뮤니티(Gated community)의 확산에서 드러난다. 게이티드 커뮤니티는 1800년대 미국 동부 해안, 헐리우드 등 제한적 범위에서 시작되었다가 1960-1970년대에는 은퇴자를 위한 폐쇄화된 공동주택단지 개발이 진행되었고 1980년대부터 게이티드 커뮤니티의 폭발적 확산이 나타났다. 게이티드 커뮤니티를 상징하는 것은 자율적 규제와 입주자 비용 부담에 의한 사설경비업체의 24시간 경호를 받으며 담장 안에서 누리는 안전한 생활이다. 게이티드 커뮤니티가 선호되는 이유는 무엇보다 범죄 위협 문제에서 벗어날 수 있다는 것이지만, 이에 그치지 않는다. 또 다른 특징은 프리바토피아(Privatopia)로 "성공한 사람들의 격리 secession of the successful"라는 비민주적이며 반공동체적인 성격이다. 따라서 게이티드 커뮤니티는 배제에 기초한 공동체이고 통제가 핵심이며 담장 너머의 도시 환경에는 참여하지 않는 특성을 가진다. 마이크 데이비스(Mike Davis)는 성채가 된 로스엔젤리스의 모습을 보면서 "성채로서 도시(City as a Fortress)"라는 주장을 폈다. 공포의 생태학(Ecology of fear)이 만연해 있고, 타자로부터 부유한 계층을 보호해 주는 것이다. 도시 생활의 군사화(The militarization of city life)가 특징이 되었다(Davis, 2006). 이와 같이 도시문제는 공간과 연결되어서 표출되는 사회적 문제의 성격을 갖고 있다는 점은 도시문제 해결이 단순한 문제가 아니라는 사실을 명확하게 보여준다.

서구 도시가 점차 디스토피아적인 모습으로 변화되는 과정에서 위기를 촉발시킨 중요한 계기가 오일 쇼크에 따른 유가 급등이었다. 1973년 10월 아랍과 이스라엘의 제4차 중동전쟁 결과로 석유무기화 결정이라는 정치적 선택을 내리면서 아랍이 서방국가들에 대한 석유 수출을 제한함으로써 유가 상승이 유발되었다. 제1차 석유파동에 의해 4배 이상의 유가 상승이 일어났다. 1973년 10월 3달러 수준의 국제원유가격이 1974년 1월에는 12달러 선까지 치솟았다. 석유가 산업의 전체 분야에 미치는 광범위한 영향 때문에 유가 급상승은 경제 전반에 큰 충격을 주었다. 전후 경제의 안정이 1970년대 초반 붕괴되면서, 장기적으로 서방경제의 구조 변동을 초래하였다. 스태그플래이션이 발생하고 임금 노동자들의 실질 임금 하락을 경험하게 되었다. 실업률이 1970년대 초반까지 4.5퍼센트 수준에서 1974년 8.35퍼센트에 달하고, 1982년에는 10퍼센트를 육박하게 되었다. 오일 쇼크가 다른 장기적인 경제 상황 변동과 맞물려 서구 도시의 위기를 초래하였다.

뉴욕의 위기 극복

뉴욕의 위기는 앞서 제시한 여러 원인들이 중첩되어 나타난 결과였다. 1970년대 초반 석유파동에 따른 국가 경제 위기에 이어 뉴욕은 1975년 재정고갈로 부도 위기에 몰리게 되었다. 뉴욕시가 재정 위기를 겪으면서 연방정부에 도움을 요청했을 때 포드 대통령이 개입을 거부하면서 파산 절차를 권고하였다. 1975년 10월 30일자 데일리 뉴스에 실린 포드의 연설을 다룬 기사에는 "포드가 도시에게: 파산하라 Ford to City: Drop Dead"라는 제목이 달렸다. 뉴욕의 재정위기는 여러 가지 원인을 갖고 있었다(정재철, 1999).

- 연방정부 사업에 따른 시재정 팽창과 연방정부의 차입 감축
- 1974-1975년 스태그플레이션
- 전반적인 시경제 쇠퇴
- 재정운영의 문제들: 시공무원 증원, 연금제도 변경에 따른 연금 부담 가중, 시교육기관의 무료 운영,

재정 위기 자체는 연방정부가 처음의 지원불가 입장에서 선회하여 1975년 11월 26일에 매월 재정지원을 해주기로 함으로써 뉴욕시의 부도사태를 막을 수 있었다. 하지만, 재정위기의 급한 불은 껐지만, 뉴욕시가 겪고 있는 어려움은 여전히 도시 여러 곳에서 느낄 수 있었고 뉴욕의 위기가 가장 상징적으로 두드러지게 드러난 공간은 타임스퀘어(Times Square)였다. 1904년 뉴욕타임스의 본사 건물이 미드타운의 롱에이커 스퀘어(Longacre Square)에 들어선 것에서 명칭이 유래한 타임스퀘어는 뉴욕의 첫 지하철 개통이 개통된 42번가 지하철역이 있는 곳으로 뉴욕의 중심부 역할을 해왔다. 공연시

설과 엔터테인먼트 산업이 들어서며 1920년대에 엔터테인먼트 산업의 전성기를 맞았을 때는 빛의 스텍타클이라는 의미로 Great White Way라는 애칭까지 갖게 되었다. 하지만, 1930년대 대공황에 따른 수요층 감소과 영화산업의 등장으로 인한 고급 상업공연의 경쟁력 약화로 인해 영화 상영이나 싸구려 스트립쇼가 등장하고 싸구려 박물관(dime museum), 게임장, 삼류 극장, 싸구려 공연, 쇼가 차지하는 비중이 늘면서 남성 노동자 계급을 위한 저속한 대중문화 공간으로 인식되었다. 특히, 1970년대 위기를 맞아 중산층과 기업의 뉴욕 탈출과 이주로 슬럼화되면서 범죄, 마약, 포르노그래피, 핍쇼(peep show), 매춘이 창궐하는 지역이 되면서 타임스퀘어는 쇠락한 뉴욕을 상징하는 공간이 되었다.

그리고 민간업자에 의한 타임스퀘어 재개발이 추진되기도 하였다. 에드 코흐(Ed Koch) 시장이 민관 합동 사업으로 수용한 42번가 개발 계획(42nd Street Development Project)에서는 타임스퀘어 남쪽 대형 오피스 빌딩과 인근에 호텔 대형 상점 건설이 계획되었다. 하지만, 공연 중심 거리로서 타임스퀘어의 정체성 훼손에 대한 논란과 토지수용 과정에서 소송이 발생하였고 1980년대 말 주식시장 침체로 사업의 수익성이 의문시되면서 대형 오피스 건물 건설 계획이 보류되자 오래된 상영관을 보존하면서 개발 추진하는 방식으로 변경되었다.

뉴욕의 위기 극복에 문화적인 계기가 중요해진 배경에는 역사 보존의 중요성에 대한 인식이 사회적으로 확산되고 이를 규제하는 법령이 도입된 사실도 크게 작용했다. 1963년 펜실베니아 역의 기념 건축물이었던 홀이 철거되고 메디슨 스퀘어 가든이 들어서는 과정을 보면서 뉴욕 시민들은 뒤늦게 경악했다. 역사적 건축물의 철거와 중요한 기억의 손실이 가지는 의미를 뉴욕 시민들이 깨닫고 나서 역사적 건축물을 철거할 수 없게 만드는 법령이 도입되고 뉴욕시 랜드마크 보존위원회(Landmarks Preservation Commission: LPC)가 1965년에 설치되었다. 이와 같은 역사적 기억을 쉽게 해체할 수 없도록 만든 법령은 맨하탄에서 더 이상의 대규모 철거와 재개발을 가능하지 않게 만들었다.

이러한 상황에서 디즈니가 42번가에 위치한 뉴암스텔담 극장(New Amsterdam Theater)에 입주하여 1996년부터 운영을 맡아 라이온킹과 같은 작품을 올리는 뮤지컬 극장으로 운영하기 시작했다. 뉴욕의 과거 이름을 따서 붙인 뉴암스텔담 극장은 1902년경에 건립되어 운영되다가 중도에 영업 부진으로 거의 폐관 상태에 놓이게 되었다. 디즈니는 극장 입주에 관한 뉴욕시와의 협상에서 매우 유리한 협상결과를 끌어내었다. 낡은 극장의 보수 비용의 대부분을 시가 부담하며 추가로 시와 주정부로부터 장기간 저금리 대출까지 받았다. 이와 같이 디즈니에 유리한 방향의 협상에 대해서 시가 합의한 것은 디스니의 운영 극장 자체로부터 얻을 수익보다 더 중요한 목표가 있었기 때문이다. 뉴욕시 입장에서는 다른 기업들의 투자가 이루어지고 여기서 기대되는 일자리 창출과 세수 확대가 더 중요한 목표였다. 당시 디즈니가 요구한 또 다른 조건은 주변에 성인업소들이 들어설 수 없도록 하는 것이었다. 극장 주변에 입지할 업체들까지도 간접적으로 영향을 미친 것이었다. 시는 이러한 요구를 받아들여서 학교 등의 주변에 성인물을 다루는 업소들이 입지하지 못하도록 용도구역제의 규정을 시의회에서 변경하였다(Pulley, 1995).

결과적으로는 뉴욕시와 디즈니의 기대가 충족되었다. 대중적이고 따뜻한 디즈니의 개관을 통해서 42번가의 이미지 변신이 이루어졌고, 이 외에도 대형 극장체인 AMC 입주, 대형 스포츠바 ESPN Sports Zone 개장, ABC의 뉴스 스튜디오 개관이 이어졌고, MTV, EMI, 워너뮤직 등 엔터테인먼트 기업이 42번가 주위에 입주하면서 대형 오피스 빌딩과 호텔 건설이 재개되었다. 물론, 타임스퀘어의 변화를 모두가 긍정한 것은 아니었다. 이러한 변화에 대해서 타임스퀘어를 부정적인 시선으로만 바라보는 것에 대해서 저항하는 시각도 있었다. 사무엘 딜레이니(Samuel R. Delany)는 *Time Square Red, Time Square Blue*라는 저서를 통해서 다양한 인종, 계급들, 성소수자 등 사이에서 상호작용이 발생하는 공간으로 타임스퀘어 인식하면서 갈등과 폭력 완화가 있었다는 점을 제시하였다(Delany, 1999). 공연산업 내에서도 산업화가 확대되는 양상이 나타났다. 이는 도시경제가 새로운 문화경제로 변화되는 양상을 보여준다.

새로운 도시문화경제는 도심부에서 새로운 생활양식의 등장과 함께 다차원적인 변화로 진행되었다. 링컨센터를 건립하던 때와 같이 대규모 재개발을 통해서 기념비적 건축물을 새로 짓는 방식 대신에 기존에 있던 건물들을 사용하는 방식이 유행을 끌게 되었다. 탈제조업에 따른 변화로 의류 제작업에 사용하던 주물건축물인 공장과 창고(loft)가 비게 되었고, 이 공간을 뉴욕의 예술인들이 사용하면서 일과 생활이 일치하는 공간이 만들어졌다. 1953년에 로버트 라우센버그(Robert Rauschenberg)가 유럽에서 돌아와 뉴욕에서 다시 자리를 잡을 때 풀턴거리(Fulton Street)에 있던 로프트의 넓은 공간이 마음에 들어서 난방과 수도도 없는 로프트에서 작업을 하며 생활하기 시작한 것이 효시가 되었다. 이어서 1960년대에 다른 예술가들도 로프트를 작업실로 이용하기 시작하였고, 로프트를 예술가들이 모여서 즐기는 파티 공간으로 사용하면서 널리 알려지게 되었다. 1970년대부터는 대중잡지에 이들의 생활방식이 보도되면서 대중들의 관심이 크게 일어났다(Zukin, 1989). 로프트는 비록 교외의 중산층 주택과 같은 자연환경이나 쾌적함을 주는 것은 아니었지만, 넓은 공간을 향유하면서 일과 생활이 분리되지 않고 결합되는 공간으로 사용하기에 용이하다는 점에서 과거의 교외화와 다른 새로운 도심부의 라이프스타일을 만들어내는 공간이 되었다. 또한 주철로 만든 건축물이 향수의 대상으로 역사적 가치와 진정성(authenticity)을 갖는 것으로 평가되기 시작했다. 예술가들에 의해서 만들어진 로프트 라이프스타일(loft lifestyle)은 독특한 삶의 방식과 공간 활용 가능성을 제공하여 젊고 교육수준이 높으며 도심부에서 일하는 서비스직 종사자들에게 선호되었다. 그동안 중산층이 떠나면서 황폐화 되었던 도심에 다시 젊은 중산층들이 찾아오기 시작한 것이다. 주택 업자들은 도심의 허름한 주택에 관심을 갖는 젊은 고학력 중산층을 위해 로프트 하우스를 개발하고 이는 새로운 주택시장의 트렌드로 자리 잡게 되었다.

도시경제의 패러다임이 변하고 제조업이 쇠퇴한 자리에 문화경제가 자리 잡았다. 뉴욕에서 등장한 문화경제의 성격을 엘리자베스 커리드(Elizabeth Currid)는 워홀 경제(Warhol Economy)라고 명명하였다. 맨하탄의 공간에서 다양한 분야의 예술인과 미디어 산업, 광고업 등의 종사자들이 만나고 특히 파티와 같이 늦은 밤시간까지 이어지는 만남(night life)을 통해 게이트키핑의 역할이 보완되고 다양한 분야에서 경력을 쌓을 수 있는 기회가 예술인들에게 주어졌다(Currid, 2007). 시카고의 위커드 거리가 쇠퇴한 도시구역이 미디어 산업의 클러스터로 변화하는 과정을 분석한 리처드 로이드(Richard Lloyd)는 이들을 네오 보헤미안(Neo-Bohemian)라고 불렀다. 네오 보헤미안이라는 명칭 속에서 앞서 파리에서 등장하기 시작한 보헤미안과의 연속성을 찾아 볼 수 있다(Lloyd, 2006). 파리에서 보헤미안은 부르주아지와 역설적 관계에 있고 대립적인 관계에 있었지만, 20세기 후반 뉴욕에서는 그렇지 않았다. 이들의 소비성향에 대한 설명 중 하나가 진정성(authenticity)에 대한 추구였다. 진정성에 대한 추구는 문화경제를 바탕으로 쇠퇴한 도시에 활력을 불어넣는 변화를 가져왔다. 하지만, 문제는 공적 공간의 사유화가 가속화되며 도시의 약자들이 배제되는 현상이 증대하였고 젠트리피케이션은 점차 일반화되었다. 결국 도시의 위기를 극복하고 도시 경제의 활력을 지속하는데 기여한 문화도시의 작용이 지속성과 사회적 정당성의 문제 앞에 취약한 상황에 놓여 있음을 보여준다.

문제는 이러한 변동이 야기한 젠트리피케이션이었다. 예술가들의 입주에 따른 지대 상승으로 이 곳에서 원래 거주하였던 소규모 사업자들이 젠트리케이션의 희생자였으나, 계속적인 임대료 상승으로 예술인들 자신도 구축되는 대상이 되었다. 예술인들이 의도하든 의도하지 않든 뉴욕의 특정한 장소에 모여서 작업과 생활을 병행하기 시작하면 예술가의 공간 집중에 따라 지역의 미적 표상이 달라지고 독특한 라이프스타일의 표출이 주목을 끌게되어 매력이 증가하면 지역에 대한 자본투자가 이루어진다. 이 결과 이에 따른 임대료 상승과 거주자 대체 현상이 반복하여 나타난다. 예술가들의 집결지는 계속해서 이동하는 운명에 처하게 된다. 그린위치 빌리지에서 소호로, 브루클린으로 젠트리피케이션이 반복적으로 발생하며 예술가들은 쫓겨다니는 운명에 놓이게 되었다(Zukin & Braslow, 2011).

또 다른 문제는 이 과정에서 심화된 사유화 현상이었다. 도시의 공공성은 점차 약화되었다. 도시 공간을 어떻게 유지해 나갈 것인지의 문제를 해결하는 과정에서 미국 도시들에서는 Business Improvement District(BID)가 중요한 역할을 수행하였다. BID는 우리나라에서 업무개선지구, 상업지구개선, 자율형 상권관리지구 등으로 번역되고 있다. 직역을 한다면 업무개선지구가 가장 정확한 표현이겠으나, 실제 의미를 생각하면 자율형 상권관리지구가 가장 적합한 것으로 판단된다. BID가 갖는 가장 중요한 특성은 지구 안에 있는 건물주와 상인이 자율적으로 상권을 관리한다는 사실에 있다. 1992년 Time Square BID는 주변 지역의 안전유지와 거리 정화활동을 벌였고,

루디 줄리아니(Rudy Giuliani) 시장의 강력한 치안정책으로 범죄 척결에 나섰으며, 깨진 유리창 이론(broken window theory)을 근거로 활용하여 무임승차, 구걸, 무면허 노점, 노상 방뇨, 마약거래, 성매매, 그래피티 등에 대한 무관용(Zero Tolerance) 정책을 펼쳤다.

이것은 문화도시가 쇠퇴도시를 상대한 분명한 승리라 할 수 있다. 하지만, 뉴욕의 변화는 이와 같은 공연장과 문화산업의 영향만으로 이루어진 것은 아니었다. 오히려 커다란 변화의 한 부분으로 볼 수 있다. 뉴욕의 경험을 통해서 도시문제에 대한 문화적 해결을 통해서 새로운 문제들이 야기되는 양상을 볼 수 있다.

도시의
위기 극복 흐름

앞서 살핀 뉴욕의 경우가 대표적인 사례라면, 많은 도시들에서 유사하게 쇠퇴한 도시를 살리기 위한 다양한 노력들이 전개되었다. 이와 같은 흐름은 도시재생의 진화적 과정에서 드러난다(Roberts, 2000).

- 1950년대 재건 Reconstruction
- 1960년대 재활성화 Revitalisation
- 1970년대 갱신 Renewal
- 1980년대 재개발 Redevelopment
- 1990년대 재생 Regeneration

시기적으로 점차 강해지고 분명해진 목소리는 단순히 건축물이나 도시 인프라에 대한 물리적 보수 만으로 도시의 활력을 다시 찾을 수 없다는 사실이었다. 비록 그 방법에 대해서 뚜렷한 답을 찾기 어렵다 할지라도 도시의 사회조직이 다시 재건되어야 하고 도시민의 삶의 질이 확보가 될 수 있는 다양한 여건이 조성되어야 한다는 목소리가 커졌다. 이러한 점에서 도시재생이 단순히 물리적 재생만이 아니라 사회적 재생과 경제적 재생을 동반해야 한다는 움직임이 특히 유럽을 중심으로 뚜렷하게 자리 잡기 시작했고 이와 같은 흐름 속에서 쇠퇴한 도시공간에 대한 해법으로 도시재생이 등장하였다. 이는 이전의 철거와 재개발의 방식으로 쇠퇴하고 노후한 도시공간의 문제를 해결하는 것과는 다른 방법이었다. 하지만, 도시재생 이전과 차이도 있지만 연속성도 있었다. 도시 재활성화(Urban revitalization)의 경우에도 도시정부와 민간부문 사이의 창조적 파트너쉽을 바탕으로 도시중심의 서비스 부문 창조 및 활성화를 강조하였고, 젊은 도시 전문가 집단(Yuppies)의 중요성이 강조되었다.

볼티모어나 런던 도크랜드의 사례처럼 수변 재개발이 중요한 모델로 부상하였다(피터 홀, 2005). 도시개발이 도시정부의 중요한 전략수단으로 부상한 것은 토지의 잠재가치 극대화를 노릴 수 있고, 쇠퇴한 도심을 재활성화하면서 도시구조 효과적 개편을 가능케 하기 때문이다. 재개발은 버려진 항만부지와 공장용지에 기업활동, 주거, 여가생활 공간을 창출하였다. 이런 사례로서 제임스 라우즈(James Rouse, 1914-1996)가 보스턴, 볼티모어, 뉴욕시, 세인트루이즈, 뉴올리어즈 등에서 거둔 성과도 도시가 위기를 탈출하는데 어떤 가능성이 있는지를 보여주는 사례가 되었다. 라우즈는 무대로서의 도시(City-as-stage)를 계획적으로 창조하였는데 핵심은 시장을 축제같은 분위기로 만들고, 수변에 위치하며, 주차를 확보하는 것이었다. 이러한 개념을 바탕으로 1976년에 보스턴의 패뉴일 홀(Faneuil Hall Marketplace)에서, 1980년에는 볼티모어의 하버 플레이스(Harborplace)에서, 1987년에는 마이애미 베이사이드(Bayside Marketplace)에서 성공을 거두었다. 라우즈는 왜 사람들이 도심에 가지 않는지에 대한 문제를 제기하고 이를 해결하기 위한 해답으로 레스토랑, 전문 소매점, 이국식당, 나이트 라이프(night life) 등의 요소를 사용하였다. 이것이 수변개발에 대한 관심과도 연결되었다. 수변개발은 실제 공간을 종합적이고 가상의 공간화하는 경향이 있었다.

도시재생은 영국의 경우 대처 정부에서는 경제적 동기 중심으로 1980년대에 진행되었으며 대표적인 사업인 런던 도크랜드 재생 사업이 있었다. 도시재생 사업의 사례가 많아질수록 원주민 공동체가 이러한 도시재생 사업의 성과에서 배제되는 현실에 대한 문제의식이 고조되었다. 1980년대가 자산주도 재생(property-led regeneration)에서 민관협력의 양자 관계가 중시되었다면 1990년대부터 지역사회의 참여를 통한 다자간 관계로 변화되었다. 1990년대 재생의 가장 큰 차이는 지속가능한 재생을 만들어내는 것이었다.

도시재생의 세 가지 특성이라면 첫째, 장소의 속성을 변화시키며 그 과정에 지역사회와 관련 주체들을 참여시키는 것이고, 둘째, 지역사회의 문제를 해결하고 잠재성을 발굴하기 위해서는 여러 부처 영역을 관통하는 다양하고 복합적인 목적과 활동을 포괄하며, 셋째, 다양한 주체들 사이에 파트너쉽을 형성해서 추진하며 경제적, 사회적/문화적, 물리적/환경적, 거버넌스 등의 차원을 복합적으로 포괄하는 재생을 추진한다(Tallon, 2010: 6).

이와 같은 도시재생의 등장에 유럽의 문화정책의 변화가 맞물렸다. 유럽의 문화정책은 1940년대부터 1960년대 후반까지 재건의 시대와 1970년대부터 1980년대 초반까지 참여의 시대를 지나서 1980년대 이후 도시 마케팅의 시대를 맞으면서 도시문화정책의 비중이 커졌다(Bianchini, 1999). 도시 마케팅의 시대가 1980년대부터 유럽의 문화정책에서 주류가 된 이유는 이 때를 기점으로 유럽 도시에서 문화정책이 도시재생 사업을 위해 활용되는 사례들이 증가하였기 때문이다(Bianchini, 1993). 970년대 진행되기 시작한 글로벌라이제이션과 포드주의 축적 양식의 위기 현상은 1980년대 도시에서 저숙련 노동을 위한 일자리의 감소를 가져왔다. 글래스고우, 셰필드, 몽펠리에, 님스, 그레노블, 렌느, 프랑크푸르트 등의 도시에서 문화정책을 활용하여 도시의 이미지를 개선하려고 시도하였다. 문화적인 성격의 축제나 콘서트홀이나 박물관과 같은 문화시설, 문화지구 등이 산업도시의 낡은 이미지를 바꾸는데 사용되었다. 이러한 변화를 겪는 동안, 도시문화정책을 둘러싸고 문화정책의 탈중앙화에 따른 도시문화정책의 성장과 도시문화정책의 정치화에 이은 경제적 관점의 부상, 사회경제적 변동에 따른 도시재생전략으로서 문화정책의 부상, 그리고 도시 이미지 전략으로서 문화정책의 활용 증대가 수반되었다(Bianchini, 1993).

재생에 문화가 기여하는 것은 세 가지 유형의 모델이 있다(Evans & Shaw, 2004).

- 문화 주도 재생(Culture-led regeneration)
- 문화적 재생(Cutural regeneration)
- 문화와 재생(Culture and regeneration)

문화 주도 재생(Culture-led regeneration)에서는 문화 활동이 재생을 위한 촉매제이자 엔진의 역할을 수행한다. 문화활동의 인지도를 이용해서 재생의 상징으로 삼는 경우이다. 문화적 재생(Cutural regeneration)이다. 문화활동이 환경, 사회, 경제 영역에서의 활동들과 함께 전략적으로 통합되어 있는 경우다. 문화와 재생(Culture and regeneration)이다. 문화 활동은 재생에 개입은 소규모로 진행된다. 정책 부서가 분리되어 있다.

유럽의 여러 사례들 중에서도 빌바오와 바르셀로나 두 도시는 문화적 해법을 바탕으로 도시의 문제를 해결함으로써 위기를 극복한 대표적인 성공사례로 꼽힌다. 성공사례를 학습하기 위해 전 세계에서 찾아오는 정부와 민간 전문가들로 인해 정책 관광의 대명사가 되었을 정도이다(González, 2011). 빌바오는 인구 약 34만명의 도시이고 바르셀로나는 카탈로냐 자치주의 주도로서 인구 약 163만명의 도시이다. 두 도시의 사례는 모두 탑티어의 도시가 아님에도 불구하고 문화자원을 효과적으로 활용하여 도시 문제를 해결한 사례로서 전 세계적인 유명세를 타게 되었다. 빌바오는 빌바오 효과로, 바르셀로나는 바르셀로나 모델로 알려졌다.

빌바오 효과: 도시재생의 화룡점정

빌바오는 대서양 연안에 있는 바스크(Basque) 자치주의 주도이자, 비즈카야(Vizcaya)도의 수도로서 제조업과 무역업으로 발전해 온 도시이다. 인구는 1980년에 43만명 수준이었다. 광석이 풍부해서 채취가 용이하고 강을 통한 운반도 수월해 광산과 금속 제련을 통해 상당한 자본을 축적한 역사를 갖고 있다. 특히, 19세기 영국의 산업 수요에 대한 공급 확장을 통해 도시 경제가 크게 성장하였다. 여기에 조선업까지 발전하여 20세기 초반에는 스페인에서 산업 활동이 가장 활발한 지역이었다. 철광 수출에 힘입어 인구가 성장하고 철도가 부설되고 조선 실적이 지속적으로 성장하였다. 이러한 성장은 1970년대 중반에 멈추었지만, 철강 산업에 대한 수요가 지속될 것이라는 전망 속에서 구조 조정을 미루다 1970년대 후반의 탈산업화에 경제 위기를 겪었다. 중공업이 집중되어 있었기에 산업 일자리 감소에 따른 타격이 컸고 1993년에는 실업률이 25%에 이르렀다. 3차 산업으로 전환을 위한 구조 조정이 있었으나 새로운 산업 분야에서 발생한 일자리는 제조업 쇠퇴로 줄어든 일자리에 못미쳤다. 20년 동안 경제 위기를 겪던 빌바오는 탈산업화 속에서 문화를 통한 이미지 개선 전략을 추진하였던 당시 유럽 도시의 새로운 흐름을 좇아갔다. 특히 글래스고우의 이미지 재구성을 통한 서비스 분야 성장 전략을 모방하고 나섰지만, 성공 가능성은 회의적으로 평가되었다(Gómez, 1998).

회의적인 시각이 변화된 계기는 구겐하임 빌바오 미술관 건립을 통해 만들어졌다. 1988년부터 2008년까지 구겐하임 미술관의 관장이었던 토마스 크렌스(Thomas Krens)는 구겐하임 미술관의 국제 네트워크를 확장하겠다는 계획을 갖고 있었다. 순탄하게 계획이 실현된 것은 아니었다. 실제 잘츠부르크와 협상을 통해서 구겐하임 미술관 건립이 어느 정도 추진되기도 하였으나 중도에 잘츠부르크의 입장 변경으로 취소되기도 하였다. 스페인 쪽으로 구겐하임 미술관의 확장이 추진된 것에는 마드리드 국립전시관(Centro Nacional de Exposiciones)의 큐레이터였던 카르멘 지메네즈(Carmen Giménez)를 뉴욕의 구겐하임 미술관의 20세기 예술 담당 큐레이터로 위촉한 것이 계기가 되었다. 지메네즈는 스페인의 문화예술계와 정치권에 영향력 있는 인사였다. 구겐하임 미술관이 211점의 미니멀리스트 작품을 취득하여 전시공간이 추가로 필요하게 되었을 때 크렌스는 지메네즈와 함께 마드리드, 바르셀로나, 세비야, 바다호스, 산탄데르, 빌바오 등 스페인의 여러 도시들에게 미술관 건립을 제안하였다. 그 결과, 그동안 별로 부각되지 않았던 빌바오가 예상을 뒤엎고 계약을 체결하게 되었다. 구겐하임 미술관과의 계약 체결에는 바스크 주정부가 강한 의지로 지원한 것이 중요하게 작용한 것으로 알려졌다.

빌바오 구겐하임 미술관은 건립 과정에서부터 많은 주목을 받았는데, 이는 프랭크 게리(Frank Gehry)라는 유명 건축가에 의해 독특한 모양의 건축물을 건립하여 건물 외양이 주목받게 된 것이 크게 작용했다. 이와 같이 스타 건축가(starchitect)의 명성을 이용한 문화시설을 건축함으로써 지역발전의 촉매제 역할을 하는 것을 "아이콘적 건축 개발(Iconic Architectural Development)"이라고도 부른다(Patterson, 2020). 빌바오 구겐하임 미술관의 성과는 IAD의 대표적 사례가 되었다. 빌바오 구겐하임 미술관의 건립은 즉각적으로 성과를 보였다. 1997년 10월 16일 개관 후 1년 동안 130만 명의 방문객을 기록하였다(Ostling, 2007). 구겐하임 빌바오 미술관은 글래스고우의 문화전략이 거두었던 성과를 넘어서는 경제적인 성과를 보인 것으로 평가되었다(Plaza, 1999). 개관 전후를 비교한 통계 분석을 보면, 월간 평균 방문객이 27.8%가 증가한 것으로 나타났고, 그 중 스페인 국적 방문객의 증가 비율이 20.4%인데 비해 외국 방문객의 증가 비율이 43.0%로 훨씬 많았다. 방문객 증가에는 미디어를 통한 홍보 효과가 중요하게 작용하였다. 구겐하임 빌바오 미술관이 문화예술 분야 잡지뿐 아니라 파이낸셜 타임즈나 더 이코노미스트 같은 잡지에 의해서 소개되었던 것이 큰 홍보효과를 가져온 것이었다.

구겐하임 빌바오 미술관 개관 이후에 나타난 빌바오 지역 방문객의 증가는 빌바오 효과 혹은 구겐하임 효과라 일컬어지게 되었다. 빌바오 효과의 영향이 지속되는지 여부에 대해서 많은 관심이 쏠렸다. 빌바오 효과에 대해서 비판적으로 평가하면서 효과가 지속되기 힘들 것이라는 분석들이 많았다. 빌바오 효과에 대한 회의적 전망으로는 이미지 변화로 방문객은 증가하더라도 바스크 지역 경제에 미치는 긍정적인 효과는 중장기적으로 지속되지 못할 것이라는 예상이 제기되었다. 단순한 소비 시설로서의 역할을 할 뿐 뉴욕 구겐하임 미술관의 지점 역할에 머물러 주체적인 역할을 수행하지 못하고 지역

내 문화 예산은 오히려 감축될 것이라 예상되었다. 또한 유사한 시도들의 증가로 빌바오 미술관이 갖고 있는 독특성, 차별성이 유지되기 힘들 것이라고 전망하였다(González & Gómez, 2001).

하지만, 구겐하임 미술관의 성과는 지속되었다. 매년 평균 80만 명의 외부 방문객이 미술관을 찾아왔는데 이를 빌바오시의 인구에 비교하면, 시민 1명 당 평균 2명의 관광객이 오는 수준이었다. 미술관 개관 전 방문 인원이 연 10만 명 수준이었던 것에 비하면 엄청난 증가라 할 수 있다(Plaza, 2008). 최근의 빌바오 관광청이 발표한 통계를 보더라도 입국자나 숙박인구의 숫자를 볼 때 성장한 관광산업의 규모가 유지되고 있음을 볼 수 있다. 전통적인 빌바오의 관광업과 상보 관계에 있다는 점도 중요하다. 우울하고 어둡고 춥고 불친절한 산업도시의 이미지가 외국인들이 관광의 목적으로 숙박을 할만한 도시로 변화됨으로써 기존의 산업도시에서 주류를 이루었던 비즈니스 관광과 다른 유형의 관광객을 낳았다는 점이 중요하다. 비즈니스 관광객이 많이 오지 않는 여름에는 구겐하임 미술관을 찾는 관광객으로 빈자리를 채우고 있다.

구겐하임 미술관의 건립과 함께 나타난 변화는 빌바오의 산업구조 다각화가 진전되었다는 점도 중요하다. 1995년과 2005년을 비교하면 고용 증가가 특히 지식서비스 분야에서 높게 나타났다. 바로 이러한 변화가 구겐하임 효과와 연관되는 것은 관광객 증가가 도시 안에서 온라인 예약 서비스, 외국어 지식 수요, 광고 개선 수요 등 새로운 서비스 수요 증가를 가져왔기 때문인데, 문화적 투자와 산업 다각화가 병행되면서 시너지 효과를 가져온 것으로 해석되었다. 구겐하임 미술관의 영향으로 호텔과 숙박 접객 분야가 성장했음에도 불구하고 빌바오의 전체 경제에서 관광이나 숙박과 같은 환대경제 분야가 차지하는 비중은 오히려 감소하였다. 이는 빌바오 고용 증가가 산업 전체에 걸쳐 나타났기 때문이다(Plaza, 2008). 문화 시설을 통한 도시재생의 효과가 지대 상승과 같은 부정적인 효과를 낳을 수도 있고 결국 경쟁력 약화로 이어질 수도 있었지만, 빌바오의 경우에서는 인프라에 대한 공공투자의 확대, 효율성 증대, 인적 자본에 대한 공적 사적 투자 확대, R&D 증가 등의 결과로 지역 생산성 향상이 이루어진 것이다. 그 결과, 빌바오시가 있는 비스카야도(Biscay Province)의 노동생산성이 2003년에 마드리드를 제치고 스페인에서 가장 높은 순위에 올랐다(Plaza, 2008: 513).

구겐하임 미술관이 지역의 문화예술생태계에 어떠한 영향을 미쳤는가도 중요한 주제이다. 거대시설을 유치하고 운영하는 과정에서 지역의 예술계에서는 우려와 비판의 여론이 강했다. 구겐하임 미술관 설립과 운영에 재원이 집중되면 다른 문화예술 분야는 상대적으로 위축될 가능성이 높다는 것이 직접적인 이유였다. 또한, 미국의 코카콜라 문화를 받아들이고 맥구겐하임화(McGuggenheimization)의 선봉이 됨으로써 결국 미국의 문화제국주의 수용에 앞장서는 꼴이라는 비판도 제기되었다(Areso, 2007). 빌바오 구겐하임 미술관이 빌바오의 예술 생태계에 미친 영향에 대한 연구를 보면, 지역예술계에 새로운 활력을 불어넣은 사례들이 있다(Plaza et al., 2009).

흥미로운 사례로서 구겐하임 미술관 건립 이전부터 있었던 빌바오 미술관 (Bilbao Museum of Fine Arts)에 구겐하임 미술관 건립을 계기로 관람객 증가가 발생하였다. 구겐하임 미술관 개관 당시 방문객이 연간 9만 5천 명 수준이었는데, 구겐하임 미술관의 개장 이후 15만 4천 명으로 증가하였으며, 관객 증가의 상당 부분은 구겐하임 효과로 분석되었다. 빌바오 미술관의 관객 증가 사례는 구겐하임 미술관이 지역 예술 생태계에 직접적으로 미친 긍정적인 효과라 할 수 있다.

물론 지역 예술계와의 관계에서 어려운 점도 있었다. 빌바오의 예술 취향이 전통적이고 민속적인 예술을 좋아해서 구겐하임 미술관의 현대 예술을 수용할 수 있는 소비 기반이 빌바오에 충분치 않았다. 그 결과, 초기에 구겐하임 미술관 주변에 형성되었던 예술 클러스터를 지속적으로 유지하는 것이 어려운 일이 되었고, 상업적인 갤러리들이 빌바오시나 비스카이주의 공공지원에 의해서 유지되는 상황이었다.

그럼에도 불구하고 빌바오에서 긍정적으로 평가할 수 있는 또 다른 중요한 사실은 빌바오 효과가 지속되기 위해서는 소비만으로는 부족하고 창작과 생산이 필요하다는 사실을 인지하고 이를 위한 투자의 노력을 기울였다는 점이다. 바스크 주정부의 문화예산을 보면 문화 창작을 포함한 문화예산이 구겐하임 미술관을 위한 재정 지출에도 불구하고 오히려 증가하였다. 구겐하임 미술관 설립에 따른 여타의 문화정책 위축은 발생하지 않은 것이다. 구겐하임 미술관 설립 직후 유럽연합의 지원을 받아 지역에 Bilbaoarte라는 레지던시를 설립하여 신진 예술가를 지원하고 외부 예술계와 네트워크를 구축할 수 있는 기회를 제공하였다. 또한, 바스크주립대학의 예술학부에는 구겐하임 미술관 설립 이후 외국 학생이 늘어나는 등 활기를 찾고 있다. 빌바오의 예술 생태계에 나타나는 긍정적인 변화의 이면에는 빌바오 지역에 본거지를 둔 상업은행인 Bilbao Bizkaia Kutxa가 지역의 예술인력과 예술 전시 공간 네트워크를 지원하는 것과 같은 지역사회의 노력이 있었다.

빌바오 효과는 다른 도시에도 적용 가능한 것인가? 빌바오 효과는 많은 도시들에 영향을 미쳤고, 이를 둘러싼 학술적 논쟁이 활발해졌다. 거대 건축물을 통한 효과에 대한 연구들이 쌓였다. 빌바오 효과에 대한 논의는 효과의 지속성, 효과가 방문객 증가를 넘어선 도시의 변화를 가져오는지, 그리고 다른 유사한 전략을 수행하는 도시들도 과연 빌바오 효과를 거두는지, 만약에 차이가 있다면 그 원인은 무엇인지 등의 질문을 다루었다. 원하지 않은 결과가 나타난 사례도 있다. 빌바오 효과의 영향 속에서 이루어진 시도로서 셰필드에서 추진되었던 국립대중음악센터(National Centre for Popular Music)가 셰필드에서 추진되었던 문화산업지구(Cultural Industries Quarter: CIQ)를 발전시키기 위한 앵커 시설로서 계획되었다. 1980년대부터 공공투자에 의한 문화시설의 필요성이 논의되었다가 1993년에 셰필드 시의회에 의해서 기금 마련이 되어 1999년에 국립대중음악센터가 개관하였다. 11백만 파운드의 복권기금에 대응하여 15백만 파운드 예산이 마련되었다. 하지만, 기대했던 방문객을 모으는데 성공하지 못하고 개관 후 17개월만에 폐관되었다[12].

빌바오 효과가 다른 도시에서 그대로 재현되기 어려운 사실을 이해하기 위해서는 빌바오 구겐하임 미술관 건립이 추진된 사업 과정을 전 도시 차원에서 바라볼 필요가 있다. 빌바오에서 구겐하임 미술관 건립이 가져온 긍정적인 영향은 도시 재생 사업이 종합적으로 이루어진 결과였다. 도시재생의 다각적 사업이 동시에 진행되었던 것이 중요하다. 하수처리계획이 수립되고 폐기물 처리가 정비되었으며 빌바오시내 여러 지구들(Abandoibarra, Amezola, Bilbao la Vieja, Olabeaga, Zorrozaurre and Miribilla districts)의 개선이 이루어졌다. 빌바오에서 문화사업들은 포괄적인 지역발전전략의 일부분으로 추진됨으로써 의미가 있었던 것이다. 새로운 지하철, 항구, 공항의 건설, 여러 주민시설, 여가시설 등이 동시에 건설되었다. 이런 점에서 볼 때 구겐하임 미술관은 전체 지역 발전의 화룡점정(icing on the top)과 같은 역할을 수행한 것이라 할 수 있다(Plaza, 2008: 507). 여러 논의들을 종합해 보았을 때, 구겐하임 빌바오 미술관 건립은 종합적인 도시계획의 일부 사업으로서 위상을 가진다. 포괄적인 도시재생 계획과 함께 이루어

12 https://www.sheffield.gov.uk/libraries-archives/access-archives-local-studies-library/research-guides/national-centre-popular-music

진 사업이기 때문에 도시변화의 효과가 가능했는데 여기에는 빌바오에 기반을 둔 은행의 후원 사례에서 보듯이 빌바오와 바스크 자치주의 주체들의 적극적인 역할이 중요했다.

또한, 빌바오가 갖고 있는 문화적 역사적 기반이 빌바오 효과가 발생하고 유지되는데 중요한 역할을 하고 있다. 바스크 지역에는 유네스코 세계유산인 산티아고 성지 순례길이 있었고, 풍부한 음식문화와 환대의 전통이 있다. 지리적으로 인접해 있는 산티아고 순례길과 구겐하임 미술관 사이에는 관광객 유치의 상보효과가 있다. 다만, 과격한 바스크 분리주의자의 폭탄 테러 행위가 발생하던 시기였던 구겐하임 미술관 건립 당시에는 바스크 지역문화와의 관계를 의도적으로 드러내지 않았을 뿐이었다. 하지만, 이제 구겐하임 미술관으로 유입되는 관광객이 많아지자 자연스럽게 바스크의 지역문화와 어울려 상생의 결과를 낳고 있는 것이다. 빌바오 효과는 관광경험이나 관광 기반이 전혀 없던 도시에 세계적으로 유명한 미술관을 유치하여 관광객이 일시적이고 제한적인 관광이 이루어진 것이 아니라는 점을 볼 수 있다(Franklin, 2016).

2020년 파이낸셜 타임즈의 fDi Magazine이 작성하는 해외투자 매력도 랭킹을 보면 바스크주와 빌바오시 모두 좋은 평가를 받았다. 바스크주는 유럽의 중규모 지역 중 가장 우수하고 빌바오도 유럽의 중규모 도시 중 탑텐에 꼽혔다고 바스크 비즈니스 개발청(SPRI Group. The Basque Business Development Agency)이 밝혔다[13]. 빌바오 효과가 애초 우려되었던 것과 같은 일시적인 반짝 현상이 아니라는 것은 분명해진 것 같다. 결국 지역의 여론에서도 유사한 흐름이 보인다. 구겐하임 미술관 추진 당시 지역에서 부정

13 https://www.spri.eus/en/invest-basque-country-news/the-financial-times-ranks-the-basque-country-as-the-most-attractive-medium-sized-european-region-in-its-strategy-to-attract-foreign-investment/

적인 여론이 많았다. 경제적으로 어려운 시기에 산업 인력 구제를 위해 필요한 재원을 예술에 투자하는 것에 대한 반발이었다. 구겐하임 미술관의 설립이 일부 엘리트의 허영에 불과하다고 여겼고 문화예술에 대한 지출이 소모 비용이 아니라 지역경제를 위한 투자라는 주장을 공감하지 못했다. 하지만, 빌바오 구겐하임 미술관 건립은 지역 경제에 직접적으로는 관광객 유치를 통해, 간접적으로는 지역 이미지 변화를 통해 긍정적인 효과를 가져다 주었다. 이를 통해서 한 때 번영하였던 산업도시였던 빌바오의 자존감이 회복되었다는 사실이 결국 큰 의의를 가진다(Areso, 2007).

바르셀로나: 운동권 도시에서 기업가 도시로

바르셀로나가 국제적으로 쌓은 명성은 화려하다. 유럽에서 삶의 질 분야 최고의 도시로 꼽히고 기업 본부(headquarter) 소재지로서 런던과 파리 다음으로 가장 많이 선호되는 도시이며, 창업하기 좋은 도시 6위에 꼽혔다(London Development Agency, 2006: 10). 이른바 바르셀로나 모델은 1990년에 하버드 건축학부에서 수여하는 도시디자인 분야 Prince of Wales Prize를 수상하고, 1999년에 영국 국립건축가 협회(Royal Institute of British Architects)에서 주는 금메달을 수상하였다(London Development Agency, 2006; Balibrea, 2017). 하지만, 바르셀로나 모델이 무엇을 의미하는 것인지, 시간이 흐르면서 그 정체성에 대한 논의는 확장되고 있다. 시기적으로 볼 때, 바르셀로나 모델은 오랜 기간 스페인을 통치하였던 독재자 프란시스 프랑코의 1975년 사망 이후 바르셀로나가 현대화 과정을 통해 문화도시로 부상하는 일련의 과정을 지칭하는 것으로 볼 수 있다. 그렇지만, 구겐하임 미술관 건립을 중심으로 논의되는 빌바오 효과와 달리 바르셀로나 모델은 단선적이고 명확한 실체를 구별해 낼 수 있는 것이 아니라 역사적인 전개과정에서 진화해 온 복합적인 다양성을 포괄한다. 따라서 바르셀로나 모델을 이해하기 위해서는 바르셀로나 도시가 변화되어 온 역사적 과정을 이해하는 것이 중요하다.

바르셀로나는 아나키즘의 본원지로서 진보운동의 오랜 전통을 갖고 있다. 이와 같은 사회운동의 전통은 산업도시로서 바르셀로나가 성장하는 과정에서 확장되었다. 빌바오가 산업도시였듯이, 바르셀로나도 스페인의 산업화를 상징하는 산업도시로서 스페인에서 가장 먼저 증기기관이 도입되었다는 기록을 갖고 있다. 바르셀로나에 도입된 철도와 공장은 바르셀로나에게 "카탈로니아의 맨체스터"라는 명성을 안겨주었다. 프랑코 정부가 초기의 봉쇄정책을 폐지하고 1950년대 개방을 통해 경제성장을 이루었을 때, 바르셀로나에서 산업화가 다시 급격하게 진행되었다. 빠른 산업화는 바르셀로나에 인구 증가와 함께 주택 공급의 증가를 가져왔는데, 주민의 의사가 반영되지 않는 하향식 의사결정에 의해 도시가 관리되면서 늘어난 주택에 필요한 도시 인프라와 사회적 서비스가 제대로 제공되지 못하였다. 도시에서 일하는 노동력의 재생산을 위해 국가가 제공하는 서비스를 스페인의 사회학자 마뉴엘 가스텔(Manuel Castells)은 집합적 소비(collective consumption)라는 개념으로 불렀다(Castells, 1983). 격하게 성장한 바르셀로나에 집합적 소비가 제대로 공급되지 못하고 이에 대한 불만이 쌓이면서 도시사회운동이 발생하여 지역마다 운동 단체와 조직이 생겨났다. 지역에서 생겨난 이러한 사회운동의 경험과 네트워크가 바르셀로나 모델을 설명하는데 중요한 배경이 되었다.

바르셀로나 모델은 그동안 여러 차례 역사적 전환을 경험하였는데, 그 변화는 세 단계로 구분된다(Degen & García, 2012). 첫째 단계는 1979년부터 1985

년까지의 민주화 단계이다. 프랑코 총통이 사망한 1975년 이후 1979년에 치러진 민주적인 지방선거를 계기로 바르셀로나는 본격적인 변화과정을 겪었다. 이 시기에는 그동안 독재정부 치하에서 지체되었던 지역 발전을 서둘러야 한다는 현대화(modernization)에 대한 요구가 강했다. 현대화를 위해서 추진된 사업들의 핵심 특징으로는 민주적 계획과 공공 디자인을 꼽을 수 있다. 프랑코 총독의 오랜 독재로부터 민주사회로의 전환기에 시민사회의 이상을 바탕으로 지역사회에 자리 잡은 여러 단체, 조직들이 도시 정책의 설계에 참여하는 민주적 계획의 성격이 두드러졌다. 시민과의 대화를 중심으로 구성된 거버넌스에 의해 수립된 민주적 계획을 바탕으로 공공공간을 수준 높게 개조하는 공공 디자인 사업이 추진되었다. 그 결과 공공 디자인의 우수성으로 인해 바르셀로나는 국제적 명성을 얻게 되었고, 시민들이 사업의 결과를 쉽게 체감할 수 있었다.

둘째 단계는 1986년부터 1994년까지 올림픽 게임을 둘러싼 메가프로젝트 단계이다. 바르셀로나의 1992년 올림픽 게임 유치가 1986년에 결정된 이후 올림픽을 준비하는 과정에서 도시개발 규모가 글로벌 수준에 부합하도록 확장되었다. 올림픽 게임을 준비하는 과정에서 바르셀로나는 도시의 대규모 공공프로젝트 추진에 필요한 재원을 충당할 수 있었고, 메트로폴리탄 단위의 계획을 추진하였다. 올림픽 지구들이 개발되었고 교외 지역에도 스포츠 시설들이 건설되었다.

도시디자인에서도 주목할 만한 진전이 이루어졌다. 역사적 건축물을 선별하여 보존하였고, 스페인과 해외의 저명한 건축가들을 초빙하여 주요 건축물들을 만듦으로써 도시의 명성을 높였다. 미국에서 시작된 수변재개발(waterfront redevelopment) 방식을 적용하여 산업단지와 노동자 거주 구역의 재개발을 추진하였다. 또한 올림픽 개최와 동시에 문화올림픽을 추진하면서 문화재정을 크게 증가시켰고 시민들의 문화향유 활동도 크게 증가하였다. 메가프로젝트에 따른 대단위 개발이 진행됨과 동시에 시민들의 문화생활에 영향을 미치는 방향으로 문화도시가 추진된 것이었다.

셋째 단계는 1995년부터 시작된 문화적 전략의 추진 기간으로 민관협력과 경제성장의 단계이다. 이 기간 동안에 외국의 자본 투자를 적극적으로 받아들이고, 신자유주의적 성향의 개발이 이루어졌다. 포럼 2004가 대표적인 사업이었다. 과거 공업지역이었던 포블레노우(Poble nou) 지역에 재생 사업을 수행하면서 시설들을 건축하였고, 이 지역의 공업코드였던 22@에서 착안하여 바르셀로나 22@혁신지구를 조성하였다.

바르셀로나 모델은 문화정책의 차원에서 사업 추진 방식과 관련한 여러 특징들을 보인다. 우선, 국제적인 이벤트를 효과적으로 활용하여 도시변화를 가져 온 점이 바르셀로나 모델의 중요한 특징이다. 1992년 바르셀로나 올림픽을 계기로 문화도시로 부상하였다. 하지만, Diagonal Mar의 상업지구 개발과 함께 개최된 2004년 바르셀로나 문화포럼에 대해서는 비판적인 평가가 많았다(Garcia, 2004; Rius-Ulldemolins et al., 2016). 이전에 국제행사를 치루는 과정에서도 유지되었던 사회통합적 성격이 크게 약화되었기 때문이었다.

바르셀로나 모델의 또 다른 특징은 공공디자인과 연계하여 공공 공간을 효과적으로 공급하였다는 점이다. 도시 곳곳에 버려진 공간들이 의미있는 공공 공간으로 탈바꿈하였고, 그 과정에서 지역 주민들의 참여와 지역 문화를 반영한 공공디자인이 좋은 공공공간을 창출하는데 기여하였다. 바르셀로나가 공공디자인에서 쌓은 명성을 바탕으로 리처드 세라(Richard Serra)나 로이 리히텐슈타인(Roy Lichtenstein)과 같이 세계적으로 유명한 미술가들이 바르셀로나의 공공디자인 작업에 참여하였다(Maragall, 1994).

바르셀로나의 성공적인 도시재생과 문화정책과의 결합은 사회주의 정당과 시장주의적 정책의 결합이라는 정치적인 복합성을 바탕에 두고 있다. 바르셀로나는 사회주의적인 정치 분위기 속에서도 기업가 도시 모델을 실행하면서 내부에서 발생하는 긴장을 관리해 왔다. 바르셀로나는 역사적 아나키즘의 전통이 강한 지역이었고 산업도시의 노동자 집단에 기반을 둔 사회주의 정당의 영향이 강했다. 프랑코 독재 이후 바르셀로나의 정치적 분위기는 사회주의 경향이 강하다가 1990년대부터 사회주의 리버랄의 연합으로 성격이 바뀌었다. 바르셀로나에서는 프랑코총독의 권위주의 통치 종식 이후 2011년부터 2015년까지 보수당 연합 집권을 제외하고는 계속 사회주의 성향 정당의 집권이 이어져 왔다. 이 시기에는 새로운 자유의 표현수단으로서 디자인이 활용되었고, 사회적 통합이 강조되었다. 지역사회운동은 정치적인 참여활동 외에도 지역문화, 정체성을 중시하였고 이러한 성격이 공공공간의 디자인에 반영되면서 바르셀로나 모델의 가시적 성과가 된 것이다.

정치적인 진보성 혹은 개방성이 갖고 있는 이점은 이후 신자유주의적인 성격의 창조도시 모델을 적용하는 과정에서도 나타난다. 바르셀로나는 발렌시아와의 비교에서 신자유주의적 정책 도입방식에 차이점을 보여주고 있다. 바르셀로나는 글로벌 경쟁에 대응하기 위한 노력으로 추진한 대규모 개발 사업 속에서도 시민들의 일상적인 문화생활을 위한 투자를 지속하였다. 결국 일방적으로 대규모 개발과 대형 이벤트 사업을 탑다운 방식 일변도로 추진했던 발렌시아와 차이를 보이는 지점이다(Rius-Ulldemolins et al., 2016; Rius-Ulldemolins & Klein, 2020).

다음으로 주체와 관련한 특징들도 볼 수 있다. 바르셀로나의 매우 큰 강점은 지역에서 자생적으로 발생하는 참여적 문화거버넌스 모델을 적용하였다는 사실이다. 이는 프랑코 총독의 독재시설 축적되어 온 도시사회운동의 역량이 지역에 축적된 결과라 할 수 있다. 하지만 프랑코 독재 종식 이후 민주화 단계를 거치면서 지역운동은 역설적으로 약화되었다. 지역운동의 리더들이 정치 행정 기구에 포함되었기 때문이다. 하지만, 바르셀로나 모델의 특징은 밑에서부터 올라오는 민주적인 흐름만 있는 것이 아니라 리더쉽의 중요성도 보여준다. 1982년부터 1997년까지 바르셀로나 시장으로 재임하였던 파스쿠알 마라갈(Pascual Maragall) 시장이 갖고 있던 도시변화에서 문화의 중요성에 대한 철학이 중요한 역할을 수행하였다. 개인에게 너무 큰 의미를 부여하는 것이 사회과학적 논의에서 적합하지 않을 수도 있으나 마라갈 시장의 리더쉽은 바르셀로나 모델을 이야기할 때 자주 언급되며 그 중요성을 과소평가할 수 없다. 마라갈 시장은 바르셀로나 대학에서 경제학을 공부한 학자로서 일찍이 사회주의 당에서 활동하기 시작했으나 동시에 뉴욕의 뉴스쿨(New School University)에서 경제학을 공부하였고 1978년에는 볼티모어의 존스홉킨스 대학을 방문하면서 미국 생활을 경험하였다. 이러한 다양한 경험이 마라갈 시장이 균형잡힌 정책을 펼치는데 중요한 영향을 미친 것으로 평가된다.

바르셀로나 모델도 새로운 단계로 진화하면서 긴장관계가 발생하고 있다. 포블레누의 사업과 같은 경우 지역의 문화예술이 가지는 중요성을 인지하고 사업을 추진하고 있지만, 지식경제 패러다임의 사업 추진이 기존의 예술인들이 자생적으로 집적되었을 때 가졌던 성과와 연결되는 것이 용이하지 않은 상황이다(Martí-Costa & Miquel, 2012).

끝으로 문화도시로서 바르셀로나의 중요한 속성은 강한 지역 정체성이다. 바르셀로나는 스페인의 통합 과정에서 이전에 가졌던 수도 기능을 상실하고 정치적 중심지에서 멀어진 이등도시(second city)가 되었으나, 카탈로니아 지역의 주도로서 정체성을 강하게 유지했다. 바르셀로나 올림픽을 계기로 바르셀로나가 주요 문화도시로 부상한 것은 올림픽을 계기로 카탈로니아 지역의 주도로서 가지는 정체성과 자부심, 그리고 지중해 도시로서의 정체성이 잘 드러났기 때문이었다(Amelang, 2007).

이와 같이 바르셀로나가 보여준 복합성이야 말로 도시위기 극복을 위한 문화적 해법이 갖고 있는 다양하고 모순적인 흐름의 필연성을 보여준다. 바르셀로나는 다양한 영역에서 균형을 찾기 위한 노력을 기울여 왔다. 이러한 균형이 깨지고 시장주의적인 방향으로 흐르고 있다는 비판도 있으나 편향을 바로잡기 위한 노력이 지속됨으로써 바르셀로나 모델의 명성이 지속되고 있다. 그리고 이와 같은 바르셀로나 모델의 근저에는 바르셀로나의 역사적 정체성이 자리잡고 있다.

5장

도시문화 정책의 부상

1980년대 이래 도시발전을 위한 문화적 성격의 사업들이 증가하면서 도시문화정책이 많은 관심을 받게 되었다(Grodach & Silver, 2012). 도시문화정책은 기존의 문화정책과 수행 주체에서만 차이를 보이는 것이 아니라 접근 방식이나 수행 양태에서 새로운 특성들을 보인다. 도시문화정책의 복합성을 이해하기 위해서는 도시문화정책에서 두드러지는 문제의식과 실행에서 나타나는 특성을 파악하는 것이 필요하다. 또한, 도시문화정책의 특성을 규명하는 것은 문화도시의 위상을 이해하는 데 중요한 디딤돌이 된다. 이 장에서는 도시문화정책의 복합성에 대해 논의하고 도시문화정책의 여러 관점과 차원에 따른 특성을 제시한다.

도시문화정책의 복합성 이해하기

도시문화정책에는 다양한 모델들이 있다. 그로다취는 도시문화정책의 사례들을 분석하면서 공공후원, 문화 어메니티의 경제적 효과, 문화계획, 문화산업 등으로 도시문화정책의 모델들을 구분하였다(Grodach, 2017). 또한, 수행과정에서 다양한 딜레마가 나타난다. 공간, 경제, 재원 조달의 세 가지 차원에서 도시문화정책의 딜레마를 볼 수 있다(Bianchini, 1993b: 87). 도시문화정책 안에 공존하는 다수의 모델이나 딜레마는 도시문화정책의 복합적인 지향 구조를 시사한다.

도시문화정책의 복합성을 이해하기 위해서는 서구의 문화정책이 제2차 세계대전 후 거쳐온 변화과정과 그 안에서 제기되었던 문제의식을 이해하는 것이 필요하다. 1980년대 이후 도시문화정책의 성장에 중요하게 작용한 다음의 흐름을 보면, 분권화와 함께 도시경제 관점의 효용성이 지배적으로 작용하였음을 알 수 있다(Bianchini, 1993a).

- 문화정책의 탈중앙화에 따른 도시문화정책의 성장
- 정치화에 이은 경제적 관점에 입각한 도시문화정책의 부상
- 도시재생전략으로서 문화정책의 부상
- 도시 이미지 전략으로서 문화정책의 활용 증대

이와 같은 1980년대 도시문화정책의 등장 이전에 서유럽을 중심으로 도시문화정책의 다양성을 가져온 역사적 과정들이 있었다. 1940년대부터 1960년대 후반까지 시기에는 제2차 세계대전 이후의 폐허를 복구하는 재건의 시대가 있었다. 이후 1970년대부터 1980년대 초반의 기간에는 사회정치적 쟁점들이 분출하면서 도시의 다양한 집단들의 요구가 문화적으로 표출되는 참여의 시대를 거쳤다. 문화정책이 사회정치적 쟁점과 연결되면서 상당한 정치화가 지나간 이후에는 탈정치화가 등장하였다. 1980년대 들어서 도시 위기와 함께 도시 경쟁이 격화되며 도시 마케팅의 시대를 맞게 되었고 도시문화정책이 세계적으로 확산되었다(Bianchini, 1999; Gracias,). 도시 마케팅의 시기에는 도시에서 문화적 생산에 필요한 인프라 구축을 위한 투자가 증가하였고, 도심부에 아트센터가 건설되며 대형 개발 프로젝트와 문화관광 진흥 목적의 이벤트가 문화유산과 연계되어 추진되었고, 공공예술 프로젝트들을 통해 도시를 변화시키며, 비즈니스와 공공기관 사이의 파트너십을 강화하는 노력이 증가하였다(Kong, 2000).

제2차 세계대전 후 복지국가가 성장하며 국가 차원의 문화정책이 성장해 왔던 흐름과 달리 탈중앙화와 분권의 흐름 속에서 도시 단위에서 진행되

는 문화정책의 비중이 커진 것이다. 하지만, 도시문제의 발생이나 분권화의 영향, 주체의 차이만을 강조하는 것으로는 1980년대 이후 성장한 도시문화정책의 특성을 파악하기에 충분치 않다. 도시 마케팅의 시대 이전에 참여의 시대를 거쳤다는 사실을 간과해서는 안 된다. 도시 마케팅의 시대에도 참여의 기억과 경험은 사라진 것이 아니라 규범으로 자리 잡고 지속적으로 영향을 미쳤다. 특히 도시 마케팅이 참여의 경험을 바탕에 두고 있다는 사실은 보수 중앙정부와 진보 도시정부가 공존하다가 이후 중앙정부의 권력이 진보 지향으로 교체된 경험을 갖고 있는 영국의 경우 두드러지게 나타난다. 많은 시민, 예술가, 문화기획자에게 문화 민주주의의 가치는 규범으로 내면화되었고 문화기획의 다양한 언어를 통해서 표현되었다. 이와 같은 문화적 가치는 문화발전 전략의 하나로 추구되는 진보적 전략으로 나타나기도 하고(Grodach & Loukaitouideris, 2007), 경제적 목표의 강조 속에 소외된 집단들이 발생하는 도시문화정책에 대한 반발로 분출되기도 하며, 시민 참여에 바탕을 둔 대안적인 문화정책의 제시를 통해 표현되기도 한다.

도시 마케팅과 참여의 지향이 공존하는 것은 사회적 맥락을 통해서도 이해될 수 있다. 도시문화정책이 성장한 기간은 신자유주의적인 글로벌 경쟁이 가속화된 시기이기도 했지만, 민주적이고 참여적인 가치가 소비문화에까지 영향을 미친 시기였다. 그 뿌리를 1960년대 나타난 탈물질주의적 가치변동에서 찾을 수 있다. 경제적 성취에 못지 않게 정신적 가치를 중시하는 탈물질주의적 가치변동의 흐름 속에서 사회진보의 아젠다는 물질적 평등만이 아니라 참여와 표현의 요구를 포괄하게 되었다. 가치변동의 흐름은 기존의 계급론적 갈등과 구별되는 세대 간 갈등을 야기하면서 새로운 정치 아젠다의 등장을 넘어서 문화 전반에 걸쳐 광범위하게 영향을 미쳤다(Inglehart, 1997; Brooks, 2000). 반항과 저항이 자본주의를 부정하는 것이 아니라 쿨(cool)

자본주의와 같이 새로운 면모의 소비주의를 강화하는 기반을 제공한 것이다(Frank 1997; McGuigan, 2009). 가치변동이 낳은 소비 자본주의의 역설적인 성격은 소셜미디어와 결합하여 가치소비라 불리는 윤리적 소비주의 형태로 강화되었다(Cho & Krasser, 2011; Delistavrou et al. 2020). 소비를 통해 자신의 가치관을 실현하려는 가치소비가 소셜미디어와 연결되어 젊은 고학력층을 중심으로 강화되었으며, 진정성에 대한 추구를 바탕으로 체험적 가치에 대해서 기꺼이 높은 비용을 지불하는 체험경제도 도시문화정책의 부상에 크게 영향을 미쳤다(Lorentzen & Jeannerat, 2012). 바로 이와 같은 가치변동과 소비문화의 변화된 지형은 가시적이고 직접적인 경제 성과나 하향식의 효율적인 사업 집행에 초점을 맞추기 쉬운 도시문화정책에 비판적 관점의 논의들이 담론의 영역에서 영향력을 발휘하는 배경이 되었다.

이상 살펴본 복합적인 흐름에 대한 이해를 바탕으로 이 책에서는 도시문화정책의 관점과 차원을 구분하여 논의하는 분석틀을 제시한다. 이러한 분석틀은 특정한 사업의 내용으로 도시문화정책의 경계를 짓는 것이 아니라 도시문화정책에서 두드러진 대조적인 관점들과 차원들을 종합적으로 이해할 필요성을 제기한다.

먼저, 도시문화정책의 관점으로는 도구적 지향과 비판적 지향을 대조한다. 도시 위기 해결의 해법으로서 문화정책이 동원되었던 사실에서 보듯이 도시문화정책의 두드러진 특성은 문화정책의 성과를 문화 영역 내에서의 변화에서 찾는 것이 아니라 문화영역 외부의 가치 실현이나 특정한 문제 해결에서 구하기 때문에 도구적 성격이 강하다는 점이다. 하지만, 앞서 논의한 바와 같이 도시문화정책은 도구적인 지향에 동원되는 것에만 한정되지 않는다. 기존의 도시계획이 만들어 온 도시 현실이나 도시경쟁력 강화 노력에 대한 비판적 관점이 도시문화정책의 기획과 평가에 적용되는 경우가 많다. 도시의 이상적인 모습에 대한 지향이 도시문화정책에 반영되는 경우가 많고 도시문화정책의 참여자들 스스로가 현실에 대한 비판적인 의식을 갖고 이상적인 목표를 향한 노력으로서 사업의 의의를 찾는 경우들이 많다. 그렇다고 해서 이러한 비판적인 지향이 공공과는 상관없이 일부 예술가나 활동가들에서만 발견되는 것이 아니다. 공공이 비판적인 관점을 수용하여 새로운 문화정책을 태동시키거나 기존의 문화정책에 새로운 성격을 부여하는 경우가 적지 않다. 또한 비판적 관점과 도구적 관점이 서로 긴장 관계에 있지만, 비판적 관점의 수용이 도구적인 관점의 효과 달성에 도움이 될 수 있다. 비판적 관점이 도시문화정책의 정당성을 강화하고 시민들의 가치관과 정서에 부합함으로써 문화적 매력을 증진시킬 수 있기 때문이다. 일견 역설적으로 보이는 이러한 관계를 이해하는 것이 도시문화정책의 특성을 이해하는 데 중요하다.

다음으로 도시문화정책의 성격을 입체적으로 이해하기 위해서는 도시문화정책의 공간적 차원과 과정적 차원을 파악하는 것이 유용하다. 도시문화정책에서는 공간적 차원이 차지하는 비중이 크며(Redaelli, 2019), 문화정책의 공간적 선회(spatial turn)라 할 만하다. 기존의 문화정책이 시각예술이나 공연예술의 예술 장르나 도서관이나 박물관과 같이 특정 시설과 서비스를 기준으로 구성되었다면, 도시문화정책은 일정한 영토 안에서 공간을 생산한다는 점이 그 정체성을 찾을 수 있다. 축제와 같이 일시적인 형태로든 아니면 박물관과 같이 영구적으로 존재하는 건축물의 형태로든 도시문화정책은 공간의 사회적 생산이라는 성격을 가진다. 그리고 이러한 점에서 도시문화정책은 도시의 공간 질서와 긴밀한 관계를 맺는다. 도시문화정책의 프로그램들은 도시공간에 작용하는 다양한 질서와 권력관계에 영향을 받지만, 도시문화정책의 여러 기획에 의해 생산되는 공간이 거꾸로 도시의 공간 질서에 영향을 미친다. 이와 같은 상호작용에 대한 이해를 통해 도시문화정책을 파악하는 데 한 걸음 더 나아갈 수 있다.

또한 이러한 공간의 생산이 가지는 사회적 실천의 성격(앙리 르페브르, 2011)은 도시문화정책의 과정적 차원으로 연결된다. 공간을 생산하는 사회적 실천이 일정한 과정을 통해서 진행되기 때문이다. 그리고 이러한 진행 절차는 도시문화정책의 성장과 함께 점점 더 체계화된 과정으로 발전되었다. 도시정책에서 민주적 절차의 정당성이 중요한 것과 같은 맥락에서 다양한 주체들이 관여하는 도시문화정책에서는 기존의 문화정책에 비해 과정적 측면이 중시된다. 도시문화정책이 지역사회의 여러 집단과 복합적인 관계를 형성하면서 추진되는 경우가 많기 때문이며, 많은 이해관계자가 존재하기 때문이다. 이러한 복합적인 관계를 어떻게 정책 추진 과정 속에서 담아 나갈 것인가가 도시문화정책의 중요한 차원이 된다.

도구적 관점

문화정책의 도구주의는 문화정책의 목적이 문화적인 가치가 아니라 비문화적인 가치를 지향하는 경우를 말한다(Hadley & Gray, 2017). 20세기 후반 들어서 문화정책 전반에 걸쳐 도구화 경향이 증대했는데, 그중에서도 도시문화정책은 도구화 경향이 두드러진 영역이었다. 예술창작이나 문화소비를 진흥시키는 것 자체에 목적을 두는 것이 아니라 문화활동을 통해서 도시의 문제를 해결하거나 도시 발전에 활용하고자 하는 측면이 강하기 때문이다. 문화예술의 내재적인 가치를 목적으로 삼더라도 내용 자체 보다 성과와 효과에 대한 관심이 주도한다는 점에서 도구적 관점이 강조되었다. 도시문화정책이 갖고 있는 도구적 성격은 다음과 같은 네 가지 흐름에서 논의할 수 있다.

● 도시이미지 변화와 도시브랜딩
● 문화관광의 성격이 강한 도시관광 진흥
● 문화창조산업을 통한 창조경제
● 문화예술의 사회적 가치

첫째, 도시문화정책은 도시 이미지를 변화시키는 도시 마케팅의 도구로 활용되면서 도시 브랜딩에 중요한 수단으로 자리매김 하였다. 도시재생 사업과 연계된 도시문화정책이 우울하고 건조한 느낌의 쇠락한 산업도시의 이미지를 미래적이고 흥미로우며 아름다움이 기대되는 도시로 변화시키는 효과를 가져오 것이 대표적인 경우다. 도시문화정책을 통한 도시 이미지 변화는 전지구화된 도시 경쟁 속에서 도시관리의 방식이 관리자적 도시에서 기업가주의적 도시로 변화되었던 흐름과 밀접하게 연관된다(Harvey, 1989). 글로벌 경쟁에서 생존하기 위한 도시의 기업가적 활동에서 도시문화정책을 통한 도시이미지 변화와 도시브랜딩이 유력한 수단으로 선호되었다.

도시문화정책이 작용한 도시브랜딩의 사례로는 1980년대 미테랑 대통령에 의해서 루브르 박물관의 피라미드를 포함한 대규모 건축 사업을 통해 국가 주도로 프랑스와 파리의 이미지 변화를 시도한 '그랑 프로제(Grands Projet)'를 볼 수 있었고, 1980년대 이후 유럽문화수도 사업이나 박물관의 프랜차이즈화와 같은 방식을 통한 도시 브랜딩의 흐름도 있었다(Evans, 2003; Garcia,). 이와 같은 도시 이미지 변화 전략은 안전한 환경에서 즐거움을 추구하려는 도시 중산층의 열망에 부응하기 위해 도시 엔터테인먼트 지구(urban entertainment zone)를 조성하는 흐름과도 연결되었다(Hannigan, 2005). 한 걸음 더 나아가, 도시문화정책을 통한 도시 이미지의 변화는 창조인력이 선호하는 환경의 상징이 됨으로써 창조인력의 유입과 도시의 발전에 중요한 역할을 한다고 주장되었다(Florida, 2002).

이 과정에서 도시브랜딩과 상품브랜딩 사이의 관계는 점점 더 밀접해졌다. 다국적 기업 상품의 브랜드가 도심부의 주요 공간을 차지하고 도심부에 랜드마크성 건축물이 건축되는 과정들을 통해 도시브랜드가 뒷받침 되었다(Evans, 2003). 또한, 도시브랜딩의 전략으로는 상품 마케팅의 개념과 방법을 도시에 적용하는 경우가 점차 늘었다. 하지만, 이와 같은 방식이 과연 적합한 것인지에 대해서는 회의가 늘고 있다. 도시는 상품 이전에 그 공간 안에서 사람들이 생활하는 장소이기 때문에 도시 브랜딩과 상품 브랜딩의 차이점을 인식하는 것이 필요하기 때문이다(Kavaratzis, 2004). 상품 브랜딩과의 차이를 제대로 인식할지 못할 때 도시 브랜딩을 로고나 슬로건 정도로만 이해하는 경우가 많다. 하지만, 도시브랜딩이 효과적으로 이루어지기 위해서는 내부자들의 참여가 필요하다(Govers, 2013). 로고가 도시의 평판을 만들어 주는 것이 아니라 로고는 평판이 드러나게 하는 수단에 불과하다. 도시에 대해서 시민이나 방문객이 느끼는 소속감과 동질감이 먼저 형성되고 이를 반영하는 로고가 나타났을 때 도시브랜딩의 효과가 나타난다. 이러한 상황들을 고려할 때 도시브랜딩이 효과적으로 이루어지기 위해서는 도시에 살고 있는 내부자들이 브랜드 형성에 참여하고 공감하는 것이 중요하다.

도시문화정책이 갖고 있는 도구적 관점의 둘째 논의는 문화관광의 성격이 강한 도시관광을 진흥시킴으로써 얻는 경제적 효과를 증대시키는 것이다. 도시관광의 부상은 대중관광의 위기에 대한 대안의 성격을 갖고 있다. 대중관광이 연출된 진정성(MacCannell, 1973)이나 유사 이벤트(Boorstin, 1992)에 대한 의존으로 점점 더 체험욕구 충족의 한계를 가질 수 밖에 없다는 사실들이 강조되었을 때 도시문화가 관광자원화되는 도시관광이 부상하였다(크리스토퍼 로어, 1999). 도시관광과 도시문화정책이 연계되는 배경에는 재정위기를 맞은 선진 산업도시의 극복 수단으로 등장한 포스트포드주의적 문화경제의 비중 증가가 자리잡고 있다(Selby, 2004). 문화예술산업이 도시에서 차지하는 비중이 커지고 문화예술공간의 집적개발이 이루어지면서 도시관광에서 문화관광이 차지하는 비중이 커졌다(Hughes, 2013). 문화예술은 도시관광의 제 1 흡인요소는 아니지만, 문화예술에 관심을 갖는 고소득층, 고학력층, 비즈니스 여행객들의 도시체류기간을 연장시키는 보너스와 같은 역할을 수행함으로써 도시관광의 수익성 증대에 기여한다. 또한, 관광은 문화산업 시장 규모의 확대, 해당 분야의 수입 및 고용 증대, 세분야의 전문화, 전통문화 상품의 보전 가능성 증대를 가능케 함으로써 문화예술부문을 강화시킨다.

하지만, 도시관광은 도시의 획일성을 야기하는 문제점을 안고 있다. 거대 구조, 메가이벤트, 테마화, 유산 발굴 등과 같은 사업 방식들이 무비판적으로 도입되면서 맥컬쳐화(McCulturization)의 문제점을 낳는다(Richards and Raymond, 2000:18). 결국, 다양성의 추구가 발전 과정에서 유사한 결과를 낳게 되는 역설이 발생한다(Harvey, 1989: 10). 도시간 경쟁이 모방의 결과로 귀결되면, 도시관광상품의 생애주기가 단축되고 도시관광의 수익성을 지속적으로 유지하기 어렵게 된다. 이러한 문제들은 특히 런던과 파리 같은 1류 도시가 아닌 2류 도시들에서 심각하게 나타난다.

셋째, 도시문화정책에서 지향하는 또 다른 중요한 도구적 가치는 창조산업 혹은 문화창조산업을 통해서 도시경제에 활력을 불어넣는 것이다. 앞서 제시한 도구적 관점들이 주로 도시의 이미지를 변화시키거나 관광객을 유치하는 소비 활동을 의미한다면 여기서는 창조산업을 바탕으로 도시의 생산 기능을 회복한다는 점에서 구분된다(Pratt, 2009).

창조산업의 부상에는 영국이 중요한 역할을 하였다. 1997년 집권한 영국의 신노동당 정부는 광고, 건축, 예술, 출판, 소프트웨어, 텔레비전, 라디오 등의 13개 산업 분야를 포괄하여 창조산업이라는 이름을 붙이고 진흥논리를 제시하였다. 유럽연합에 크게 영향을 미친 2006년 KEA의 연구에서는 핵심예술영역, 문화산업, 창조산업, 관련산업을 구분하고 문화예술 지원이 창조산업을 통해 경제 전체에 미치는 영향에 대한 논리적 설명을 제시하였다(KEA, 2006). 창조산업정책은 창조산업에서 이루어지는 예술과 미디어의 결합이나 디지털 기술의 핵심적인 역할을 부각시킴으로써 지식정보경제를 위한 정책이면서 동시에 예술에 대한 지원논거로 기능하였다. 이를 바탕으로 문화 부문과 창조 부문을 구별하고 종합함으로써 문화창조산업(Cultural and Creative Industries)이라는 개념이 유럽에서 일반화되었고, Creative Europe 프로그램을 통해 문화, 미디어, 융합 부문에 걸친 지원사업이 수행되었다.

창조산업 진흥이 반드시 도시정부에 의해서 추진될 필요가 있는 것은 아니지만, 도시문화정책과의 관계는 창조산업의 태동 단계에서부터 작동하였다. 영국 정부가 창조산업을 표방한 시점에 앞서서 이미 런던, 셰필드, 맨체스터 등의 영국 도시들에서 창조산업 진흥을 위한 노력이 수행되었다(Mommaas, 2009). 비록 런던광역시정부(Greater London Council)가 해산되면서 결실을 맺지는 못했지만, 1980년대 초반 런던의 런던광역시 기업위원회(Greater London Enterprise Board: GLEB)에서 문화산업분과를 만들었고 1990년대 들어서 셰필드의 Cultural Industries Quarter나 맨체스터의 Northern Quarter에서 창조산업을 지원하는 사업들이 추진되었다.

더 중요한 사실은 창조산업이 발달하는 지역이 주로 대도시 주변에 집중된다는 점이다. 대도시에 창조산업이 집적되는 이유로는 집적경제가 가져오는 외부효과가 원인으로 제시되는 데 여기에는 국지화 경제(localisation economies)와 도시화 경제(urbanisation economies)의 논리가 있다

(Lorenzen & Frederiksen, 2007). 국지화 경제는 특정한 경제 활동이 특정한 장소에 공존하는 집적경제를 말하고, 도시화 경제는 다양한 활동들의 다양성이 그 장소에 있는 모든 경제 활동에 영향을 미치는 집적경제를 말한다. 소도시에서는 국지화 경제의 이점은 얻을 수 있지만, 도시화 경제의 이점을 얻기 어려운 반면, 대도시에서는 국지화 경제와 도시화 경제의 이점을 모두 확보할 가능성이 크다. 대도시에서 문화창조산업은 집적 효과를 누리고 도시의 풍부한 네트워크를 누릴 수 있으며, 도시경제에 대한 기여도가 크기 때문에 도시문화정책에서 차지하는 비중이 커진다(Throsby, 2010: 132). 또한, 창조경제는 해당 산업분야에서의 혁신뿐 아니라 도시 전체에 창조성을 확대시킬 수 있는 가능성을 갖고 있다. 이와 같은 논리와 성공사례들을 바탕으로 세계적으로 창조산업을 도시와 국가 경제의 성장 동력으로 삼는 흐름이 뚜렷해졌다. OECD(2018), UNCTAD (2019), UNESCO & World Bank(2021) 등의 국제기구들이 창조산업을 통한 창조경제 형성의 중요성과 도시경제와의 관련성을 강조하였다.

창조산업 진흥과 관련된 도시정부의 사례로 뉴욕의 미디어 엔터테인먼트 시장실(Mayor's Office of Media and Entertainment)이 운영하는 MOME 프로그램을 볼 수 있다. MOME 프로그램은 뉴욕시에서 활동하는 영화, 미디어, 언론을 다각적으로 지원한다. 이와 같은 뉴욕시의 사례는 미디어 산업과 엔터테인먼트 산업이 소재하는 많은 대도시에서 창조산업이라는 개념을 사용하지 않으면서도 실제 창조산업을 진흥하는 다양한 방식의 사업들이 추진됨을 보여준다.

창조산업을 지원하는 정부 프로그램으로는 2018년에 영국 정부가 발표한 Creative Industries Sector Deal 사업을 볼 수 있다. 이 사업은 다각적인 창조산업 지원 정책을 포함하고 있는데 특히 창조산업을 애초에 주창했던 노동당이 아닌 보수당 정부가 추진했다는 점에서 영국에서 창조산업정책이 차지하는 공고한 위상을 알 수 있다. 사업의 내용을 보면, 창조클러스터 프로그램으로서 Creative Industries Policy and Evidence Centre (Creative PEC's)를 설치하여 창조클러스터에 대한 조사 연구를 수행하고, 2천만 파운드 수준의 창조개발펀드를 조성하여 영국의 5개 지역에서 문화창조산업에 대한 지원을 추진하였다. 또한, 4백만 유로 규모의 Creative Scale-up 사업을 통해 스타트업과 벤처캐피털에 대한 금융 지원을 수행하였고, 1천 4백만 유로의 Creative Career Programme을 운영하여 인력 개발을 지원하였다. 이와 같은 사업 내용을 보면, 창조경제에 대한 지원은 다양한 차원의 노력이 동시에 수행되어야 함을 알 수 있다. 창조산업 클러스터의 강화, 과학기술과의 결합을 통한 연구개발, 재정, 수출, 지적재산권 보호 개선을 위한 지원, 기술력 있는 인재 공급 등이 모두 필요하다. 창조산업을 통한 도시경제의 발전은 도시문화정책의 중요한 영역이면서 동시에 다른 분야 정책과의 협력이 중요한 경우임을 보여준다.

넷째, 도구적 관점의 도시문화정책으로 사회문제 해결형이 있는데 "문화의 사회적 영향"에 대한 강조를 바탕에 둔 도구화가 바탕에 깔려 있다. 여기에는 문제 해결 수단으로서 문화의 기능을 내세워 문화정책 예산을 확보하기 위한 정당성 전략의 필요성이 크게 작용하였다. 문화예술활동의 영향을 규명하는 연구는 경제적 효과에서 시작하여 점차 사회적 영향으로 확대되었는데, 특히 문화에 기반을 둔 도시재생의 연구 결과가 큰 비중을 차지했다. 문화 자원을 활용한 도시재생 사업이 1980년대부터 증가하기 시작하면서 지역재생 사업에서 문화예술의 사회적 영향이 주목받게 되었다(Reeves, 2002). 특히, 커미디어(Comedia) 그룹에서 수행한 연구인 《활용인가, 장식인가? Use or Ornament?》가 중요한 역할을 하였다(Matarasso, 1997). '예술 참여의 사회적 영향'이라는 부제가 붙은 이 연구는 예술이 사회적 통합, 공동체 역량강화, 지역정체성 형성에 기여한다는 근거를 제시함으로써 영국의 신노동당이 문화정책을 수립하는 과정에 중요한 근거를 제공하였고 문화정책에 대한 투자를 정당화하였다. 이외에도 문화예술이 미치는 긍정적인 영향을 밝힌 다양한 연구들이 발표되었다(HEA, 1999; Coalter, 2001; Bash, 2006; Guetzkow, 2002; Centre for Leisure Research at the University of Edinburgh; 2001).

문화의 사회적 영향에 대한 연구는 그동안 방법론적 취약점에 대한 비판을 많이 받았지만(Merli, 2002; Belfione, 2002), 조사방법의 다원화를 통해서 일반화 가능성이 제고되었다(Delaney & Keaney, 2005; 2006; Tripney et al., 2010; Fujiwara, 2013; Tepper, 2014; NEA, 2007). 정책적인 차원에서는 문화정책의 도구주의화(instrumentalization)에 대한 비판(Belfione & Bennett, 2007a; 2007b; 2008; 2009)에 대하여 문화예술정책이 오히려 좀 더 목적의식적으로 사회적 영향을 강화하는 방향으로 추진되어야 한다는 주장이 제기되었다(Holden, 2004; 2006). 또한, 문화정책의 기능을 도구적인 차원과 내재적인 차원으로 구분하는 것이 본질적으로 가능한지에 대한 반론도 제기되었다. 이와 같은 논쟁에서 근본적인 해결안이 나오기는 어렵지만, 예술적 성공을 넘어서 공공재의 생산에 기여해야 한다는 인식이 확산되면서(Falk & Dierking, 2008), 문화예술의 사회적 영향을 확대하는 쪽으로 문화정책을 추진하는 흐름은 지속되고 있다(Arts Council England, 2010).

창조도시 전략을 보면 문화를 통해 도시의 다양한 문제를 해결하려는 노력이 더 뚜렷해졌다. 창조도시 논의 전반이 문화를 통한 경제적 효과에만 초점을 맞추어서는 안되고 사회적 효과를 폭넓게 목표로 삼아야 한다는 주장을 제기하고 있다. 대표적으로 랜드리가 제시한 창조도시의 논의를 보면, 다양한 도시문제 해결을 위해 각 도시의 고유한 문화 경험과 전통이 활용되어 도시발전을 꾀하는 모델이 제시되었다(Landy, 2000).

비판적 **관점**

도시계획의 역사를 보면, 도시 현실의 문제점에 대한 인식을 바탕으로 이를 해결하기 위한 노력으로 점철되어 왔다(Parker, 2004; 피터 홀, 2005). 현대적인 도시계획의 형성은 슬럼 도시에 대한 대응으로 출발하였고, 주류 도시계획의 성격은 에베네저 하워드(Ebenezer Howard)의 전원도시, 르코르뷔제(LeCourbuiser)의 빛나는 도시, 라이트(Frank Wright)의 자동차 도시로 대표되었다. 도시계획의 구상 자체가 도시문제 해결을 위한 이상적인 도시의 모습을 담고 있으나 현대적인 문화도시는 주류 도시계획에 대한 비판적인 목소리를 많이 표현하고 있다. 비판적 관점에서 주장하는 바는 현실적으로 실현가능성이 높지 않은 경우도 많다. 하지만, 멈퍼드가 말했듯이 도시 유토피아 실현의 의지가 도시의 본질적인 속성인 것처럼 비판적 관점은 도시문화정책의 특성을 이해하는 데 중요한 요소가 되었다. 도시문화정책에 영향을 미치고 있는 비판적 관점의 갈래는 아래와 같이 다양하다.

- 인간주의적 공동체적 지향
- 아래로부터의 행위자 중심
- 장소성
- 자본주의 도시 비판

첫째, 기존 도시계획에 따른 도시 현실에 대한 비판을 바탕으로 인간주의적이고 사회적인 관계의 중요성을 제시한 사상가로 루이스 멈퍼드(Lewis Mumford)와 제인 제이콥스(Jane Jacobs)를 꼽을 수 있다. 도시 안에서 사회조직이 갖고 있는 중요성을 제시했다는 점을 포함하여 멈퍼드와 제이콥스는 여러 면에서 공통점을 갖고 있다(Mellon, 2009). 19세기에 퇴니스가 이익사회와 공동사회를 구분하면서 도시와 농촌을 확연히 구분되는 사회적 삶의 형태로 본 것과는 달리 근본적인 차이와 변화를 가지는 것으로 인식되었다(Tönnies, 2012) 하지만 촌락의 공동체성은 도시에도 남아있을 뿐만 아니라 이러한 사회적 관계가 도시에서 중요한 역할을 수행한다. 주류 도시계획의 성과에 대해서 비판적이며 학계에 속한 인물이 아니면서도 대중적인 인기는 물론 학술 분야에까지 큰 영향을 미쳤다. 특히, 사람들의 어울림이 있는 도시 사회 조직이 도시의 활력을 위해서 반드시 필요하다는 점에서 이 두 사상가의 인식에 공통점이 있다. 이와 같이 도시 건축물뿐 아니라 도시 거주자의 삶의 경험을 이해하는 데 기여한 바를 바탕으로 멈퍼드와 제이콥스는 문화도시에 대한 논의에 끼친 영향이 큰 사상가들로 꼽히고 있다(Landry & Bianchini, 1995: 13).

두 사상가가 이견을 보였던 것은 대도시의 성격에 대한 평가였다. 멈퍼드는 도시의 대규모화 자체에 대한 반감과 함께 교외지역에 건설되는 전원도시를 지지하였다. 멈퍼드는 도시 안에 남아있는 촌락의 영향이 가지는 중요성을 밝히며, 19세기 뉴잉글랜드와 자신의 성장기 뉴욕을 이상적인 도시계획이 이루어진 곳으로 대상화하였다. 과거 마을 촌락의 민주적 참여나 상호부조와 같은 전통을 바탕으로 촌락사회와 도시의 연속성을 강조한 것이 도시에서 공동체성을 중요시한 것과 맥을 같이 한다. 바로 이러한 촌락의 질서와 문화가 도시에서 가지는 중요성에 대한 인식을 바탕으로 사람들간의 지속적이고 우발적인 만남이 계속 진행되는 도시 공간의 중요성을 강조했다. 사람들 사이의 접촉과 상호작용이 거리 생활의 활력을 만들고, 서로 어울리는 삶의 풍부함이 도시 생활의 본질인 것이다. 따라서, 이러한 어울림이 일어나는 문화센터나 교회, 시장이 중요하며 그리스 아고라와 같이 사람들이 어울리는 공적 공간이 현대 도시에도 필요하다(p. 1916). 그러면서도 폐쇄적인 공동체가 아니라 문화혼합의 이익이 가능한 도시의 특성을 중시했다. 출생이나 결혼에 의해서 구성원 자격이 부여되는 촌락과 달리 이방인이나 외부인에게 개방된 도시의 차이점이 중요하다. 멈퍼드는 정보를 저장하고 전달하는 용기로 도시를 비유한다. 용기로서의 도시에서는 과거 문화가 지속되면서도 새로운 변화가 이루어진다(루이스 멈퍼드, 2016). 멈퍼드의 논의는 과거에 대한 반동적인 회고주의가 아니라 미래적이면서도 균형잡힌 변화를 추구하였다.

제이콥스는 대도시의 길거리와 공원, 보도 등에서 이루어지는 상호작용의 중요성을 인식하고 대도시에서 나타나는 다양성을 중요한 장점으로 제시하였다. 제이콥스는 대도시가 갖고 있는 복합적인 성격을 인식하였고 그 부분에서 나타나는 긍정적인 성격을 강조했다. 특히, 대도시에서 나타나는 다양성과 개인들 사이에서의 상호작용이 창조성 발원의 배경이 된다는 점을 설파하였다. 이러한 점에서 제이콥스는 집적의 중요성을 강조한 알프레드 마샬과 달리 도시가 제공하는 다양성의 이점을 강조한 사상가로 자리매김하였다(Jacobs, 1969). 제이콥스는 도시에서 사회자본의 중요성을 강조하면서도 도시에서 사회적 자본은 친밀하고 인격적인 공동체적인 삶과 달리 개인적인 프라이버시를 존중함으로써 기능한다는 점을 지적하였다. 제인 제이콥스가 거주하였던 그린위치 빌리지에서의 경험을 바탕으로 기술된 대도시의 생활상은 리처드 플로리다 처럼 도시와 창조성의 관계를 강조하려는 후대의 논의에 크게 영향을 미쳤다(Florida, 2002: 41).

둘째, 아래로부터(Bottom-up)의 접근이 기존의 하향식(top-down)으로 진행된 자동차 중심의 도시계획에 대한 반발로서 중요한 비판적 논거가 되었다. 먼저, 발터 벤야민(Walter Benjamin)의 산책자(flâneur)의 논의가 근대적인 도시성에 대한 이해를 열었다(발터 벤야민, 2008). 19세기 파리에서 유행하였던 산책자의 시선으로 도시를 바라봄으로써 새로운 도시공간에 대한 체험으로 장소를 발견하며 문화적 생산에까지 이르는 가능성을 제시한 벤야민의 논의는 도시를 이해하는 새로운 관점을 제공하였다. 자동차로부터의 시선이나 높은 위치에서 내려다보는 도시가 아니라 산책 행위를 통해 인간의 높이에서 바라보는 도시의 모습이 부각되었다.

이러한 벤야민의 성찰과는 다른 맥락에서 윌리엄 화이트(William H. Whyte, 1917-1999)가 뉴욕시 도시계획국(New York City Planning Commission)의 의뢰를 받아서 1969년에 수행한 공공공간 프로젝트(Project for Public Spaces)를 통해서 제시한 통찰도 중요하다(Whyte, 1980). 이 프로젝트는 뉴욕시에 새로 조성된 공간들이 실제 얼마나 효용이 있는지를 파악하기 위한 거리 생활 프로젝트(Street Life Project)로서 도시 역학과 보행자 행동에 대한 연구를 수행하였다. 뉴욕시에 있는 도시 거리, 공원, 공개 공지, 기업 광장 등에서 사람들의 움직임에 대한 관찰과 영상 분석을 수행함으로써 이러한 작은 도시 공간들의 가치가 매우 크다는 것을 발견하였다. 도시 공간은 공적 공간의 사회적 활동이 이루어지는 기반을 제공함으로써 개인의 삶의 질과 전체로서 사회 유기체에 기여하였다. 이러한 공공 공간의 가치를 바탕으로 화이트는 사람들이 어떻게 공공공간을 이용하는지에 대한 관찰에 기반을 둔 상향식 공간 디자인의 필요성을 주장하였다.

아래로부터의 접근을 강조하는데 영향을 미친 또 다른 사상가로 미셸 드 세르토(Michel De Certeau)가 있다. 세르토는 도시에서 전략과 전술을 구분함으로써 정치적, 경제적, 과학적 합리성에 기반을 둔 계획도시가 만들어 낸 전략적 장소와 많은 사람들의 일상 실천이 이루어지는 전술의 장소를 구분하였다(De Certeau, 1984). 공간적 분할, 배분, 배치가 전략적으로 이루어져서 투시적 비전(perspective vision)과 미래적 비전(prospective vision)에 바탕을 둔 추상적 패턴이 지배적인 "전략적 장소"와 달리 평범한 도시인의 요동치는 무리떼 움직임(swarming) 속에서 인지되며 변화되는 공간을 생성하는 전술은 시간에 의존하며 이질적인 요소들을 결합한다. 세르토는 "저항 전술"로서 걷기의 중요성을 강조하며 보행 과정에서 '개념도시(concept city)'가 '실천된 공간(practiced space)'으로 재창조될 수 있음을 제시하였다. 이와 같은 인식을 배경으로 출발한 전술적 어버니즘(tactical urbanism)은 도시공간의 유연한 변화를 추진하면서 시민과 예술가의 참여, 관심, 흥미를 촉발하였다(백영주, 2017).

셋째, 공간의 질적 경험적 차원이라 할 수 있는 장소성이 중시되는 논의가 폭넓은 호응을 얻으며 기존의 도시 현실을 비판하는 논거가 되었다. 특히, 1970년대 인간주의 지리학의 현상학적 접근을 통한 장소성 파괴 현상에 대한 논의가 그동안의 도시계획이 장소에 대한 체험을 고려하지 않았다는 문제의식을 학술적으로 뒷받침하였다. 이러한 논의들은 이 저서들이 발표되었을 때 보다 오히려 20세기 후반기에 더 많이 인용되고 있다. 장소성에 대한 이해에 크게 영향을 미친 사상가로 이-푸 투안, 에드워드 렐프, 마크 오제 등을 꼽을 수 있다.

이푸 투안(Yi-Fu Tuan)은 1977년에 발표한 《공간과 장소》에서 장소감, 공간과 장소의 구분, 장소 경험 등을 언급하면서 장소가 가지는 중요성을 제기하였다(이푸 투안, 2007). 투안이 서문에서 제시하였듯이 햄릿이 살았다는 상상만으로도 고성이 달라져 보이는 것처럼 추상적이고 서로 차별성을 찾기 힘든 공간과 달리 공간에서 일어난 일이나 이 공간에서 이루어진 사람들의 관계를 알게 되면 공간에 가치를 부여함으로써 공간은 장소가 된다(p. 20). 투안은 친밀한 장소 경험의 원형으로서 가정을 제시한다. 친밀한 장소 경험은 자신에게 가장 친밀한 사람과의 관계를 바탕으로 형성된다. 아기에게는 부모가 가장 친밀하고, 아기와 부모가 관계를 맺는 공간은 가정이다. 장소가 특별해지는 것은 인간의 유대 때문이고, 특별한 인간관계의 친밀감에서 비롯된 것이다(p. 219). 이러한 인간관계가 이루어지는 장소가 가정이고 또 다른 사례로 제시한 것이 '고향'이다. 하지만, 이와 같은 장소의 이미지는 문화예술 작품에 의해서 영향을 받고 장소에 대한 경험이 재생산될 수 있다.

에드워드 랠프(Edward Relph)는 1976년에 박사학위 논문을 출판한 《장소와 장소상실》에서 인간 실존의 근원 중심이 장소이며, 전후 도시의 확장 과정에서 고유한 장소성이 파괴된 상황에 대한 반성적 고찰을 제시하였다(에드워드 랠프, 2005). 다양한 장소와 경관이 사라지면서 획일화 현상이 나타나고(p. 177), 이러한 획일화가 소수의 사례가 아니라 광범위하게 확산되는데, 여기서 장소성의 상실, 무장소성에 대한 비판적 인식이 등장한다. 랠프는 산업도시가 야기한 자연환경 훼손과 같은 장소파괴를 '압바우(Abbau)'라 칭한 멈퍼드의 논의를 따라서 다양한 장소와 경관의 소실이 획일성과 무질서를 초래한다는 점에서 무장소적이고 반장소적이라고 비판하였다(p. 229).

좀더 현대적인 논의로는 마크 오제(Marc Augé)가 현대적인 비장소(Non-Place)와 인류학적 장소(Anthropological Place)를 대조하였다(Augé, 2008). 오제는 관계, 역사, 정체성의 여부에 따라 비장소와 인류학적 장소를 구분하였다. 공항, 대형쇼핑몰, 멀티플렉스 영화관, 고속도로와 같이 전통적인 장소로 여겨지지 않는 비장소들이 빠르게 증가하고 있다. 비장소의 특성은 과거와 분리되어 항상 현재만이 존재하며, 텍스트에 의한 공간에의

침투가 특징이다. 추상적인 거래과정, 무언의 제스처로 이루어지는 커뮤니케이션, 개인과 공적 기구 사이의 비인간적 매개물인 표지나 화면으로만 이루어진 비장소의 커뮤니케이션 안에서 인간은 개별적으로 고립을 경험하게 된다. 비장소는 일시적 계약관계가 지배한다는 특징을 갖는데 이용자들의 기존 정체성이 상실되며, 수동적 즐거움에 만족한다. 과거는 없고 오직 지금 이 순간만이 존재하며 거쳐 지나가는 곳이라는 점에서 현재성(actuality)의 지배를 받고 시간 단위에 의한 측정이 이루어진다(정헌목, 2013).

장소성에 대한 논의들은 공통적으로 기능적 효율성과 자동차 중심으로 만들어져 온 현대 도시의 현실에 대한 불만과 비판을 깔고 있다. 이와 같은 장소성에 대한 비판적인 논의들은 장소만들기를 뒷받침하고, 도시 내에서 장소 특정적 예술의 필요성을 지지하면서 공공미술의 의의를 설명하는데 활용된다. 또한 도시의 역사적 경험과 기억이 있는 공간을 보존해야 할 필요성을 뒷받침함으로써 역사보존의 정당성을 뒷받침한다.

넷째, 자본주의 도시에 대한 비판이 비판적 관점의 중요한 논거로서 광범위하게 활용되고 있다. 자본주의 도시에 대한 비판의 역사는 길다. 이미 1872년에 엥겔스는 노동자들이 겪고 있는 주택문제의 심각성을 지적하면서 사회주의적 해결만이 근본적인 처방임을 주장하였다(Engels & Dutt, 1935). 현대 자본주의 사회에서는 1960년대부터 서구 도시에서 집합적 소비(collective consumption)의 불충분한 공급에 항의하여 신사회운동(New Social Movement)이 등장하였다(Castells, 1983), 신사회운동은 도시문화정책의 풀뿌리기반이 되는 주민조직의 형성에 상당한 영향을 미쳤다.

또한, 국가 주도의 도시공간계획에 따라 도심부를 금융산업이나 지배계층에게 내주고 시민들이 도시의 주변부로 쫓겨난 프랑스의 현실에서 도시의 중심부를 재탈환하겠다는 68혁명의 목소리를 대변한 앙리 르페브르(Henri

Lefebvre)의 '도시에 대한 권리(Le droit à la ville)'가 오늘날에 이르기까지 광범위한 영향을 미치고 있다(신승원, 2016). 도시에 대한 권리는 도시 공간의 열악함에 저항하는 도시민과 활동가들에게 효과적인 구호가 되었고 오늘날 UNSECO와 UN-Habitat와 같은 국제기구의 정책을 설명하는 슬로건이 되었다(King, 2019). 르페브르의 지향을 바탕으로 오늘날까지 이어지는 자본주의 도시에 대한 비판을 집대성한 것이 데이비드 하비의 《반란의 도시》이다. 하비에 따르면, 오스망의 파리 개조와 모제스의 교외화 전략을 통해 만들어진 자본주의 도시의 모형이 전 세계로 확산되었고, 신자유주의와 함께 도시 안에 심각한 불균형을 초래하였다. 하비는 자본주의의 위기가 도시 안에서 확대되어 온 흐름을 추적하면서 르페브르가 주창한 도시권의 외침이 오늘날 월스트리트 점령과 같은 반자본주의 투쟁으로 이어짐을 주장하였다(데이비드 하비, 2014).

문화도시와 관련하여 중요한 점은 도시 위기를 벗어나기 위해 도시 정부들이 벌인 노력으로 만들어진 문화도시들이 자본주의 도시에 대한 비판의 대상이되는 경우가 많아졌다는 사실이다. 특히, 창조도시 사업이 신자유주의의 변형이며 젠트리피케이션을 야기함으로써 오히려 예술인과 창작 집단의 활동에 위협이 된다는 인식이 제고되었다. 이러한 점에서 볼 때, 문화도시 추진 자체에 대한 비판적 성찰과 저항으로서 자본주의 도시에 대한 비판의 목소리가 높아졌다. 그런데 특히, 주목할 만한 사실은 문화도시를 만들어 나가는 과정에서 악화되는 양극화의 문제나 젠트리피케이션에 대한 반발과 비판, 이를 보정하기 위한 노력 등이 도시문화정책의 새로운 방향성을 제시한다는 점이다. 문화도시를 위한 사업과 노력이 많아질수록 이와 관련된 사례도 늘고 있다. 도시 안에 예술인의 주거나 작업공간을 확보하기 위한 지원 노력이나 네트워킹 활동에 대한 지원이 이에 해당한다.

공간적 차원

기존의 문화정책과 비교하여 도시문화정책의 중요한 특성이 특정 도시 공간을 대상으로 하여 실행된다는 점이다. 이러한 도시문화정책의 공간적 차원이 부각되는 데에는 특히 문화에 의해 주도되는 도시재생의 영향이 크다. 도시재생의 계기를 만들고 도시문화정책의 성과를 만드는 프로그램들은 결국 새로운 도시 공간을 생산하거나 기존의 공간을 변형시킴으로써 도시에서 이루어지는 공간적 실천의 중요한 요소로 자리잡았다. 이와 같은 도시문화정책의 공간적 차원은 다음과 같은 기획들에서 찾아볼 수 있다.

- 문화시설 공급
- 역사보존
- 페스티벌과 이벤트
- 공공미술, 공공예술
- 문화자원의 집적공간과 창조도시
- 장소만들기

첫째, 도시문화정책의 공간적 차원으로 살펴볼 것은 문화시설 공급을 통해 새로운 도시공간을 만드는 경우다. 도시에 문화시설이 공급되는 데에는 여러 가지 논리가 작용한다. 우선, 대도시에서는 문화발전과 문화시설의 선순환 관계가 나타나기 쉽다. 문화에 대한 수요가 많은 고학력 집단이나 가처분소득이 높은 중간계급이 대도시에 많아서 문화시설의 경제성을 확보하기 용이하다. 또한, 이들의 수요를 충족시킬 생산자인 예술가나 창조산업 종사자들이 활동할 작업공간의 수요가 크고 여기에서 나온 예술품을 유통하거나 관람할 수 있는 문화시설에 대한 수요 역시 증가한다(Zukin, 1995). 도시에 집결된 창조인력과 문화수요, 그리고 문화공간의 관계를 바탕으로 문화 발전의 선순환이 가능해지며, 예술가들이 대도시에 집중하는 배경이 된다.

이와 같은 시장 수요와는 다른 차원에서 공공의 개입에 의한 문화시설 공급도 이루어진다. 문화의 민주화와 지역 불균형 해소를 위해 대도시에 집중된 문화시설을 다른 지역에까지 확장하여 설립하는 경우가 대표적이다. 프랑스 정부에 문화부가 만들어지면서 주력한 사업이 파리와 지방의 문화격차를 줄이기 위한 노력으로 지역에 '문화의 집'을 설립한 사례였다. 이러한 프랑스 문화부의 노력은 우리나라를 포함하여 다른 많은 나라에도 영향을 미쳤다. 행정구역 단위로 필요한 문화시설의 종류와 개수가 도출되면 이에 대한 투자와 함께 문화공간이 상당히 빠른 속도로 창출된다. 이는 우리나라의 문화기반시설 증가와 관련된 통계를 보더라도 알 수 있다. 문화시설 건축은 예술계획으로서 문화계획의 핵심적인 부문이 되며, 인구나 면적에 따른 기준을 바탕으로 예술시설을 공급하게 된다(Evans, 2002).

또 다른 차원에서 이루어진 문화시설 공급은 도시 마케팅의 맥락에서 찾을 수 있다. 1980년대 중반부터 서구 도시에서 시작하여 세계 많은 도시에ㄴ데서 문화자원에 대한 투자가 확산되면서 문화생산을 위한 인프라 구축과 함께, 랜드마크 성격의 아트센터, 극장, 콘서트홀 등 다양한 형태의 문화공간이 창출되었다(Kong, 2000: 387). 규모 면에서도 두드러진 특성을 가졌다. 아이콘 건축이 세계적인 유행이 되는 도시 경쟁의 과정에서(Sklair, 2012), 아이콘 건축물의 가장 많은 수요가 문화시설이었는데 스타 건축가(starchitect)가 설계한 스타 건축물(starchitecture)이 인기를 끄는 아이콘 건축이 전형화되어 세계적으로 확산되었다(Patterson, 2012).

이와 같은 유형의 대표적인 사례가 된 빌바오의 구겐하임 미술관을 빗대어 '빌바오 효과'가 하나의 개념이 되었고 상징 건축물 개발(Iconic Architectural Development) 사례들에 대한 통계 분석은 지역의 경제적, 문화적 발전에 긍정적 영향을 미친다는 주장을 뒷받침한다. 하지만, 이러한 효과가 지역의 특성과 같은 공간적 맥락에 따라 달라진다는 점도 중요하다(Patterson, 2020). 그럼에도 상징적인 건축물로서 문화시설이 도시브랜딩에 미치는 영향에 있어서 지역의 맥락이 중요하게 영향을 미친다는 사실이 종종 간과되었다. 문화시설을 활용한 도시브랜딩이 지역적 맥락과 단절되어 추진될 때 기대한 성과를 거두지 못하기 쉽다(Castillo-Villar, 2016). 이러한 점에서 중요한 성공 사례가 게이츠헤드이다. 게이츠헤드에는 2000년대 들어서 발틱현대미술센터, 세이지 게이츠헤드 음악센터, 게이츠헤드 밀레니엄 브릿지 등 많은 예산이 투입된 문화시설과 건축물이 설립되어 도시재생에 성공적인 계기로 활용되었다. 이와 같이 게이츠헤드의 상징 건축물이 지역발전에 긍정적으로 작용한 데에는 상징 건축물에 대한 시민의 인식이 중요한 역할을 했다. 상징 건축물이 지역의 과거 정체성을 제대로 표방하고 미래의 비전을 제시한 것으로 시민들이 인정하면서 이 건축물들에 대한 수용도가 높아지고 결과적으로 도시브랜딩에도 긍정적으로 작용한 것이다(Miles, 2005).

문화시설에 대한 방문자의 체험에 초점을 맞출 때 문화시설과 도시공간의 맥락이 가지는 관계가 자연스럽게 부각된다. 예술박물관을 방문하는 이용자의 체험을 보면, 예술박물관이 도시와 가지는 관계의 다차원성이 드러난다. 예술박물관 방문자가 박물관에 들어가기 전 도시에 도착하고, 박물관에 들어가서는 전시 설계에 따라 건물 안에서 이동하며 예술 작품을 감상하고 예술교육에도 합류하면서 박물관의 중요한 의사 결정에 까지도 참여한다. 이 과정은 예술박물관 방문자의 체험이 도시연구, 건축, 디자인, 예술사, 예술교육, 비영리조직 경영과 같은 쟁점 및 학술 분야와 다층적으로 연결되어 있음을 보여주며(Redaelli & Pasqui, 2023), 오늘날 예술박물관이 다양한 정체성을 갖게 되었음을 드러낸다(Nuccio & Ponzini, 2023).

둘째, 공간의 역사성을 강조하는 역사보존이 도시문화정책의 중요한 공간적 차원이 된다. 역사보존의 전형적인 방법은 특정한 건물이나 지역을 역사보존 대상으로 지정함으로써 물리적 보호 효과는 물론, 공간에 상징적 의미를 부여하는 것이다. 역사보존 대상 지정은 도시문화정책의 중요한 일부가 되었다. 미국에서는 이미 1930년대 사우스 캐롤라이나의 찰스톤에서 역사지구가 지정되었고 뉴올리안즈에서 프랑스구역이 보존지역으로 지정되었지만, 본격적으로 역사보존이 도시에서 큰 영향을 미치게 된 계기는 1963년 뉴욕의 펜실베니아역 철거였다. 보자르 양식의 이 웅대한 건축물의 철거는 역사보존을 지지하는 뉴욕 시민들의 운동을 발생시켰고, 랜드마크 보존법과 이를 집행하는 랜드마크보존위원회(Landmark Preservation Commission)가 탄생하였으며, 이를 계기로 역사보존이 도시 공간 관리의 중요한 정책 수단이 되었다.

역사보존 대상은 개별 공간일 수도 있고 지구일 수도 있는데, 점 단위에서 면 단위로 확대할 때 도시에 미치는 영향이 더 커진다. 한국에서도 점 단위 문화재 보존의 한계를 지적하면서 선과 면으로 확장된 문화재 등록과 '근대역사문화공간 재생 활성화 사업'이 도입되었다. 이를 통해 역사문화자원이 집적된 지역을 문화재로 등록함으로써 이전의 개별 문화재 단위로 보존 노력을 수행해 왔던 것과는 다른 차원의 도시문화정책이 가능해졌다(강민제, 2019; 임유경 외, 2020).

특히, 근래 들어서 기존의 공간을 물리적으로 변형하여 문화적 활용이 가능한 공간을 창출하거나 기존의 문화공간을 보수하여 새롭게 활용하는 적응적 재이용(adaptive re-use)의 방식이 확산되었다. 본래 기능을 잃었거나 쇠락한 공간을 물리적으로 개조하여 문화적 용도로 활용하는 방식은 1990년대 이후 도시재생과 연관되어 세계적으로 널리 파급되었다. 제조업의 유산에 대한 역사적 자취를 남기면서도 새로운 문화적 용도로 활용되는 경우로 뱅크사이드 화력발전소(Bankside Power Station)를 개조하여 미술관이 된 테이트모던(Tate Modern), 발틱 제분공장(Baltic Flour Mills)의 사일로를 개조한 발틱현대미술센터(Baltic Center for Contemporary Art), 졸페어라인(Zollverein)의 탄광을 개조한 독일의 루르박물관(Ruhr Museum) 등과 같은 사례들이 있다(Cho & Shin, 2011).

역사유산 보존은 도시문화정책의 다양한 경로들과 연관된다. 관광 활성화, 공공장소에서 예술 활동, 장소특정적 예술 등이 역사보존과 연결되는 정책들이다(McCabe & Ellen, 2016). 역사유산 관광은 그동안의 리조트 관광 위주의 관광시장에 변화를 가져온 중요한 계기가 되었다(Urry, 2002). 역사유산 보존을 통한 관광 활성화가 성과를 보이며 재생 사업으로도 연결되었고 유산 만들기가 확산되었다. 이는 진정성에 대한 도시 중간계급의 관심 증가와 소비 수요와 연결됨으로써(Zukin, 1989), 상징적인 변화만이 아니라 건축물이나 지역의 부동산 가치 상승을 유발하였다. 기존의 문화공간을 보수하여 새로운 문화공간으로 수준을 상향시키거나 변화된 트렌드에 맞는 공간으로 재탄생시키는 것이다. 도시문화정책의 관점에서 더 중요한 사실은 보존의 대상이 단지 물리적인 건축환경에 한정되는 것이 아니는 점이다. 도시 공간의 매력을 유지하고 재생산하는 데에는 그 지역의 시민과 사회조직이 중요한 역할을 수행하기 때문이다(Zukin 2012). 지역 정체성은 비공식적인 일상생활을 포괄하는 문화생태계에 의해서 유지되며 그 지역을 이용하는 다양한 사람들 사이에서 존재하는 사회자본이 중요한 역할을 수행한다.

이러한 점에서 볼 때, 거주자로서, 상인으로서 결국 역사보존에서 시민이 중요한 역할을 한다. 뉴욕의 펜실베이나 역 철거가 가져온 저항이나 내셔널 트러스트 운동에 대한 참여열기에서 보듯이 역사보존은 시민 운동과 밀접한 관계에 있었다. 오래된 건물을 철거하고 새로운 건축물을 세우는 것에 대한 반발이 없었던 뉴욕에서 역사보존 대상 지정이 도입된 것은 이러한 규제 없이 도시 건축물이나 경관을 바꾸도록 허용했을 때 부동산 이해관계에 따라 역사적 가치가 큰 건물이 무참히 파괴되는 것을 시민들이 경험하면서 이에 대한 비판적 의식이 고조되었기 때문이었다. 과거에 대한 사회적 관심이 상업적 활용의 증가와 맞물려 역사보존에 대한 지지를 확대시킨 것이다. 이러한 변화는 근본적으로 정치적 성격을 가진 것이다. 서구와 달리 식민지 역사를 가진 한국에서 식민 수탈 시설로 설립되고 이용되었던 공간이 근대문화유산으로서 보존 가치가 있는 공간으로 인정받은 것은 흥미로운 과정이다. 근대건축물로서의 가치, 일제강점기 사회상을 보여주는 유적으로서 보존 주장이 제도화된 것이다. 여기에는 문화관광자원으로서 가치를 가지며 지역 발전에 기여할 수 있다는 현실적 기대도 작용하였다. 민족 감정에 바탕을 둔 철거 당위론의 시기에서 벗어나 보존운동이 시작되면서 인식의 변화와 제도화의 흐름이 맞물려 이를 활용하려는 지자체 정책과 국가정책으로 확대된 것이다(최성환, 2021). 역사보존 대상을 지정하는 권한을 누가 갖고 보존을 어떻게 추진할 것인가에 대한 사회적 논란은 도시문화정책이 갖고 있는 정치적인 성격을 보여주는 또 하나의 사례가 된다.

셋째, 앞서 살핀 문화시설이나 역사보존과 달리 페스티벌과 이벤트는 공간의 일시적 변형을 통해 도시 공간의 이미지 형성에 영향을 미친다. 페스티벌과 이벤트는 지난 1990년대 이래 세계적으로 크게 확산되었는데, 페스티벌과 이벤트를 활용하는 도시 이벤트화 전략이 증가한 배경에는 체험경제 패러다임의 확산이 있다(Pine & Gilmore, 1999). 제품이나 서비스보다 체험에 대해서 더 큰 비용을 지불하는 소비가 증가하는 체험경제에 대응하여 도시에서 페스티벌화와 이벤트화가 진행되었다(Hässerman and Siebel, 1993; Jakob, 2013).

대표적인 경우로 예술축제가 도시의 이미지 개선이나 경제적 수입 창출을 통한 도시 문제 해결 수단으로 각광을 받고 있다(Quinn, 2005). 축제는 일종의 쇼케이스 역할을 하면서 도시에 특정한 이미지가 형성될 수 있는 기회를 제공한다. 특히 창조적인 장소로서 도시가 인지될 수 있는 기회를 주고 방문자들을 유인함으로써 도시 수입을 창출한다. 페스티벌을 통한 도시 변화의 세계적인 사례로 에딘버러를 볼 수 있다. 오랜 역사를 갖고 있는 영국의 많은 축제들과 달리 에딘버러 국제 페스티벌은 제2차 세계대전 이후 시작된 비교적 짧은 역사를 가졌다. 하지만, 프린지 페스티벌이나 타투 군악대 축제 등과 결합되면서 스코틀랜드를 넘어서는 국제 축제로 성장하였고, 페스티벌이 개최되는 8월을 넘어서 이제는 다른 계절에도 축제가 개최되는 연중 축제 도시로 진화하였다(Prentice & Anderson, 2003). 에딘버러가 예술 축제를 통해서 도시의 이미지를 변화시킨 교과서적인 사례라면, 1990년대부터는 유럽문화수도 사업의 성공적인 사례들을 통해서 이벤트가 도시의 이미지 개선과 발전 전략으로 관심을 끌게 되었다(Richards, 2000).

축제의 다양성이 증가하면서 축제가 다루는 내용들이 점점 더 다양화되고 있다. 도시 정치의 페스티벌화(Hässerman and Siebel, 1993) 현상도 있고, 이벤트화(eventification)로 확산되었다(Jakob, 2013). 도시 이벤트화는 페스티벌 뿐만 아니라 갤러리 오프닝이나 버스킹과 같이 더 작은 규모로 일상에서 일어나는 다양한 작은 행사들을 포함하게 되었다. 축제가 장소와 갖는 관계도 점점 더 다양해지고 있다. 특정 장소에 고정된 축제가 있는가 하면, 특정 장소에 얽매이지 않고 유동하는 축제들도 있다. 하지만, 개최지가 유동적인 축제의 경우에도 축제 개최 도시를 방문하면서 해당 도시와의 관계가 형성된다. 도시들을 순회하여 개최되는 축제들이 늘더라도 그 축제가 도시의 문화시설과 공공공간을 이용하는 한에 있어서 해당 도시와 가지는 관계를 무시할 수 없다(Van Aalst & van Melik, 2011). 중요한 점은 특히 도시공간과 축제 사이의 관계가 상호순환적이라는 사실이다. 축제가 도시공간에 열리면서 축제의 의미는 도시공간에 의해서 영향을 받지만, 축제도 도시공간의 이미지와 장소성에 영향을 미친다(Johansson & Kociatkiewicz, 2011). 페스티벌과 이벤트는 문화도시의 주요한 자원으로서 도시공간의 성격을 변화시킴으로써 문화도시의 성격에도 영향을 미친다. 그리고 이러한 순환과정은 소수의 전문가나 기획자, 예술가의 노력만 의미를 가지는 것이 아니다. 예술축제가 도시발전에 중요한 계기로서 활성화되기 위해서는 예술축제의 운영에 지역사회의 총체적인 참여가 요구된다(Quinn, 2005).

넷째, 오늘날 축제나 이벤트 못지않게 도시공간의 변화에 영향을 미치면서 도시문화정책의 중요한 수단으로 자리잡은 것이 공공미술이다. 공공미술의 기원은 도시에 세워진 조각의 역사와 무관하지 않고 그 역사는 곧 도시의 역사라 할 정도로 오래되었다. 하지만, 공공장소에 놓인 조각상이 그 소재가 종교적이든, 정치적이든 기존의 권력 질서를 반영하는 것이었다면 (Dickenson, 2021), 공공미술은 예술 작품이 장소나 시민과의 관계를 어떻게 설정할지 고민하면서 공공장소 속의 예술, 예술로서의 공공장소, 공공 속 예술 등의 단계로 변화되어 왔다(권미옥, 2013).

공공장소 속의 예술은 미술관 전시 작품의 전시공간을 미술관에서 공공장소로 변화시켰다. 공공장소 속 예술 설치는 공공건축물 건축비용의 일정 비율을 공공미술에 지출하도록 만든 퍼센트 법에 의해서 뒷받침되었다. 이를 통해 미술관 전시에 비해 작품 감상 기회가 확대되었으나 예술교육이나 도시미화의 관점에서 그 성과는 회의적이었다. 특히, '플롭 아트(plop art)'라는 표현처럼 작품들이 설치된 전시 공간에 대한 무관심이 비판받으면서 장소특정성에 대한 관심이 커졌다. 예술작품이 장소에 적합해야 한다는 요구는 예술과 건축의 결합 경향 속에서 공공장소를 예술로서 바라보는 관점의 부상으로 이어졌다.

하지만, 공공장소를 예술로서 바라볼 때 기능주의적 관점에서 예술작품을 설치하며 환경 디자인과 유사해지면서 기존의 공간질서를 강화시킨다는 비판으로부터 자유로울 수 없게 되었다. 바로 이러한 맥락에서 리처드 세라가 뉴욕의 연방기관이 있는 광장에 '기울어진 호(Tilted Arc)'라는 이름의 철제 조각품을 설치함으로써 작품이 놓여진 공간에 대한 문제를 제기하였다. 하지만, 이 공간을 이용하던 사람들의 강력한 저항에 부딪혀 작품이 철거되면서 결국 시민과 소통이나 공감 없이 좋은 공공미술의 목표를 달성할 수 없다는 사실이 부각되었다.

이와 같은 상황에서 공공미술에서 공동체가 중요한 주제로 부상하였다. 존 에이헌이 이스트 빌리지에 거주하며 주민들과 관계를 형성하면서 수행하였던 작업이 공동체지향적인 예술활동의 가능성과 난관을 보여주었다면, 수잔 레이시가 이름붙인 "새로운 장르의 공공미술"은 공동체의 문제를 공공미술의 중심에 놓으면서 세계적으로 큰 영향을 미쳤다(수잔 레이시, 2010). 새로운 장르의 공공미술에서 제시된 예술가들은 유색인종, 성소수자와 같이 대도시에서 소외된 사회 집단과 함께 거주하며 이들이 처한 현실과 그 맥락에 대한 분석을 수행하고 급진적인 민주적 가치의 관점에서 해석한다. 그리고 이러한 현실을 변화시킬 책임을 예술가 스스로에게 부여하며 다양한 현장에서 발견된 다중적 관객과 함께 행동으로 나선다. 이와 같이 행동주의적 지향으로 무장한 새로운 장르의 공공미술은 이전의 공동체지향적인 개별 프로젝트의 수준을 넘어서 뚜렷한 지침과 이론적 전망을 제시하였고 사회정치적 실천과 효과적으로 결합될 수 있는 가능성을 보여주었다.

이와 같이 강화된 공동체지향적인 공공미술은 도시재생과 결합되면서 다양한 목적과 색깔을 갖는 도시문화정책의 수단으로서 각광을 받게 되었고 그 편익이 무엇인지에 대한 논의도 확대되었다(Hall & Robertson, 2001). 공공미술의 편익에 대한 주장으로는 공동체나 장소성을 체감하고 시민의식을 발전시키며 공동체적 요구를 표현할 수 있고, 사회적 배제 극복에 기여할 수 있으며, 교육적 가치를 갖고 사회적 변화를 촉발시킬 수 있다는 것이다. 하지만, 이와 같은 공공미술에 대한 옹호에 대한 취약점도 지적되었다. 공공미술의 편익에 대한 주장이 엄밀한 검증이나 충분한 평가를 거친 것이 아니었고 주장 자체가 애초에 원칙적인 본질론의 성격을 갖고 있어서 경험적 검증의 영역에서 벗어나 있으며, 전반적으로 공공미술의 방식에 대한 비판적인 검토와 토론, 개입이 부족하다는 것이었다.

더 중요한 이슈는 공공미술이 표방하는 목표를 향해 제대로 나가는가의 문제이다. 앞서 본 바와 같이 오늘날의 공공미술은 주변화된 공동체의 참여를 이끌고 이들의 목소리를 대변하는 경향이 강하다. 하지만, 이상과 현실 사이의 괴리가 빈번했으며, 공동체를 어떻게 잘 대변할 수 있을지에 대한 답을 찾는 것도 쉽지 않다(Sharp et al., 2005). 공공미술이 실제 누구의 이해와 관심을 대변하는지 명확하지 않고, 공공미술에서 참여가 갖는 의미도 복합적이고 모순적이다. 특히, 자체 역량이 상실되고 무기력감을 느끼는 지역에서 공동체중심적인 공공미술의 필요성이 잘 부각되지만, 실상 지역사회를 활성화시키는데 어려움이 크다. 예술가가 협력하려는 지역사회에 불신이 가득한 상황에서 참여를 바탕으로 공공미술을 추진하기 쉽지 않기 때문이다. 그 결과 실제 참여는 형식상의 요건을 맞추기 위한 행위에 머무는 경우가 많아졌다(Pollock & Sharp, 2012). 탑다운으로 지역사회 참여를 통한 역량강화 지향이 결정되면 공공미술은 하향식 의사결정을 집행하는 도구가 되어버렸다. 이러한 관행이 지역사회와의 치밀한 논의와 협력에 의해 보완되지 않는다면 공공미술이 현장의 현실에 부합하지 못할 가능성이 커지고 궁극적으로 공동체

중심의 지향을 달성할 수 없게 될 위험이 커졌다.

다섯째, 문화자원의 집적 공간과 창조도시가 도시문화정책의 공간적 차원이 갖는 다층적 구조를 보여준다. 문화자원의 집적 공간은 문화 클러스터, 구역, 지구 등 여러 명칭으로 불리는데 클러스터 개념의 사용 빈도가 점점 많아지고 있다. 문화자원이 집적된 공간이 중요해진 것은 20세기 후반 들면서 포디즘 경제가 더 이상 서구 도시에서 이전 같은 영향을 발휘하지 못하면서 도시위기에 대한 문화적 해법이 증가한 것과 배경을 같이하고 있다. 포스트 포디즘의 경제에서 기호와 상징이 중요해지고(Lash & Urry, 1993), 문화가 경제적 가치를 생산하는 도시경제의 사례들이 등장하였다(Zukin, 1982; 1990). 바로 이러한 배경 속에서 더블린의 템플바, 비엔나의 박물관지구, 밀라노의 티치네지 지역 등이 유럽의 새로운 도시발전 전략을 상징하는 공간으로 주목받게 되었다. 파리의 몽마르뜨와 같이 과거에도 예술인들이 모여서 활동하던 지역들이 있었지만, 오늘날 등장하는 문화클러스터의 다른 점은 도시정부에 의해서 계획적으로 추진된다는 점이다. 이와 같이 문화클러스터의 형성은 기업가주의적인 도시정부의 모습을 드러내는 대표적인 정책이 되었으며, 대부분 과거 산업지구에 들어선다는 점에서 도시재생과도 긴밀한 관계에 있다.

문화자원이 집적된 공간은 정보통신 기술의 발전에도 불구하고 문화창조자원의 공간적 집적을 통한 혁신이 여전히 도시발전의 중요한 전략이 되고 있음을 보여준다. 정보화 시대 도시발전에서 나타나는 이와 같이 역설적인 현상에 대한 이론적인 설명으로 1920년대 산업지구이론을 제시한 경제학자 알프레드 마샬 (Alfred Marshall)의 통찰이 20세기 후반 들어 다시 각광을 받게 되었다(강현수, 2005). 마샬은 당시 국가 단위의 경제정책이 지배하던 상황에서 특화된 지역이 경제발전에서 중요한 역할을 수행할 수 있음을 지적함으로써 대륙에 비해 경제발전이 뒤쳐지기 시작한 영국의 경제발전 전략의 가능성과 필요성을 제시하였는데, 오늘날 문화클러스터를 설명하는 논리로 활용되고 있다. 또한 마이클 포터(Michael Porter)가 제시한 클러스터를 통한 국가와 도시발전 전략은 세계적으로 문화와 창조성에 기반을 둔 지구단위 발전 전략을 뒷받침하면서 관련 연구가 폭발적으로 증가하였다(Chapain & Sagot-Duvauroux, 2020).

문화클러스터 사례들을 보면 다양성이 나타난다. 수평적인 포트폴리오나 수직적인 포트폴리오의 내용, 재정지원 방식 사업의 하향식 혹은 상향식 추진방식 등에 따른 다양한 문화클러스터가 존재하면서 문화와 경제 사이의 다양한 상호작용을 보여주며(Mommaas, 2004), 문화클러스터의 사회적인 조직에 대해서도 위계적인 방식과 상호협력적인 방식 등의 많은 차이가 나타난다(Zarlenga et al., 2016), 예술의 사회적 영향에 대한 연구(SIAP: Social Impacts of Arts Study)는 미국의 4개 도시에서 자연스럽게 형성된 문화클러스터가 미치는 영향을 분석하였다(Stern & Seifert, 2007; 2010). 주민들이 문화적 활동에 많이 참여하고 비영리 문화 단체의 활동이 활발한 지역들은 이들 도시의 다른 지역에 비해 슬럼화나 빈곤화의 위험이 적었다.

정책적으로는 문화지구의 지정에 대한 논의를 볼 수 있다. 이탈리아의 경우 문화지구 지정의 경우, 실제 문화자원이 집중된 지역보다 문화지구 지정의 홍보효과가 기대되는 곳에서 지구 지정이 선호된 것으로 분석되었다(Nuccio & Pozini, 2017). 미국의 경우에는 공식적 비공식적 문화지구의 사업이 증가하였으나 문화지구 지정에 따른 정책의 유사성이 증가되고 세제 혜택 외에는 뚜렷한 정책 지원이 없는 반면, 문화지구의 상업화로 인해 보호대상이 구축되는 현상이 나타나고 있다(Redaelli, 2019).

이와 같은 문화클러스터의 논의는 도시 차원의 전략과 브랜딩에 기여한다. 2023년에 영국의 네스타가 발표한 창조성의 지리(The Geographies of

Creativity)를 보면, 창조산업의 고용이나 부가가치 창출이 주로 런던과 남동부 지역에 집중도가 높았다. 또한, 뉴욕의 워홀경제나 시카고의 네오보헤미아 사례에서 보는 것처럼 대도시 전반에 걸친 생산과 소비의 복잡하고 다양한 상호작용의 관계가 창조산업의 생태계 형성에 중요하게 작용한다.

창조 클러스터와 같은 문화자원이 대도시에 집중되어 있는 사실은 도시 문화정책과 창조산업과의 관계성을 입증하는 것으로 창조도시 전략에 관심을 갖는 배경이 된다. 창조도시를 위한 전략으로서 가장 중요한 영향을 미친 것은 리처드 플로리다가 창조계급 논의에서 제시한 3T 전략으로 Tolerance, Technology, Talent가 조화를 이루는 도시를 이상적인 창조도시의 모습으로 제시하였다(Florida, 2002). 플로리다의 창조도시 이론에 대해서는 도시의 불평등을 가속화시키는 위장된 신자유주의적인 논리에 불과하다는 비판이 거셌다. 이러한 비판에도 불구하고 도시 발전에 창조경제를 뒷받침할 수 있는 인력을 확보하는 것이 중요하고 그러기 위해서는 경제적이거나 물리적 요인 외에도 사회문화적인 분위기 형성이 중요하다는 점에 대해서는 대체로 공감하는 흐름이 우세하다. 예컨대, 유럽 전체에 걸쳐 운영하는 창조도시 모니터링의 기준을 보면, 세 가지 하위 분야로서 문화적 활력, 창조경제, 고무적인 환경 등이 제시되었는데, 그 중 고무적인 환경을 구성하는 요인으로 포함된 개방성이나 관용성 등의 기준은 플로리다의 창조도시 이론의 영향을 보여준다.

창조도시와 관련된 지원정책으로 영국 내 Arts and Humanities Research Council(AHRC)와 같은 기관을 통한 창조산업클러스터 프로그램을 운영하는데 2018년에서 2023년까지 1억 2천만 파운드의 재정을 투입하였다. 창조클러스터에 대한 투자가 갖는 중요성을 더 강조하고 있다. VR, AR, MR의 기술을 활용한 스토리텔링을 수행할 수 있는 창작자 지원 사업으로 아카데미(Story Futures Academy)를 운영하였다. 창조도시 이론에 더 크게 영향을 받은 도시문화정책의 사례로는 캐나다의 토론토에서 진행된 창조도시 계획을 볼 수 있다. 플로리다가 피츠버그에서 창조도시 논의를 연구하다가 워싱턴 DC를 거쳐서 토론토로 이전한 이후 토론토의 창조도시 정책에서 플로리다가 중요하게 언급되었다. 토론토의 사례를 보면 창조산업의 발전을 위해 도시의 용도지정이나 세제 혜택 제도를 결합하여 활용한다는 점을 강조하고 있다. 토론토의 창조도시를 위한 문화계획은 다양한 정책들과의 연결이 필요함을 보여준다. 금융정책, 주택정책, 교통정책, 부동산정책 등 다양한 영역의 도시정책과의 연결이 필요하다. 도시문화정책의 고유한 영역에 대한 의문이 생길 수 있다. 공공정책의 영역만으로 이루어지는 것이 아니라 민간의 여가 오락 분야와 관련성이 존재한다. 한편으로 고유한 도시문화정책의 영역의 존재를 주장하는 것이 용이하지 않다는 점을 보여주며 다른 정책 분야의 논리를 고려하지 않으면 실현되기 어렵다는 점을 보여준다. 다른 한편으로 많은 도시정책 분야에서 도시문화정책의 관점이 필요하다는 점을 보여준다.

창조도시 전략은 복합적인 정책적 관심과 접근의 필요성을 보여준다. 창조인력이 활동하는 생산적 차원과 이들이 모일 수 있는 소비적 차원을 종합적으로 고려한 지원이 필요하기 때문이다. 게다가 이와 같은 창조도시 전략의 영향이 경제적으로 취약한 창조인력의 거주를 오히려 위태롭게 만들기 쉽다. 창조인력을 유인하기 위한 전략이 젠트리피케이션을 유발함으로써 창조인력의 정주를 어렵게 만드는 역설이 드물지 않다. 따라서 예술인들이 어느 공간에서 어떻게 작업하고 있는지, 그들과 전체 상업가로의 관계는 어떠한지를 분석하는게 필요하다. 런던의 Creative Land Trust와 같이 임대료가 인상되는 환경에서 창조직군의 인력들의 작업 공간을 확보하는데 도움을 주기 위한 임대료 융자와 같은 지원 사업이 중요해지고 있다.

여섯째, 장소만들기는 도시문화정책의 공간적 차원을 집약적으로 보여주는 기획이다. 장소성 상실에 대한 비판적 인식이 1950년 이래 등장한 이후 장소성이 가능한 공간을 만들기 위한 장소 만들기의 시도들이 많이 축적되었다. 최근에는 미국에서 NEA의 모델로서 협력 거버넌스를 바탕에 둔 창조적 장소만들기(Creative Placemaking) 사업이 중요한 사례가 되었다. 창조적 장소만들기 사업의 등장은 두 가지 측면에서 바라볼 수 있다. 한편으로는 그동안 수십 년 동안 쌓였던 장소만들기의 경험에 바탕을 두고 정책사업으로서 효과적인 도시문화정책으로 제도화 하였다(Redaelli, 2019). 다른 한편으로는 미국에서 창조적 장소만들기 사업은 2007년부터 시작하여 2009년까지 지속된 부동산 금융위기였던 대침체(Great Recession)에 대한 대응으로 등장하였다(Hughes, 2020). 부동산 버블과 세계 금융위기의 결과로 주택 소유자의 실질 자산이 하락하였고 이와 같은 상황을 타개하기 위한 방안으로 문화예술을 통해 지역공동체의 문제 해결에 기여하려는 시도로서 창조적 장소만들기 사업이 추진된 것이다.

이 사업의 제도화 과정에서 앤 머커슨과 앤 거드와가 2010년에 발행한 창조적 장소만들기 백서가 중요한 역할을 수행하였다(Markusen & Gadwa, 2010). NEA의 의뢰를 받아서 작성된 이 백서에서는 그동안 미국에서 축적되어 왔던 장소만들기 사례들에 대한 검토를 바탕으로 미국에서 장소만들기를 위한 사업 추진을 제안하였다. 예술가, 문화분야 종사자, 창소산업 인력을 기반으로 지역의 공간을 변화시키고 지역 비즈니스와 연결함으로써 지역 경제를 발전시키고 심지어 국제적으로 미국의 창조산업의 경쟁력을 강화하자는 것이다.

창조적 장소만들기 사업은 이론적으로는 장소성과 장소만들기에 대한 논의들에 바탕을 두면서, 공간계획과 사업 수행에 있어서 예술가들의 지역공동체를 위한 적극적 참여에 중점을 둔다. 한 축으로는 예술가를 다른 한 축으로는 장소만들기의 공간 사업을 두고 있다. 예술가의 역할로는 협력자, 촉진자, 연구자 등이 기대된다. 물론, 예술가의 역할이 성공적으로 수행될 수 있는지에 대해서는 논란이 있지만, 예술가의 역할을 적극적으로 인정하고 사업을 수행한다는 점에서 중요한 의의를 가진다.

다른 한 축으로는 파트너십의 구축이 활발하게 이루어졌다. 연구, 지원, 파트너쉽을 통하여 창조적 장소만들기 사업에서 가장 중요한 역할을 수행한 NEA는 물론(Redaelli, 2016), 2011년부터 2018년까지 Our Town 프로그램을 통해서 4160만 달러로 538개의 지원 사업을 벌였고, ArtPlace라는 명칭으로 연방기구들 사이의 파트너십을 구축하였으며, 이 파트너쉽 틀 안에 백악관, 연방과 지방 수준의 재단들, 6개 미국 은행 등이 참여하여 1억 달러 이상의 지원을 하였다(Redaelli, 2019).

과정적 차원

도시문화정책에서는 결과만이 아니라 과정도 중요하고, 다른 문화정책에 비해서 이러한 과정이 차지하는 비중이 크다. 도시문화정책의 과정적 차원을 잘 보여주는 것이 민관이 협력하는 거버넌스이고, 도시문화정책을 위한 실행의 바탕이 되는 것이 문화계획이다. 거버넌스가 도시 정책에서 중요한 사업방식으로 부상한 데에는 여러가지 이유가 있다. 먼저, 도시재생에서 재원조성이 민관협력 거버넌스 형성의 중요한 배경이 되었다. 미국에서 민관협력은 도시재개발 혹은 도시재활 성화 사업과 함께 1950년대 등장하기 시작하여 1980년대에 이르러 붐을 이루게 되었다. 교외화로 인해 도시재정이 악화되는 상황에서 공공의 재원만 으로는 도심부를 재활성화는데 한계가 있었고 민간의 투자를 기대할 수 밖에 없는 상황이었다. 민관협력 방식이 세계적으로 확산되는 데에는 미국에서 성공적으로 진행된 라우스화(Rousification)

가 미친 영향이 컸다. 디벨로퍼 인 제임스 라우즈는 보스턴과 볼티모어의 항만을 재생하는 사업을 성공적 수행하여 라우스화라는 개념을 유행시켰다(피터 홀, 2005:473-475). 이 개념은 미국의 대도시뿐만 아니라 독일의 루르지역(Ruhrgebiet)에서 이루어진 산업화 시설의 재생 사업에도 중요한 모델로 자리 잡았다(Reuschke, 2001. 또 다른 축은 주민과 풀뿌리 수준(grass-root level) 단체들의 적극적인 참여에 대한 강조이다. 여기에는 일방적인 하향식 사업 추진의 문제점에 대한 인식이 자리 잡고 있다. 이러한 사업 방향은 국내에서 특히 일본의 마치즈꾸리에서 유래한 마을만들기 사업을 통해 확산되었다. 도시문화정책에서 주민과 풀뿌리 단체들의 적극적인 참여는 문화민주주의와도 연관되어 가치가 부여되었다. 하지만, 이와 같은 주민 참여에 대해서 긍정적인 측면만 있는 것은 아니다. 푸코의 거버멘탈리티의 관점에서 보면 주민 참여는 지배 의 내면화 과정이 내포되어 있는 것으로도 해석된다. 신자유주의적인 통치가 주민의 참여를 동원시킴으로써 재원을 절감하고 만족도를 높이는 방향으로 이루어진다는 것이다. 이런 점은 참여 거버넌스가 갖고 있는 야누스적인 양 면성으로 해석되기도 한다(Swyngedouw, 2005). 이러한 문제의식을 바탕으로 도시문화정책의 수행 과정을 체계화시키 려는 시도를 문화계획(Cultural Planning에서 볼 수 있다. 콜린 머써(Colin Mercer, 2006에 의하면 문화계획은 도시계획의 문화적 선회(cultural turn라 할 수 있다. 문화계획(Cultural planning 개념은 1970년대 중반 이 후 부상되었으나 핵심사상의 기원은 그리스 도시 국가처럼 서구 고대 문명 까지 올라간다. 사회적 교류와 시민 활동의 장으로서 광장의 중요성에 대한 인식과 연극 등 예술활동을 위한 공공장소 개발이 문화 활동과 물리계획 사이의 통합을 상징하는 것으로 해석된다. 이러한 전통이 중세를 지나 이탈리 아 르네상스까지 도시계획과 예술의 통합적 관계가 중시되는 것으로 이어 졌다(Bianchini ,2016) .

근대도시와 관련한 계획들을 보면, 오스트리아의 까밀로 지테(Camillo Sitte, 1843-1903)가 선구적인 역할을 하였다. 지테는 지역이 갖고 있는 미학적 차원의 중요성을 강조하였다. 그리고 이러한 생각을 확산시키기 위한 목적으로 『도시건설 Der Stätebau』을 창간하였다. 여기에 큰 영향을 받은 것이 페트릭 게데스(Patrick Geddes, 1854-1832)였다. 머써는 문화계획에 미친 게데스의 영향으로 다음의 세 가지 특징을 제시하였다.

- 물리 과학(physical science)이 아니라 인간 과학(human science)으로서 계획
- 계획하기 전에 조사하라(Survey before plan)
- 도시가 시민을 만든다(Cities produce citizens)

계획을 인간 계획으로 바라보아야 한다는 주장은 계획을 위해서는 사람들이 어떻게 살고, 일하고, 노는지를 이해해야 할 필요성을 제기한다. 계획자는 단지 계획의 입안자인 것이 아니라, 인류학자이며, 경제학자이며, 지리학자이고 사회학자이어야 한다. 그리고 이와 같이 사람들을 이해하는 것이 중요하기 때문에 계획하기 전에 조사하라는 내용은 문화지도 그리기(cultural mapping)의 필요성을 뒷받침한다. 도시가 시민을 만든다는 주장으로부터 시민의 공적 시민 생활을 활성화시킬 수 있는 도시를 만들어야 한다는 것이다(Mercer, 2006: 5).

오늘날 도시문화정책에서 활용되는 문화계획은 구체적으로는 미국의 살기 좋은 도시(livable city) 만들기 운동에서부터 시작되었다. 문화계획의 특성은 문화예술 분야 진흥을 위한 문화정책을 넘어서 공동체, 지역사회 요구에 대응으로 문화기반 발전 전략(cultural development strategies)에 대한

관심에 바탕을 두고 있으며(Grodach & Loukaitous-Siderius, 2007), 문화적 시각 혹은 문화적 접근(cultural lens)을 통해 지역의 다양한 사업과 계획, 실천 행위에 영향을 미치려는 개입이라 할 수 있다.

문화계획을 둘러싼 다양한 쟁점들이 있다. 우선, 기존의 문화정책에서 제시되었던 계획과의 차이점이다. 문화계획은 지역공동체(community development) 발전을 위한 도구로서 장르별, 영역별, 부문별 문화정책의 계획과 차이를 보이는 지역 단위 계획으로서 장소성(sense of place) 창출을 추구한다(Redaelli, 2012). 문화계획에서 대상으로 삼는 문화의 범위도 쟁점이다. 앞서 살펴보았듯이 문화의 정의에 따라 문화의 범위에 차이가 크게 나타는데 좁은 의미의 문화 예술 범위가 있는가 하면, 넓은 의미에서 삶의 방식으로서 문화가 있다. 오늘날의 문화계획에서는 대체로 폭넓은 문화 정의를 적용하며, 그 결과 문화계획에서 활용하는 문화자원으로는 다음과 같이 다양한 요소들이 포괄된다.

• 예술	• 미디어 활동과 제도
• 청소년	• 소수인종
• 지역커뮤니티와 같은 집단별 문화실천	• 고고학
• 요리, 지역 방언, 의例 등의 유무형 문화 유산	• 신화
• 관광	• 미디어 커버리지에서 문화적 표현으로 나타나는 장소에 대한 지적
• 외재적 표상	• 주민과 방문객에 대한 조사결과
• 공공공간과 개방공간을 포괄한 자연환경과 건조환경	• 식사, 음료
• 다양한 오락 시설 및 활동을 포괄한 다양한 문화여가 활동,	• 공예품 제작과 서비스 등을 이용한 지역 특산품, 서비스

문화계획의 추진 방식도 중요한 쟁점이다. 문화계획을 기존의 지역 계획 이나 문화영역별 계획과 유사한 방식으로 추진하는지 아니면 문화계획의 고 유한 추진방식이 있는지의 문제가 제기된다. 문화계획과 기존 계획 사이의 차이를 보면, 전통적 계획은 통제와 계획을 중심으로 한 인프라 위주의 계획이라면, 문화계획은 참여와 개입 중심으로 인간적이고 문화 중심의 계획이라는 차이가 있으며, 개방성(Openness), 대응성(Responsiveness), 회복탄력성(Resilience) 등의 특징을 가진다. 도시계획을 좀더 쉽고 효율적 이고, 더 많은 참여 기반으로 수행한다. 오늘날 어느 정도 정리된 문화계획의 전형적인 과정을 보면, 먼저 추진 주체를 구성하고 이해당사자(stakeholders)를 파악하는데 여기에는 중앙정 부, 지방정부, 유관 공공기관 등의 공공 분야와 예술인 단체, 지역 기업, 지역 단체 등의 민간 분야가 함께 한다. 문화자원 조사 분석은 자료 수집, 현장 조사, 자료 분석이 이루어지고 문화지도 그리기(cultural mapping)를 통해서 문화자원 프로필 작성이 이루어진다. 문화지도 그리기는 단순히 유형의 문화자원을 지도화 하는 작업에 머무는 것이 아니라 무형의 문화자원을 발굴하고 주민의 체험을 공간 위에 표현하는 작업을 통해 문화계획을 지역에 대한 풍부한 인식 위에 기초할 수 있도록 만든다.

지역의 문화자원에 대한 이해를 깊게 만들 수 있는데, 시민 참여와 상향식 과정으로 진행되며 그 가운데에서 거버넌스가 구축된다. 공공장소에서 예술 활동은 장소특정적 예술로 가능성과 현실 사이의 괴리가 있고 공공미술과 거리예술, 그리고 장소 만들기에 적극 활용된다.

다음으로 비전 수립, 전략 개발, 실행이 이루어지는데 이는 비전 정립을 위한 SWOT 분석이 이루어지고 실행 계획 (action plan), 재원 확보를 포괄하는 발전 전략이 수립되며 실행된다. 문문화계획이 기존의 도시계획이나 지역계획과 달리 차별성을 갖기 위해 서는 예술적 사고와 문화적 생산이 갖고 있는 특징들을 활용하는 것이 중요 하다. 총체적이고, 유연하고, 수평적이며,

네트워킹과 학제간 사고가 요구된다. 또한, 혁신 지향적이고 고유성을 가지면서도 실험적이고, 비판적, 탐구적 이면서 도전적이고 문제제기적인 사고가 필요하고 사람 중심이고 인간적이 면서 비결정적인 사고를 바탕으로 문화적이고 문화적 표현의 전통적 지식에 대한 비판적 지식을 참고하며, 열린 결정과 비도구적 사고를 갖춘다. 특히, 사회학적인 차원에서는 "누구의 문화인가?(Zukin, 1995)"라는 문제가 중요 할 수 있다. 문화의 범위를 넓게 잡아 문화계획을 수립하는 것을 기본으로 제 시하고 있으나 실제 실현 과정에서는 제한된 영역의 문화에 집중할 수 밖에 없다. 그 과정을 얼마나 민주적으로 수행할 것인지, 혹은 사회적으로 의견 표 현이 부족한 집단이 있다면 어떻게 반영할 것인지의 문제를 고민하는 것이 필요하다. 이러한 점에서 도시문화정책은 본질적으로 상당히 정치적인 성격 을 갖고 있음을 부인하기 어렵다.

도시문화정책의 **복합성과 균형의 노력**

도시문화정책이 뚜렷한 도구적 지향을 갖는다는 점에서 일반적인 문화정책과의 차이를 보인다. 하지만, 도구적 지향 외에 비판적 지향을 가지는 경우가 많다는 점을 이해하는 것이 중요하다. 비판적 지향은 때로는 도구적 지향과 긴장 관계를 가질 수도 있지만, 도시문화정책의 정당성과 사회적 지지를 확보하는데 중요한 역할을 할 수 있다. 그런 점에서 도구적 지향과 비판적 지향의 균형점을 찾는 것이 중요하다. 이런 점에서 문화도시를 만들어 가는 과정에는 문화기획자와 지역활동가들의 이상주의적 요소가 강하게 반영되어 있다. 이러한 경향은 한국을 포함한 세계 여러 나라에서 공식적인 저술과 담론에서 항상 발견되는 요소이다. 이는 예술가의 아방가르드적 속성과도 어느 정도 결합되어 있다. 사회 현실과 예술계의 기존 질서에 대한 부정을 담고 있는 아방가르드적 성향이 도시문화정책의 주체들에게도 내재해 있다고 할 수 있다.

도시문화정책에 두 가지 관점과 두 가지 차원이 병존한다는 점은 문화도시가 끊임없이 다양한 방향으로 진화하는 이유가 된다. 또한 정책 결정자나 실무진에게는 이와 같이 복합적인 성향의 사업을 추진하는 것은 부담스러운 일이 되고 암묵적인 거부가 나타난다고 해도 놀라운 일이 아니다. 전형적인 표현이 도시문화정책이나 문화도시를 만드는 것이 “너무 어렵다”는 반응이다. 예컨대, “좋은 도시”와 “기업가주의 도시” 사이의 긴장 관계가 잘 드러나는 영역이 공공미술이다. 한편으로 공공미술은 도시의 정체성을 알리고 도시에 대한 관심도를 높이는 도시 마케팅의 수단으로 기능한다. 다른 한편에서는 도시에서 목소리를 내기 힘든 계층의 체험과 목소리를 드러내는 “새로운 장르의 공공미술(New Genre Public Art)”이 보여주듯이 공공미술은 소외된 주변계층의 표현의 수단이기도 하다. 도시 위기에 대한 문화적 해답은 여러 갈래로 진행되었다. 문화적 해답은 크게 환영을 받고 다른 도시, 국가들의 학습과 모방 대상이 되었으나 실상은 언제나 그리 간단하지 않았다.

도시문화정책의 비판적 관점이 부각되는 배경에는 이러한 주류 도시계획의 흐름에 대한 비판과 함께 세계적으로는 신자유주의 도시 경쟁과 도시 마케팅의 시대가 도래하면서 도시문화정책 자체가 비판의 대상이 되는 경우가 늘고 있기 때문이다. 도시문화정책은 결국 이와 같은 도시문제들에 대해서 즉각적인 문제 해결의 대안을 제시하지는 못하더라도 이에 대한 문제제기를 통해 시민들에게 성찰을 촉구하고 담론을 유발하는 역할을 수행하며 진화하고 있다.

6장

문화도시 지정하기

이제 마지막 장에서는 이 책의 출발점이었던 문화도시 지정 사업으로 돌아가고자 한다. 문화도시 지정은 도시문제 해결을 위한 문화적 해법이 각광을 받고 도시문화정책의 사업들이 개발되며 문화도시 만들기가 다양한 형태로 추진되는 과정에서 점차 진화하며 자리 잡은 프로그램이었다. 도시 위기에 대한 문화적 해법을 바탕으로 문화도시를 지정하는 기획들이 증가하였다. 문화도시 지정하기는 문화를 통한 도시문제 해결 경험의 축적이 낳은 결과이기도 하지만, 문화도시 지정 사업이 도시문화정책의 추진 배경이 되기도 했다. 그런 점에서 볼 때 문화도시 지정은 도시문화정책 성장의 결과이자 동시에 배경이 되어 왔다.

역사적으로 문화도시는 민족국가의 형성이나 글로벌 시스템의 구축 과정에서 중추 역할을 맡았던 도시들에 인적, 물적, 상징적 자원이 집중됨으로써 만들어져 왔다. 이러한 역사적 흐름을 고려하면, 근래 도입된 문화도시 지정은 역사적으로 자원이 집중되었던 수도나 글로벌 체제의 일부 중심도시들이 문화도시의 위상을 독점해왔던 현상을 타개하려는 노력으로 볼 수 있다. 이러한 점에서 문화도시 지정은 문화의 민주화와 유사한 논리를 갖고 있다. 소수의 엘리트 계급만이 향유했던 문화를 좀 더 많은 시민 대중이 향유하기를 추구하는 것처럼, 적은 수의 도시들만이 누렸던 문화도시의 위상과 효과를 이제 많은 도시들이 누리고자 하는 것이다.

문화도시를 지정하는 시도들은 세계적으로 증가하고 있다. 2004년 설립된 유네스코 창의도시 네트워크(UNESCO Creative Cities Network) 사업이 전 세계 도시들을 상대로 네트워크 구축의 형태로 진행되면서 널리 알려졌다. 2020년 1월 기준으로 세계 246개 도시가 회원으로 인정받아 참여하고 있다. 하지만, 아직은 유네스코 창의도시 네트워크가 회원 도시들에 미치는 영향에 대한 논의나 연구가 많지 않은 상황에서 회원 도시들이 네트워크 가입 사실을 명예훈장처럼 도시 브랜딩에 활용하는 데 주력한다는 평가가 우세하다(Gathe et al., 2021). 세계 지역별로 문화수도를 선정하는 사업들도 있다. 아메리카 대륙에 있는 도시들을 대상으로 선정하는 아메리카 문화수도(American Capital of Culture) 사업이 있고, 한중일 3국의 문화장관이 협의하여 지정하는 동아시아 문화도시 사업이 있으나, 그 영향에 대해서는 아직 많이 논의되지 못한 상황이다.

문화도시 지정에서 가장 큰 영향을 미쳤고 지금도 가장 많은 논의와 분석의 대상이 된 것은 유럽문화수도 사업이라 할 수 있다. 유럽문화수도 사업 영향이 점차 커지며 자리를 잡는 것을 보면서 한국에서도 문화도시 사업이 추진되기 시작했다. 6장에서는 유럽문화수도와 한국의 문화도시 사업을 통해 문화도시 지정이 갖는 의미가 무엇인지 살펴볼 것이다. 다만 한국의 문화도시 사업이 추진된 배경을 이해하기 위해 한국을 대표하는 문화도시라 할 수 있는 서울의 사례도 함께 살펴보고자 한다.

문화도시 지정하기는 경쟁을 통한 문화도시 선정으로 추진된다. 역사적으로 문화도시는 오랜 기간의 구조적 요인과 노력들이 복합적으로 작용하여 형성되어 왔다. 이와 달리 문화도시 지정이라는 기획을 통해 집중적으로 단기 노력에 의해서 문화도시를 형성하는 것이 과연 어떠한 결과를 낳을 것인가? 도대체 이러한 기획은 적합하고 가능한 것인가? 문화도시 지정하기의 시도가 많아졌다고 문화도시 지정의 정당성과 효과성이 보장되지 않는다. 이와 같은 시도들을 추진하는 흐름과 실제의 성과들을 살펴봄으로써 오늘날 문화도시를 향한 도전의 현실을 이해하는 것이 필요하다.

유럽문화수도의 경험

오늘날 문화도시를 지정하는 대표적인 기획은 유럽문화수도(European Capital of Culture)라 할 수 있다. 지정된 유럽문화수도에서는 1년 동안 유럽 문화의 풍요로움과 다양성을 맛볼 수 있는 수백 건의 문화 행사가 개최된다. 1985년에 유럽문화도시(European City of Culture)라는 명칭으로 처음 시작한 이 사업은 개최를 위한 도시 간 경쟁의 치열함이 올림픽 유치에 비교될 정도다. 유럽문화수도 사업의 성장에 힘입어 아랍과 아메리카, 그리고 동아시아 등의 다른 대륙에까지 문화도시 지정 사업이 확산되었다. 유럽문화수도가 도시문화정책으로서 갖는 의미를 이해하기 위해서는 두 가지 차원에서 접근하는 것이 필요하다. 하나는 유럽문화수도의 진화과정을 살펴 보는 것이고, 다른 하나는 유럽문화수도의 지향점이나 성과를 통해 이 사업의 정체성을 파악하는 것이다.

먼저, 유럽문화수도의 진화 과정을 보면, 이 사업은 그동안 많은 변화를 겪었다. 유럽문화수도가 시작된 1980년대에 유럽공동체(European Community)에서는 경제나 정치와 달리 문화가 중요한 의제로 다루어지지 못하였다. 이러한 현실을 타개하기 위한 노력으로 유럽문화수도가 시작되었다. 그리스 문화장관 멜리나 멜코리(Melina Mercouri)가 주도적인 역할을 하였다. 1983년 멜코리 장관이 유럽의 9개국 문화장관을 아테네로 초청한 자리에서 유럽 문화의 발전에 대한 도시의 기여를 기념하는 행사 도입을 합의한 결과, 1985년 아테네에서 최초로 유럽문화도시 행사가 개최되었다. 유럽문화도시 행사는 피렌체(1986년), 암스테르담(1987년), 베를린(1988년), 파리(1989년), 글래스고(1990년), 더블린(1991년), 마드리드(1992년) 등으로 이어졌다.

이런 흐름 속에서 1992년에는 마스트리히트 조약이라 불리는 유럽연합 조약 128조에 의해서 유럽연합의 문화정책에 대한 법적 기반이 마련되었고, 1999년에는 유럽의회와 유럽평의회가 '유럽문화수도'를 유럽연합의 공식 사업으로 제도화하였다. 유럽문화수도를 관리하고 운영하는 유럽의 정책도 점차 정교해졌다(Garcia & Cox, 2013). 처음에는 당시 유럽연합 회원국 12개 국가에서 한 차례씩 순회 개최하며 2년의 짧은 준비로 대체로 각국의 수도에서 개최하다가 1997년부터 선정기준과 신청절차를 도입하여 유럽연합의 중앙 관리를 강화하면서 사업에 대한 기대수준이 높아지고 유럽연합의 지원금액도 증가하였으며, 점차 선정기준이 정교화되었고 모니터링이나 평가 방법도 강화되었다. 개최도시의 선정절차를 보면, 유럽문화수도 개최국을 먼저 결정하고 개최국별로 도시의 지원 신청을 받아서 2년에 걸친 심사 후 개최 4년 전에 개최도시를 결정한다. 선정 후에도 모니터링이 이어진다. 4년에 걸친 준비에 대한 모니터링단의 평가를 바탕으로 멜리나 멜코리 상을 시상하는데 상금은 대략 150만 유로 정도다. 멜코리 상 시상은 제출 계획의 준수, 예술 작업 팀의 독립성 존중, 프로그램에서 유럽 차원의 강조, 유럽문화수도 사업의 마케팅과 커뮤니케이션에서 유럽연합 차원의 강조, 모니터링의 실행 여부 등에 따라 결정되며 결국 계획에 따른 준비 이행 여부를 확인하는 장치라 할 수 있다.

더 중요한 것은 유럽문화수도가 겪은 내용적인 변화다. 고급예술 중심의 단기 행사로 시작한 유럽문화수도는 도시 전체를 대상으로 하는 중장기 전략사업으로 진화하였다. (Richards, 2000). 초기에는 개최도시에 따른 차이가 컸다(Myerscough, 1994). 1985년 최초의 개최도시 아테네에서는 다른 유럽 도시들의 참여와 협력이 두드러졌으며 독일과 프랑스의 단체들은 개최 재원을 상당히 부담했다. 유럽문화도시가 지향하였던 유럽적 차원을 구현한 것으로 볼 수 있다. 베를린 개최도 의미가 컸다. 동베를린이 붕괴되기 전인 1988년에 베를린은 동독 안에 고립된 섬처럼 존재하면서 전승 4개국의 지배를 받는 처지였다. 서독 정부는 베를린의 고립을 극복하기 위한 노력을 기울이면서 문화 부문에 적극 투자를 하던 상황이었다. 베를린은 아방가르드 현대예술 도시로서의 위상을 강화하는 데 초점을 맞추어 실험적인 시도들과 함께 다양한 예술인 워크숍을 개최하였다. 하지만, 베를린은 이후의 사업 진행에 있어 반면교사의 역할도 하였다. 베를린에서 개최된 유럽문화도시의 기획이 예술계에서는 긍정적으로 평가되었으나, 일반 시민과는 동떨어져 엘리트주의적이라는 비판을 받았다.

파리도 이후 유럽문화수도의 지향점과 비교할 때 반면교사의 경험으로 간주될 수 있다. 1989년에 유럽문화도시를 개최한 파리의 경우, 프랑스 혁명 200주년 기념의 성격이 압도적이었다. 유럽문화도시의 유치를 주도한 프랑스 정부는 파리시와의 협력에는 관심을 두지 않아서 실제적인 준비가 미흡했다. 유럽문화도시 개회식이 유럽공동체 회원국 수도의 시장들과 저명 예술인들이 참석한 가운데 성대하게 개최되었으나 유럽문화도시를 위한 별도 행사는 준비되지 않았다. 유럽의 문화예술 발전에 기여한 파리의 역할을 밝힌 문건들이 제작되었을 뿐이었다. 혁명 200주년 기념행사로 유럽문화도시를 개최한다는 취지가 처음에는 좋은 아이디어로 들렸으나 200주년 기념행사에 묻혀서 파리의 유럽문화도시 개최는 대중적으로 인지되지 못하였고 파리에 어떠한 영향도 못 남겼다.

이와 같은 유럽문화도시 초기의 경험들이 쌓이면서 유럽문화수도가 성장하였다. 특히 중요한 계기가 된 것이 1990년에 유럽문화도시를 개최한 영국의 글래스고였다. 주로 수도를 개최도시로 지정하였던 이전의 다른 회원국들과 달리 영국은 개최도시를 공모하였다. 바스, 브리스톨, 캠브리지, 카디

프, 에딘버러, 리즈, 리버풀, 스완지 등이 제안서를 제출하여 치열하게 경쟁한 끝에 글래스고가 선정되었다. 글래스고는 유럽문화수도 사업을 도시재생과 연결시켜서 도시이미지를 개선하였고, 도시의 발전을 위한 장기계획을 세웠으며, 다양한 지역집단들이 참여하는 광범위한 민관 협력을 통해 자원을 동원하였다. 글래스고는 문화재생을 위한 수단으로 문화수도를 효과적으로 활용한 최초의 도시로 관광수입을 통해 경제적 성과를 달성하고 도시이미지를 개선했다(Richards, 2000).

1990년의 글래스고가 거둔 성과를 계기로 유럽문화수도 사업은 쇠퇴한 도시의 재생전략으로 각광을 받게 되었다(Garcia, 2004). 피렌체(1986년), 암스테르담(1987년), 베를린(1988년), 파리(1989년)와 같이 초기 개최 도시들이 유럽의 문화를 대표하는 도시들이었던 반면, 글래스고의 성과가 큰 반향을 불러일으키면서 유럽문화수도는 이제 과거 문화도시로 내세울 만한 역사가 없었던 도시들의 몫이 되어갔다. 유럽문화수도의 개최 도시가 과거의 문화적 성취나 현재의 문화적 수월성에 근거하여 선정되지 않고 앞으로 이루어 나갈 문화도시의 비전에 의해서 선정된 것이다. 유럽문화수도 사업의 범위 자체도 확장되었다. 단기집중투자에 따른 성과를 장기적으로 지속시킬만한 기반이 부족했고, 관광 기반 수익 증대에 초점을 맞추어 명망 있는 예술가를 중심으로 사업을 추진함에 따라 지역 주체가 소외되었던 글래스고의 경험을 바탕으로 개선방안이 모색되기 시작했다. 파트너십, 인력양성, 역량강화가 강조되었고, 단기행사개최와 장기역량강화를 위한 투자 균형이 논의되기 시작했으며 엘리트 예술과 풀뿌리 활동의 균형이 강조되면서 도시문화정책을 발전시키는 방안이 논의되었다(Richards, 2000).

이러한 문제점을 보완하는데 한발 더 나아간 것이 리버풀이었다. 2008년 유럽문화수도 리버풀은 한때 영국 제2의 도시에서 문제도시로 전락한 상황이었다. 리버풀의 유럽문화수도 개최 전략은 18년 전에 유럽문화도시를 개최한 글래스고의 성과와 한계에 대한 분석에 바탕을 두었다(Garcia, 2009). 또한 정치적 환경 변화의 차이도 중요한 맥락으로 작용하였다. 글래스고가 유럽문화도시를 개최하였던 1990년에는 보수당 정부의 통치 속에 사업의 경제적 성과를 강조하였던 반면, 리버풀이 유럽문화수도를 개최하였던 2008년에는 신노동당이 중점을 둔 문화계획과 도시재생, 그리고 사회적 통합이 강조되었다. 리버풀이 문화수도를 유치하면서 거둔 성과는 리버풀 모델(Liverpool model)로 집약되었다. 리버풀 모델의 핵심은 이전의 리버풀 시의회(Liverpool City Council) 중심의 중앙통제식 문화정부(Cultural Government) 방식을 탈피하여 분산된 의사결정 네트워크의 문화거버넌스(Cultural Governance)로 변화한 것이었다(O'Brien, 2011). 추진 과정에서 문화계획(Cultural Planning)을 수립하며 도시거버넌스를 강화하였고 도시경영의 문화 자체를 변화시켰다. 결과적으로 리버풀에서는 문화창조부문의 위상이 높아졌으며 관광산업이 개선되었고 주민 자긍심과 집단정체성이 회복되었다. 리버풀이 이룬 문화거버넌스의 중요성은 무엇보다 재원 조성에서 두드러졌다. 리버풀은 이전의 개최 도시들에 비해서 훨씬 더 큰 재원을 조성하였는데 그 중에서도 민간재원의 규모가 압도적으로 컸다. 이는 문화계획을 바탕으로 장기 관점에서 유럽문화수도의 영향을 지속시키려는 노력의 결과였다. 이와 같은 리버풀 모델은 유럽문화수도 사업의 변화에 중요한 이정표가 되었다.

그렇다면 이와 같이 성장한 유럽문화수도 사업은 오늘날 무엇을 지향하며 어떠한 성과를 내고 있는가? 이를 통해서 유럽문화수도의 정체성을 가늠해 볼 수 있다. 유럽문화수도 사업의 선정기준을 보면 이상적이면서도 상충되는 지향들을 동시에 충족시킬 것을 요구하고 있다(European

Commission, 2015). 문화도시가 개최하는 행사로서 생각할 수 있는 가장 이상적인 기준이라 할 수 있다.

먼저, 사업의 수행 능력과 장기적인 발전 전략을 동시에 강조한다. 유럽문화수도라는 메가 이벤트 수행에 필수 요소로 사업 수행 역량과 관리 방안이 강조되지만, 동시에 장기 문화발전 전략을 갖출 것이 요구된다. 1년 동안의 이벤트 개최에 머물러서는 안되고 장기적으로 도시 발전에 기여할 수 있는 전략을 제시해야 한다. 그동안 유럽문화수도의 성과가 단기간에 머문다는 비판을 고려한 요구 사항이라 할 수 있다.

다음으로는 문화적인 수월성(excellence)과 시민 참여의 중요성을 동시에 강조한다. 유럽문화수도의 문화행사가 고급문화에 한정되거나 성대하게 치러질 필요는 없지만, 수월성은 갖추어야 한다. 다른 한편으로 시민 중심성을 강조한다. 유럽문화수도의 행사를 환대의 분위기 속에서 치러 방문객을 늘려서 지역 발전에 기여하는 것도 중요하지만, 이러한 유럽문화수도 행사들이 궁극적으로 시민을 위한 것이고 시민에 의한 것이어야 한다는 점이 중요하다(for and by the citizen). 이와 같이 문화의 수월성, 유럽의 정체성, 시민 중심성이 유럽문화수도 사업의 지향점이라 할 수 있다. 특히, 사회적 영향을 확대해야 할 필요성이 강조되었다(Myerscough, 1994; Palmer, 2004; Garcia & Cox, 2013). 소외 관객 개발이나 쇠퇴 지역 대상의 문화예술교육 사업에서 시작하여(Myerscough, 1994), 1990년대 중반 이후 비주류 집단의 참여를 목적으로 하는 사회적 성격의 프로젝트들이 증가하였다(Palmer, 2004). 사회적 통합의 관점에서 하향식 계획(Top-Down planning)이 가지는 문제점을 개선하기 위해서 문화거버넌스의 중요성이 강조되었다(Balas, 2004). 시민 참여를 바탕으로 과정 중심에 사회적으로 자율 조정하는 성격의 네트워크 거버넌스(network governance)의 우연적(contingent)이고 발생적(emergent)인 성격이 강조되었다(Németh, 2016).

그렇다면 유럽문화수도 사업은 실제 어떠한 성과를 내고 있는가? 통계 분석 결과를 보면 유럽문화수도의 효과는 기대만큼 뚜렷하지 않다. 가장 두드러진 것은 관광효과인데, 유럽문화수도 개최도시가 주목을 받는 만큼 관광객 증가는 나타났다. 그동안의 유럽문화수도 개최를 통한 관광효과를 분석해 보면 유럽문화수도의 당해 연도에는 8%의 관광객 증가 효과가 발생한다(Falk & Hagsten, 2017). 문제는 이러한 관광효과가 지속되기 어렵다는 점이다. 본래 역사문화자원이 풍부한 도시의 경우 증가된 관광객 수준이 유지되지만, 그렇지 않은 경우 개최 이후에는 관광객 감소를 겪기 쉽다.

유럽문화수도 사업이 지역의 전반적인 소득수준에 영향을 미치는지에 대해서는 엇갈린 연구결과들을 볼 수 있다(Nermond et al., 2021). 유럽문화수도를 개최한 도시가 있는 지역과 개최를 시도했으나 경쟁에서 밀려 개최하지 못한 도시가 있는 지역의 1인당 GDP를 비교해 보면, 개최도시 지역이 개최하지 못한 도시의 지역에 비해 1인당 GDP가 더 높았고, 이러한 차이가 개최 후에도 지속되었다(Gomes & Librero-Cano, 2018). 하지만, 다른 연구들에서는 유럽문화수도의 경제적 효과가 통계적으로 확실하지 않거나 오히려 부정적인 경우도 있었다(Nermond et al., 2021).

이와 같은 계량분석 결과가 명확하지 않은 것과는 달리 유럽문화수도가 유럽연합의 지역발전전략으로 자리잡았다는 점은 좀더 분명해 보인다. 재정면에서 볼 때, 유럽문화수도 사업은 상당한 지렛대 효과를 발휘하고 있다. 유럽문화수도의 외형적인 사업 규모는 그동안 상당히 확대되었다. 개별 도시당 평균 투입 예산이 1985년부터 1994년까지의 기간에는 평균 2천 5백만 유로였는데, 2007년부터 2017년까지의 기간에는 평균 6천만 유로까지 올랐다. 하지만, 유럽연합이 멜리나 멜코리 상을 통해서 개최 도시에 지급하는 상금은 150만 유로 수준이어서 유럽문화수도 사업의 전체 투입 예산에 비해 아주 적다. 이렇게 적은 지원금을 받으면서도 유럽문화수도 사업에 큰 규모의 재원이 투입되는 것은 막대한 규모의 다른 재원이 동원되기 때문에 가능하다. 유럽문화수도 개최지로 지정되면 유럽연합의 다른 기금 지원을 받기 용이하고, 해당 정부로부터 문화 인프라 구축 예산을 받는 경우가 많으며, 기업의 투자 유치를 통한 재원 조성도 용이해진다. 그렇다고 이러한 재원투입이 유럽문화수도를 개최하는 도시의 성공을 약속하는 것은 아니다. 글래스고의 경우 Miles Better 캠페인(1982), Glasgow Garden Festival(1988) 같은 사업을 통해서 도시 변화를 위한 노력이 이미 성과를 거두던 상황에서 유럽문화수도가 긍정적인 영향을 발휘할 수 있었다. 해당 도시의 발전 역량과 비전, 계획이 있을 때 유럽문화수도를 통한 발전이 가능하다는 점을 보여준다.

유럽문화수도의 가장 중요한 가치는 사회정치적인 차원에서 주장될 수 있다. 유럽문화수도의 출발점은 유럽의 정체성을 풍부하게 만들고 유럽의 문화적 통합에 기여하는 것이었다. 유럽의 정체성을 공유한다는 목표는 특히 유럽연합의 균형발전이나 확장 추진에서 빛을 발했다. 저발전 지역이거나 유럽연합의 후보 대상 국가들을 상대로 유럽문화수도 개최 기회를 부여하는 경우들이 많아졌다. 특히, 사회주의 붕괴 이후 유럽연합의 동유럽 확장 과정에서 유럽문화수도가 구사회주의 도시의 현대화에 중요한 역할을 수행한 것으로 평가된다(Lähdesmäki, 2014). 이와 같은 유럽 통합에 대한 기여야말로 유럽문화수도가 유럽연합의 사업으로서 정당성을 확보하는 중요한 기제가 되었다.

서울의 경험

한국의 문화도시를 논할 때 가장 먼저 다루어야 할 사례는 수도 서울이다. 서울이 문화도시로 성장해 온 과정을 보면, 한편으로는 홀이 예술적 창조성의 요건으로 제시한 규모의 증가와 사회경제적으로 빠른 변화가 나타났음을 볼 수 있다. 다른 한편으로 서울은 유럽의 수도들처럼 민족주의 상징으로서 국가가 주도해서 만들어진 문화도시라는 특성이 강하다.

조선 건국 이후 1394년 한양이 도읍으로 정해진 이래 문화도시로서 발전해 온 과정이라 할만한 상황들이 있다. 조선의 건국과 함께 궁궐뿐 아니라 사직과 종묘와 같은 국가 상징 공간이 한양에 자리 잡았고, 성균관과 같이 국가 이념을 관장하며 학문 엘리트를 양성하는 교육기관이 한양에 설립되었다. 또한, 조선 후기가 되면 한양이 인구 팽창과 함께 상업도시와 군사도시의 성격을 갖추면서 문화활동도 활발해진 기록들을 볼 수 있다(고동환, 2013). 사문학의 발달과 함께 출판문화가 발달하였고 풍속화를 바탕으로 시각예술의 성장도 나타났다. 일제 강점기 동안에는 경성이 제국의 스펙터클을 과시하는 공간이 되고 일본화된 서구 문화를 수용하는 대표적인 창구가 되었다. 해방 이후문화도시로서 수도 서울의 변화는 3단계로 나누어 볼 수 있다(서우석, 2016).

- 1단계 전환기(1945년~1960년대)
- 2단계 국가주도 부흥기(1970년대~1980년대)
- 3단계 도시문화 발흥기(1990년대~현재)

1단계는 전환기로서 해방 이후 1960년대까지 식민통치에서 해방되어 신생독립국의 수도가 되었으나 문화도시를 향한 변화는 빈약하였다. 경제적인 내핍과 한국전쟁에 따른 혼란 속에서 일제가 남겨놓은 공간을 활용하는 것에 만족해야 했고 문화공간을 신축하는 경우는 소규모 사례 외에는 찾기 힘들었다. 국립예술단체가 일제강점기에 건설된 문화공간을 이용하다가 한국전쟁기를 거치면서 이동을 거듭하였고, 그나마 이런 공간을 두고 다른 기관들과 경쟁을 벌이는 상황까지 벌어졌다. 민족국가를 상징하는 문화공간이 집약된 수도라 하기에는 열악하고 빈약한 수준이었다. 당시 해외 유명 예술인이나 예술단체의 내한 공연이 열렸던 공간이 주로 대학 강당이었다고 하는 사실이 당시의 상황을 상징한다.

2단계는 1970년대부터 1980년대에 이르는 기간으로 민족주의적 상징성의 확보가 중요했던 국가주도 부흥기였다. 경제성장을 배경으로 정부의 투자가 가능해졌고 올림픽을 계기로 문화시설 건립의 명분이 생기면서 국가 주도의 대규모 문화공간이 건립되었다. 경복궁 내 국립중앙박물관 건립 및 이전(1972년), 장충동 국립극장 개관(1973년), 세종문화회관 준공(1978년), 국립현대미술관 과천 이전 개관(1986년), 예술의 전당 1단계 완공(1988년) 등이 진행되면서 최대 규모의 건축물 신축이 강조되었다. 대규모 신축이 가능한 공지를 이용하여 건축물을 건립하다 보니 시민들의 실제 이용은 부차적 관심사였다. 북한의 시설을 능가한다거나 아시아 최대 규모라는 사실이 중요했다. 국립극장의 남산 장충동 이전을 보면, 명동과 같은 시내 중심지에서 멀어지고 지하철 노선을 확보하지 못하여 시민의 이용 여건은 오히려 퇴보한 사실을 볼 수 있다. 대신, 평양에 있는 만수대궁전에 못지않은 대형 문화공간을 설립해야 한다는 필요성이 중요했다. 국가주의의 상징으로 문화예술 공급의 기반이 갖추어지는 상황에서 공연예술과 전시예술을 찾아다닐 만한 문화소비자층의 존재는 미약했고 고급문화의 향수자층을 찾지 못해서 저조한 관객 수 실적을 보였다.

1980년대에 올림픽을 계기로 건립된 예술의 전당과 국립국악당은 1970

년대부터 개발되기 시작한 강남을 대상으로 하였다는 특징을 가진다[14]. 반포대교에서 남산 3호 터널의 연결로 강북 문화축과 연결되며 올림픽 타운과도 연결되는 교통의 결절점인 서초동 우면산에 국립국악당과 함께 건립된 예술의 전당은 무대를 중심으로 어느 곳에서나 같은 음향을 감상할 수 있는 성격을 가져서 다목적 기능으로 설계된 세종문화회관과 달리 음악 연주만을 위한 전용 공간으로서 큰 의의를 가진 것으로 평가되었다.

3단계는 1990년대 이후 기간으로 지자체 주도, 기업 투자 확대, 재생 공간이라는 특징을 가진다. 1995년 지방선거 부활로 탈중앙화와 분권화의 흐름이 나타난 가운데 지자체가 문화공간 창출의 주체가 되었다. 1980년대 중반 문화인프라 확충을 위해 정부가 지역에 종합문예회관 건립계획을 제시하고 지역에 문예회관들을 많이 설립하였다(백선혜, 2011). 서울에는 1990년대부터 자치구 단위의 문예회관들이 건립되기 시작하여 대부분의 자치구에 문예회관이 설립되었는데, 1990년대에는 대부분 문예회관의 명칭을 사용했으나, 2000년 개관한 기관들은 극장, 아트홀, 아트센터 등 공연예술의 기능을 강조하는 명칭을 사용하면서 시민들이 문예회관의 성격을 인지하지 못하는 경우들이 많다.

서울시가 주도한 사례로는 오세훈 시정부가 동대문운동장을 철거한 자리에 건립한 동대문디자인플라자(DDP)와 같은 대규모 랜드마크성 문화시설 건립을 추진한 경우가 있었다. 또한, 서울문화재단이 서울 전역에 걸쳐 예술가 활동을 위한 다수의 문화창작소를 개발한 것도 중요한 사례이다. 서울문화재단은 2009년에 서교예술실험센터, 금천예술공장, 신당창작아케이드, 연희문화창작촌을, 2010년에 문래예술공장, 성북예술창작센터, 관악어린이창작놀이터를, 2011년에 잠실창작스튜디오, 홍은예술창작센터를 개관하였다. 이를 통해서 접근성이 좋은 도심의 공간들을 예술 창작 공간으로 확보했다(서울문화재단, 2014).

14 서울올림픽대회 조직위원회, 《제24회 서울올림픽대회 공식보고서》, 1989.

기업을 위시한 민간의 직접 투자에 의한 문화공간 창출도 1990년대에 크게 확대되었다. 1980년대에도 민간 투자로 중앙일보사 신사옥 내에 중형 공연장으로 개관한 호암아트홀 같은 사례도 있었으나, 1990년대에 들어서 본격적으로 추진되었다. 민간 투자에 의한 신규 설립이 공연장에서 많았다(유인경, 2010). 1990년 동숭동 인켈아트홀, 계몽사 계몽아트홀 개관에 이어서 LG아트센터(2000년), 금호아트센터(2000년), 두산아트센터(2007년), 블루스퀘어(2011년) 등이 개관하였다[15]. 1991년 문화부의 독립과 함께 박물관 정책 전담 부서 신설과 박물관 및 미술관 진흥법 제정이 이루어지면서 기업의 미술관 설립도 줄을 이었다. 성곡미술관(쌍용그룹, 1995년), 금호미술관(금호아시아나그룹, 1995년), 일민미술관(동아일보사, 1997년), 선재아트센터(대우그룹, 1998년), 로댕갤러리(삼성생명, 1999년), 아트센터나비(SK그룹, 2000년), 대림미술관(대림그룹, 2002년), 삼성미술관리움(삼성문화재단, 2004년) 등이 설립되었다.

또 다른 중요한 흐름은 재생공간 활용이 두드러진 점이다. 기존의 공간이 가지고 있던 역사성을 고려하면서 문화공간을 창출하는 것이 하나의 커다란 흐름이 되었다. 서울시립미술관은 서초동으로 이전한 대법원 건물을 보수하여 2002년 현대적인 미술관으로 재개관하였고 소격동 기무사터를 활용한 국립현대미술관 서울관 건립이 이루어졌다. 이와 같이 서울에서 재생공간을 활용한 문화공간 사례가 증가한 요인으로는 적응적 재이용의 문화공간 사례가 늘어나는 세계적인 추세와 오래된 건물에 대한 사회적 인식의 변화, 그리고 서울의 도심부에서 문화공간을 위한 대규모 신규 부지를 확보하는 것이 쉽지 않은 점 등이 작용한 것으로 보인다.

도시 변화에 있어서 세계적으로 유행이 되기 시작한 문화에 기반을 둔 도시재생이나 유휴공간의 문화재생과 같이 글로벌 트렌드에 동조되는 현상이

15 《동아일보》 1998년 3월 21일.

나타났고 문화소비와 문화생산이 이루어지는 구역들이 등장하였다. 영화산업과 출판인쇄산업의 충무로, 문화재와 시각예술의 인사동, 공연의 대학로, 클럽 공연과 시각예술 스튜디오들이 밀집한 홍대입구, 외국 문화를 향유하는 이태원 등 다양한 도시 공간들이 흥미롭게 나타났다. 문화소비와 생산이 이루어지는 공간들이 집적되면서 문화의 유통과 창작 지구가 등장하였다. 그 과정에서 대학로의 한국문화예술진흥원처럼 공공시설이 공간의 거점으로 작용하는 경우도 있었지만, 민간의 공간 생산 자체도 큰 역할을 하였다. 하지만, 예술인들의 실제 교류와 접촉의 가능성에 대해서 판단하기는 쉽지 않다. 지역에서 고유한 문화적 정체성을 발산하였던 문화예술집단들이 임대료 상승과 같은 경제적 여건에 의해 축출되는 경우가 빈번했기 때문이다. 이러한 상황 속에서도 청년층의 하위문화가 민주화와 연결되며 문화운동의 성격으로 진화하였고, 해외 문화와의 교류 속에서 서울은 해외로 진출하는 문화산업의 생산지 역할을 수행하였다. 이와 같이 서울은 해방 이후 문화공간의 생산에서 많은 변화를 빠르게 겪으면서 현재에 이르렀다.

서울을 문화도시로 만드는 노력은 여러 시장에 의해서 추진되었는데 오세훈 시장의 컬쳐노믹스 정책은 문화도시로 서울의 경쟁력을 강화하겠다는 최초의 체계적인 노력이라 할 수 있다(Seo, 2014). 오세훈 시장은 도시경쟁력 강화를 목표로 '창의시정'이라는 슬로건을 내세우며 여러 영역에 걸쳐 창조도시 사업을 추진하였다. 오세훈 시장의 창조도시 사업은 크게 세 가지 축으로 구성되었다. 먼저, 문화를 통한 경제발전의 가능성을 제시하는 컬처노믹스(culturenomics) 방향이 있었고, 도시디자인을 개선하는 디자인 서울의 사업 방향이 있었으며, 서울을 관통하는 한강 전역에 걸쳐 다양한 수변개발 사업을 추진하는 한강 르네상스 사업이 있었다. 그동안 경제 개발 중심의 발전주의 논리에서 벗어나 문화를 중요한 정책 영역으로 제시함으로써 도시

문화정책의 발전에 상당한 기여를 한 것으로 평가된다. 디자인 서울의 사업 추진은 유네스코에 인정을 받아 서울이 유네스코 창의도시로 인정받기도 하였다. 하지만, DDP와 같은 사업의 추진 과정에서 적지 않은 논란이 있었고 시장의 임기가 재선 기간 동안 무상급식 주민투표 무산에 따른 책임으로 중단되면서 창조도시 사업의 추진이 충분히 이루어지지 못하였다.

당시 창조도시 사업의 진행 경과를 이해하기 위해서는 이때의 사회경제적인 맥락을 이해하는 것이 필요하다. 우선, 창조도시 사업에 대한 시민들의 동의가 취약했고 이를 지지하는 성장연합의 구성이 미흡했다. 반면, 도시경쟁력 강화 사업에 대해 비판적인 진보 진영의 반대는 강고했다. 특히, 이러한 정치적 대립은 2009년 1월 19일 발생한 용산4구역 철거현장 화재사건으로 경찰관 1명과 농성 중이었던 시위대 5명이 사망하고 이로 인해 촉발된 집회와 시위가 연말까지 지속되면서 더욱 첨예해졌다. 이전까지 분열되었던 진보 진영은 용산 참사를 계기로 결집하였고 뉴타운 사업의 열기 속에서 한강 르네상스를 추진하던 재개발 동력은 크게 약화되었다(Seo, 2019). 또한, 창조도시 사업에서 계획했던 대규모 재개발 사업의 진행 중 2008년 경제 위기 발생으로 인해 부동산 시장이 침체되고 시민들의 관심과 지지가 순식간에 약화되었다. 그동안 부동산 경기의 상승을 포함한 경제적 호황기의 배경 속에서 심화된 소득불평등으로 인해 창조도시 목적으로 추진하는 여러 사업들은 심각성을 더해가는 사회 문제를 외면하는 정책으로 인식된 것이었다(Seo, 2014).

이와 같은 사회적 분위기 속에서 2011년 선출된 시민운동가 출신의 박원순 시장시장의 첫 행보는 이른 새벽에 청소원과 청소를 함께 하는 모습이었다. 박원순 시장은 시민 주도를 강조하면서 참여 민주주의 성격을 강화하고자 하였다. 박원순 시장 체제에서 발표된 <비전 2030 문화시민도시 서울>을 보면, 시민 개인의 삶에서 문화도시의 의미를 생각해 보려는 접근을 바탕으로 공동체적 삶, 일상의 생활문화, 재생 등의 가치가 등장한 것으로 해석할 수 있다. 하지만, 창조도시의 내용도 여전히 담겨 "창조경제의 한국 허브에서 세계 허브로"나 "예술인과 창의인재가 모이는 기회의 도시로"와 같은 슬로건이 제시되었다. 시민의 일상이나 민주적 가치가 강조되었으나 창조경제 및 도시경쟁력과 같은 지향도 사라지지는 않은 것으로 볼 수 있다. 이러한 기조 속에서 오세훈 시장이 도입한 창작공간 사업은 계속 확장되었고, 창동에 창조공간 조성이 추진되었으며, 예술인플랜을 도입하였다. 문화재생 사업은 지속되었고 상암동에 문화비축기지가 조성되었다.

서울시의 이러한 노력들이 국제적으로 인정받은 결과 2018년 서울시가 리콴유 세계도시상을 수상하였다. 수상의 근거로 제시된 성과에는 세운상가 재생 사업처럼 당시 현 시장이었던 박원순 시장의 업적 외에도 이명박 시장 때 이루어진 청계천 복원과 오세훈 시장 때 추진되었던 동대문디자인플라자 사업도 포함되어 있었다[16]. 당시 진보 진영으로부터 많은 비판을 받았던 서울시의 사업들이 진보 시장의 공적을 인정받는 순간에 함께 성과로 포함되었다는 사실은 서울의 문화도시 사업이 갖고 있는 복합적인 성격을 보여준다.

한국의 문화도시 지정

서울이 수도라는 입지를 바탕으로 문화도시의 기반을 구축해 왔다면 그동안 정부의 노력은 그 밖의 지역에서 문화도시의 가능성을 탐색하고 지원하려는 과정이었다. 이러한 점에서 문화도시의 지정 정책은 균형발전을 위한 노력이었다고 할 수 있다.

16 https://www.worldcitiessummit.com.sg/media-releases/seoul-south-korea-conferred-lee-kuan-yew-world-city-prize-2018

한국에서 문화도시에 대한 정부의 관심은 1990년대 중반부터 본격적으로 태동하였다(서우석·조광호, 2019). 중요한 배경은 문화적 측면에 대한 고려 없이 진행되는 신도시 건설과 주택단지 공급에 대한 비판적인 문제의식이었다. 그중에서도 주목할 만한 시도가 문화체육부, 한국문화예술진흥원, 한국문화정책개발원이 공동으로 1996년부터 월 2회 발행하기 시작한 《문화도시 문화복지》라는 잡지였다. 잡지는 도시계획이나 도시개발을 문화적 측면에서 평가하였고 도시문화정책과 관련된 다양한 주제들을 해외 선진 도시 사례들과 함께 다루었다. 정부 부처와 출연기관들이 이와 같은 담론이 조성될 수 있는 환경을 마련하였다는 점은 관련 정책의 도입을 위한 준비로서 중요한 의의를 가진다.

문화도시가 부상한 또 다른 계기는 도시마케팅의 국내 도입이었다. 계기가 된 것은 2002년 월드컵 개최였다. 서울에서만 개최되었던 1988년 올림픽과 달리 한국과 일본이 공동으로 개최한 2002년 월드컵에서는 한국에서만 10개 도시에서 경기가 진행되었다. 한국문화예술진흥원이 발행한 《월간 문화예술》에서는 서울(1999년 3월), 수원(1999년 4월), 인천(1999년 5월), 광주(1999년 6월), 대구(1999년 7월), 부산(1999년 8월)의 차례로 월드컵 개최를 계기로 국제문화도시로의 발전을 위한 문화프로그램 제공이 제안되었다.

또 다른 문화도시의 배경은 문화지구의 도입이었다. 2000년 「문화예술진흥법」 개정으로 문화지구 제도가 도입되어 인사동(2002년), 대학로(2004년), 헤이리(2009년), 인천개항장(2010년), 제주 저지 문화예술인마을(2010년)이 지정되었다(김연진, 2012). 문화지구 제도의 확산은 그렇게 성공적이지 못하였다. 역사문화자원의 보존이 주목적이었던 인사동을 모델로 문화지구 제도를 설계함에 따라서 문화지구 제도를 통한 문화발전이나 도시경제 기여가 한계에 부딪혔고(라도삼 외, 2016), 2018년 서초음악문화지구 지정되기까지 한동안 더 이상의 추가 지정이 없었다. 지역의 문화발전을 위한 동력이 되지 못한 문화지구 제도의 한계는 문화도시에 대한 기대로 바뀌었다.

다음으로 김대중 정부가 도입한 문화산업진흥정책에 바탕을 두고 2001년에서 2010년까지 지역별로 특화된 문화산업단지 조성계획이 추진되고(이병민, 2003), 문화산업 클러스터에 기반을 둔 문화도시에 대한 관심과 발전 전략이 모색되었다(박진수 외, 2001; 임학순, 2007). 또한, 도시재생이 도시공간관리의 주요 패러다임으로 등장하면서 도시재생 사업 속에서 문화공간이 차지하는 중요성에 대한 인식이 제고되며 예술가들과 창조집단의 역할에 대한 관심이 커졌다(김규원, 2014). 아울러, 유럽문화수도 사업의 확장과 2000년대 초반 도입된 유네스코 창의도시 네트워크, 그리고 해외의 문화기반 도시재생의 성공 사례들은 문화도시에 대한 관심을 고조시켰다. 이런 흐름을 바탕으로 2003년에 참여정부 출범과 함께 광주 아시아문화중심도시가 국가정책과제로 공표되면서 문화도시 조성이 국가사업으로 추진되기 시작하였는데, 이후의 과정은 3개 시기로 구분된다(서우석·조광호, 2019).

- 제1기 노무현 정부 ~ 이명박 정부(2004~2012년)
- 제2기 박근혜 정부(2013~2017년)
- 제3기 문재인 정부 ~ 현재(2017년~현재)

먼저 문화도시 추진의 제1기는 노무현 정부로부터 이명박 정부로 이어지는 시기로 문화도시가 국가정책의 핵심과제로서 최초로 추진된 시기이다. 2004년에 지역거점문화도시가 광주와 부산에서 추진되기 시작했고, 이어서 전주('06~), 경주('07~), 공주·부여('09)에서 시작되었다. 지역거점 문화도시 사업은 균형발전을 목표로 표방하면서 한 도시에서 다양한 사업을 추진하였고 상당한 규모의 재원이 장기간에 걸쳐 투입되었다(조광호, 2014).

● 광주 아시아문화중심도시: 2004년~2023년까지 20년간 5조 3,000 억원
● 부산 영상문화도시: 2004년~2011년까지 8년간 1,600 억원
● 전주 전통문화도시: 2007년~2026년까지 20년간 1조 7,108 억원
● 경주 신라천년 역사문화도시: 2006년~2035년까지 30년간 3조 3.533 억원
● 백제 역사문화도시: 2009년~2030년까지 22년간 1조 2,000억원

국가균형발전이라는 큰 목표 아래 각 지역거점 도시에서 문화를 기반으로 하는 도시브랜드와 정체성이 구축되고 정착되는 성과를 가져왔으나(이순자·장은교, 2013), 하드웨어 조성에 초점을 둔 추진으로 문화환경 조성이 일면적으로 이루어진 한계를 가졌고 도시 자체의 추진 동력을 확보하기 어려운 문제점을 겪었다(한국문화관광연구원, 2013). 국토연구원에서 수행한 《지역거점 문화도시 조성사업의 추진실태 및 향후 과제》 연구의 전문가 조사(N=58) 결과를 보면, 지역거점 문화도시 사업에 대한 당시의 문제의식이 드러난다(이순자·장은교, 2013).

● 문화도시에 대한 총괄적인 정책을 기획 조정할 추진기구나 조직이 미비하다(25.9%)
● 하드웨어 기반구축에 치중하고 있다(19.0%)
● 지나치게 관 주도적이고 하향식이다(13.8%)
● 왜 추진하고 무엇을 구현할지 문화도시 자체에 대한 고민과 이해가 부족하다(13.8%)

문화도시 제2기에 해당하는 박근혜 정부는 지역거점문화도시 사업에 대

한 비판적 문제의식을 바탕으로 《문화도시· 문화마을 포럼》을 진행하면서 문화도시 사업의 전환을 모색한 재정비의 기간이었다. 제2기에서는 문화도시 사업의 본격적 추진을 위한 실제적 진전이 있었다. 지역문화진흥법의 제정으로 문화도시 추진의 법적 기반이 마련되었고 문화도시 추진을 위한 예비사업으로 문화특화지역 조성사업이 추진되었다. 문화특화지역 조성사업은 문화도시 형과 문화마을 형으로 구분하여 추진되었다. 문화도시 형에는 1개 도시 당 7.5억 원, 문화마을 형에는 1개 마을 당 2억 원의 예산이 지원되었다. 사업의 내용은 도시나 마을이 특색 있는 고유 브랜드로 발전할 수 있도록 지역문화 프로그램을 발굴하여 운영하는 것이었다. 이 사업은 소액 규모로 사업의 범위에는 한계가 있었으나 이 과정을 통해 시민들이 주체적으로 참여하면서 다양한 문화 경험을 쌓고 지역 네트워크가 구축되는 성과를 거두었다. 이 사업은 2019년 기준으로 전국에서 총 50개소에서 수행되었는데 제3기에 이루어질 문화도시 사업의 디딤돌 역할을 수행했다.

문화도시 제3기는 문재인 정부 이후의 시기로 문화도시 지정이 국정과제로 제시되면서 5차에 걸쳐 30개의 문화도시 지정을 목표로 삼아 문화도시 지정이 본격적으로 추진되었다. 문화도시 제3기는 이전의 거점형 문화도시 사업과 차별화하여 사회가치 실현과 지역주민 참여 중심의 거버넌스 구조를 강화하였고 사회통합적 관점의 문화도시 실현을 강조하였다. 문재인 정부에서 문화도시는 3차에 걸쳐 모두 18곳이 지정되었고, 윤석열 정부에 들어와서 4차로 6곳이 지정되었다. 윤석열 정부는 5차 문화도시를 지정하는 대신 <대한민국 문화도시>로 사업을 변경하여 2024년 1월 13곳의 조성계획을 승인하였다. 이들 도시들은 1년간 컨설팅과 예비사업을 거쳐 최종 지정될 수 있다. 문재인 정부에서 추진된 문화도시는 5년간 최대 200억 원을 지원받을 수 있고, 윤석열 정부의 대한민국 문화도시는 3년간 최대 100억 원을 지원받는다.

문화도시 지정의 의의와 한계

문재인 정부에서 추진된 문화도시 사업에 대해서 정권 교체 이후 많은 비판이 제기되었다. 그리고 이러한 비판을 바탕으로 <대한민국 문화도시> 사업이 설계되었다. 문화도시 사업에 대한 포괄적인 평가를 위해서는 조금 더 시간이 필요하지만, 제한적으로나마 이미 어느 정도 드러난 결과들을 통해 문화도시 지정의 의의와 한계를 살펴볼 수 있다(서우석, 2022).

우선, 문화도시 사업에 많은 도시 지자체가 참여했다는 점을 볼 수 있다. 6곳의 문화도시를 지정했던 4차 지정 당시 신청 도시는 49곳이었다. 물론, 49곳 신청도시 중에서 바로 문화도시를 선정하는 것은 아니고, 예비문화도시 선정을 거쳐 1년이 지난 뒤 문화도시를 선정하기 때문에 이 수치가 직접적으로 문화도시 선정의 경쟁률은 아니다. 다만, 이 수치들을 통해서 지정 대상에 비해 얼마나 많은 도시들이 준비에 참여했는가를 가늠해 볼 수 있다. 이와 같이 많은 지자체가 문화도시 사업을 준비한 것 자체로 적지 않은 의의가 있다. 문화도시 지정을 신청하는 과정에서 지역의 문화자원에 대한 조사가 체계적으로 수행되고 지역 주체들의 의견을 탐색하는 과정을 거쳤다면, 일정한 수준의 학습 효과가 발생한 것이다. 정책적인 차원에서는 지역문화재단의 설립 확대와 맞물려 지역문화정책의 발전 계기를 제공한 것으로 판단할 수 있다. 문화시설 관리나 하향식 사업추진의 실행자로서 역할이 한정되었던 다수의 지역문화재단들에게 문화도시 준비 과정은 정책 기능을 보강할 수 있는 계기를 마련해 주었기 때문이다.

여기에서 특히 눈여겨보아야 할 것은 문화도시라는 브랜딩에 대한 기대와 가치 부여가 상당했다는 점이다. 문화도시 형성의 역사적 경험에 비추어 문화도시 지정의 의의를 해석할 수 있다. 문화도시의 형성은 다양한 자원의 집중에 의해 가능해진 것이었다. 여기에는 경제적인 부나 다른 도시와의 교류가 도움이 되기도 하였으며, 민족국가 형성 과정에서 수도가 여타 도시에 비해 압도적인 위상을 차지하게 된 사실이 특히 중요하게 작용하였다. 수도성이 문화도시 형성을 가능케 한 중요한 사회정치적 조건이었던 것이다. 오늘날 문화도시 지정 제도나 문화도시로의 부상을 꿈꾸는 도시들이 수도라는 명칭을 활용하는 것은 이러한 역사적 경험에 부합하는 전략으로 볼 수 있고, 문화도시의 위상이 결국 소수의 도시들에게 허용된 특권이라는 성격이 있었음을 알 수 있다. 이제 문화도시 지정이라는 제도를 통해 과거 소수의 도시만이 누릴 수 있었던 상징적, 물질적 특권을 일시적이고 부분적이나마 다수의 도시가 누릴 수 있게 된 것이었다. 이러한 점에서 많은 지자체들이 문화도시라는 명칭에 대해서 상당한 매력을 느낀 것으로 볼 수 있다. 사업예산을 받지 않아도 좋으니 문화도시로 지정만 받을 수 있게 해달라는 지자체의 농담 섞인 요청까지 나올 정도였다.

하지만, 이러한 점에서 문화도시 지정의 의의를 이해할 때, 한국의 문화도시 사업에서 문화도시 지정이 보이는 양면성을 지적할 수 있다. 한편으로 문화도시 지정은 문화도시에 대한 관심을 불러일으키고 지역사회의 인력과 자원의 동원을 가능케 하는 효과적인 계기가 되었다. 지역에서 실제적으로 크게 중시되지 못했던 문화가 한 도시 안에서 중요성을 인정받는 데 문화도시만큼 영향을 발휘한 것이 없었다. 반면에, 지정 여부 자체에 관심이 집중됨으로써 문화도시의 실제적인 성장을 위해 필요한 과정은 관심에서 쉽게 벗어나 버렸다. 문화도시의 성장을 위해서는 지정된 문화도시의 사업 기간과 범위를 넘어서는 심층적이고 지속적인 노력이 필요한데, 문화도시 지정이 문화도시를 위한 지속적인 노력의 계기로 활용되기보다 지정 자체가 목적이 되는 상황이 드물지 않았던 것이다.

문화도시 지정을 통해서 얻는 상징적 가치 이상의 문화도시 지정 효과가 무엇인지 좀 더 면밀히 살펴볼 필요가 있다. 그중 하나는 예산 대비 효과가 충분한지에 대한 것이다. 한국의 문화도시 사업에서 지정된 문화도시가 연간 사용하는 예산은 30억 원 규모로 1억 원 수준의 문화 프로그램 30개에 해당한다. 문화도시 지정이 1억 원짜리 사업 30개를 수행하는 것만큼의 효과를 각각의 문화도시에서 낳았다고 볼 수 있을까? 세부 사업들만으로는 이룰 수 없는 성과가 문화도시 지정을 통해서 달성된 것은 무엇인가? 이러한 질문들에 대해서 긍정적인 답을 얻기 위해서는 문화도시 지정이 도시 전체 수준의 사업으로서 가지는 이점이 분명해져야 한다.

문화도시 지정을 통해서 도시가 바로 기대할 수 있는 확실한 효과는 문화도시로서의 브랜딩이다. 치열한 경쟁을 뚫고 선정된 만큼 문화도시 지정 자체는 브랜딩 효과를 가져올 자원이 되고, 이는 개별 사업들만으로는 이루기 힘든 성과이다. 하지만, 지자체 단체장의 업적이라는 성격을 넘어서 도시 브랜딩 효과를 충분히 거두었다고 볼 수 있을까? 한국의 문화도시 사업은 지금까지 그러한 효과를 제대로 달성했다고 보기 어렵다. 문화도시 지정에 대한 인지도가 높지 않기 때문이다. 유럽 전역에서 매년 두 개의 도시를 지정하는 유럽문화수도가 크게 주목받는 것과는 상당히 다르다. 한 해에 10개가 넘는 도시들을 동시에 지정한 한국의 문화도시 운영 방식에서는 선정된 문화도시들이 혹은 예비문화도시들이 크게 주목을 끌기 어렵다. 그리고 관광, 체육, 평생교육 등 다른 분야에서 수행하는 도시 지정 사업이 많기 때문에 이와 구분되는 차별점을 내세우기도 쉽지 않다. 문화도시 지정을 통해서 가장 직접적으로 기대할 수 있는 효과가 실현되지 못하는 상황인 것이다. 이와 바로 연관되는 것이 지역의 경제효과이다. 문화도시가 지역 경제에 기여할 수 있는 직접적인 방안이 관광과의 연결인데, 문화도시에 대한 인지도가 낮은 상황에서 문화도시를 통한 관광증대 효과를 기대하기 어렵다. 지정되는 도시의 숫자를 조절하거나 미디어의 관심을 모으기 위한 별도의 기획이 필요한 상황이다.

또한 문화도시 사업이 하나의 부처 사업에 머물러 진행되면서 가지는 한계를 개선해야 할 필요성도 있다. 국토부의 도시재생 사업과 협력했던 경우도 있으나 실질적으로 타 부처와 상호 간에 도움이 되는 협력을 이루는 일이 쉽지 않다. 앞서 문화도시가 역사적으로 부상하는 과정들을 보았듯이 문화도시는 건축과 디자인처럼 도시 환경의 변화가 함께 어우러질 때 시민이나 방문자에게 체감될 수 있다. 하지만 현재의 단독 부서 사업으로는 문화도시를 통해서 도시의 공간 질서에 뚜렷한 변화를 가져오는 것이 불가능한 구조다. 그러기에는 예산이 워낙 적은 데다, 그나마 자본 보조 성격의 예산 사용이 한정되어 있다. 빌바오나 글래스고의 사례에서 보는 것처럼 도시 전체의 변화 계획 안에서 문화적 실험이 의미 있는 것인데 그런 구조를 기대하기 어려운 현실이다.

문화도시 지정의 또 다른 중요한 이점은 기존에 장르예술 중심의 창작지원이나 취약층 대상의 문화복지 지원과 같은 사업과 달리 도시발전을 위해 문화예술을 다양하게 활용할 수 있는 기회를 제공해 준다는 점이다. 문화도시 사업예산을 활용하여 도시문화정책의 효과적인 포트폴리오를 구성하는 기회를 갖게 된 것이다. 이 책에서는 앞서 도시문화정책의 복합성을 도구적 관점과 비판적 관점, 공간적 차원과 과정적 차원에서 살펴본 바 있다. 실제 한국의 문화도시 사업은 외양상 다양한 문화프로그램들로 구성되어 있다. 하지만, 도시문화정책이 가지는 복합성을 개별 도시의 현실에 맞게 제대로 구현하고 있는지를 살펴보면 아쉬움을 느낄 수밖에 없다. 무엇보다 예술적 창의성을 활용하는 구조가 취약하다. 그 이유는 복합적이다. 광의의 문화개념에 바탕을 둔 문화도시 기획이나 시민의 생활문화활동에 대한 강조로 예술적 차원의 활용이 덜 관심을 받은 탓도 있고, 애초에 예술적 창의성에 바탕을 둔 도시 변화 경험의 축적이 한국에 미흡하였던 결과로 볼 수도 있다. 또한 균형발전 차원에서 문화도시 지정이 이루어진 결과, 거주 예술인 규모가 제한적인 비수도권 도시들에서 실제 예술인의 적극적 기여를 기대하기 어려운 현실 여건도 무시할 수 없다. 결국 예술적 창의성이 발휘된 경우가 제한된 탓에 지금까지 진행된 문화도시 사업의 역동성을 높게 평가하기 어렵다. 또한, 문화도시에서 이루어진 성과를 외부에서 공감할 수 있는 계기를 마련하기도 어렵다. 예술계와 접점을 찾기 힘든 문화도시 기획이라면 예술 생산을 통해 문화도시의 중심이 된 파리나 뉴욕의 모습을 기대하는 사람들에게는 뭔가 핵심이 결여된 사업으로 인식되기 십상이다. 문화도시 사업 안에서 예술적 창의성을 찾기 힘든 상황은 수준 높은 예술 행사를 개최하는 유럽문화수도와 차별되는 지점이기도 하다. 그러다 보니 문화도시 사업의 정체성이 무엇인지에 대한 답변이 궁색해질 수밖에 없다.

시간이 흐르면 문화도시 사업의 성과가 더 풍부해지고 사업의 지속성을 기대할 수 있게 될까? 그리 낙관적이지 않다. 문화도시로 지정된 5년의 사업 기간 동안 다양한 사업들의 성과에 따라 점차 진화하며 각 도시의 특성에 맞는 문화도시 모델을 찾아가는 과정이 잘 드러나지 않는다. 이는 문화도시의 지정이 문화도시 조성계획에 대한 심의위원회의 승인이라는 형식을 취하기 때문에 문화도시 사업 과정 중의 학습 효과와 진화적 속성을 이미 승인된 계획에 투영하기 어려운 구조로 되어 있기 때문이기도 하다. 하지만, 더 아쉬운 점은 도시문화정책의 복합적인 사업 프로그램들이 결국은 역량 있는 시민들에 의해 판단되고 운영되어야 하는데 그러한 자기조정적인 시민 주체 형성이 어렵다는 사실이다. 문재인 정부에서 추진되었던 문화도시 사업이 이전의 지역거점 문화도시와 달리 사회적 가치나 거버넌스를 강조한 사업 모델이었음에도 실제 사업 수행에서는 본래의 가치를 구현하기 어려웠음이 사실이다. 결과적으로 보면, 이상적인 사업 모델을 실행하기에는 지역의 사업 주체 역량이 성숙하지 못한 경우가 많았다. 제한된 기간 내 가시적 성과를 발견하는 데 초점을 맞출 수밖에 없는 행정의 속성도 문화도시의 진화적 발전에 대한 뒷받침과는 거리가 멀었다.

시민 주도 추진의 어려움이 현실화되면서 이제 문화도시에 대한 담론에서는 효과성에 대한 관심이 주도하는 것처럼 보인다. 결국, 문화도시의 복합성을 이해하지 못한 채 양극단을 오가는 상황이 나타났다. 한편으로는 시민 주체 참여의 과정적 성격이 가지는 가치가 강조되면서 성과 도출 방안은 불확실했고 외부로부터의 비판에 취약한 상황이 나타났다. 다른 한편으로는 가시적 성과에 초점을 맞춘 관광형 문화도시가 유력한 모델로 부상한 것처럼 보인다. 이와 같은 성격의 변화는 투입된 재원의 효과를 입증하기에는 유리할지 모르겠으나, 기존의 문화관광형 축제 지원이나 관광도시 사업과의 차별성이 어떻게 나타날지 또한 자생적인 도시의 역량은 이 과정에서 어떻게 향상될 수 있을지 지켜볼 일이다.

앞으로 어떻게 해야 할 것인가? 현재 문화도시 지정 사업의 장기적인 지속 여부는 불확실한 상황이다. 하지만, 문화도시 지정이 유럽에서뿐만 아니라 한국에서도 상당한 매력을 갖고 있는 정책 수단이라는 사실이 드러난 이상, 문화도시 지정은 언제라도 유력한 정책 대안으로 검토될 것으로 전망된다. 다만, 문화도시 지정이 효과적인 모델이 되기 위해서는 변화가 필요하다. 그리고 이 과정에서 국가의 역할이 중요하다. 문화도시로서 빌바오의 성장에는 바스크 주정부의 역할이 컸고 바르셀로나의 성장에도 카탈로니아 자치주가 중요한 배경이 되었다. 뉴욕의 경우에도 글로벌 문화도시로의 성장에 미국 정부의 개입이 직간접적으로 연계되어 있었음을 볼 수 있었다. 문화도시를 개별 도시정부 차원의 문제로만 바라보는 것은 잘못된 환상이며, 문화도시에 대한 지역의 관심과 열망을 지역발전의 동력으로 만들기 위해서는 국가의 적극적인 역할이 중요하다.

우선, 문화도시의 지향점을 분명히 표방하는 것이 필요하다. 문화도시의 지향점은 문화도시가 한국 사회에 기여하는 바가 무엇인지를 드러내는데 중요한 의미를 가지며, 이를 통해 참여자들은 문화도시의 기본 철학을 공유하게 된다. 유럽문화수도는 유럽 문화의 공분모와 함께 다양성을 확인함으로써 유럽 문화의 정체성 강화를 표방한다. 반면, 한국의 문화도시 사업에서 그러한 기본 지향과 철학이 무엇인지 말하기 어렵다. 이러다 보니 문화도시가 다수 지정되고 시간이 지나도 문화도시 사업의 정체성이 뚜렷해지기보다 오히려 애초 출발 당시보다 더 불명확해졌다. 현재 진행되는 문화도시 사업이 문재인 정부에서 출발했을 때 강조되었던 모든 도시의 고유성은 문화도시의 공통분모를 부인하는 경향으로 귀결되었고 공분모에 대한 알레르기 반응을 낳았다. 도시에서 모방은 전형적인 진화의 수단이다. 하지만, 문화도시의 지향점이 불명확하니 보편성을 갖춘 모델의 확산과 무분별한 모방을 구분하기 어렵다. 한국의 문화도시가 지향하는 공분모가 무엇인지 제시되어야 문화도시의 이상적인 모델 확산과 새로운 모델 혁신이 서로 긴장 관계를 가지며 발전할 수 있고, 사업의 경험과 노하우의 확산이 촉진되면서 문화도시의 모델이 성숙해질 수 있다.

문화도시의 지향점은 문화도시가 이상적으로 제시하는 사업 모델로 구체화되어야 한다. 도시의 자생적인 역량이 강화되는 방향으로 문화도시가 추진되어야 한다는 원칙론 자체에 대해서는 거의 이견이 없다. 다만, 문화도시 사업이 그동안 시민 주체의 의의를 강조하는 과정에서 이상화되는 경향이 있었고, 그런 이상화가 현실적인 사업모델을 찾아야 할 필요성에 대해 둔감하게 만들었다. 특히, 그동안 지역 공공기관들이 수행해 온 생활문화활동과 관련된 시민들을 주체로 내세운 결과, 동등한 자립적 주체 사이의 협력적 네트워크가 아니라 일정한 사업재원을 분배하는 구조로서의 네트워크가 되어 역량 축적이 지속되기 어렵게 되었다. 즉, 사업이 지속될수록 역량이 축적되는 모습 보다 소수 대상에 지원이 독점되는 모양새로 비추어진다. 시민의 활동 자체도 공공재원에 대한 의존도가 심화되면서 자생력이 강화되기보다 초기 활력을 잃게 되는 경우들이 드물지 않게 발생하였다.

이제 필요한 것은 문화를 통한 도시발전에 이해를 함께 하는 주체들을 찾아서 협력 활동을 강화하는 것이다. NEA의 '창조적 장소만들기' 경우에서 중앙과 지역의 다양한 기관들이 참여하는 네트워크 구축 사례가 보여주는 것처럼 한국에서도 예술가와 함께 지역의 기업가들이 함께 참여하는 네트워크 구축이 필요하다(서우석, 2023). 지역 기업가는 지역 발전에 자신의 생업이 달린 주체들이다. 자신의 이해관계가 지역의 발전에 직접적으로 관계되는 주체인 지역 기업가와의 협업 네트워크를 통해서 문화도시 사업의 효과성과 현실성은 자체적으로 더 냉정하게 검증될 수 있다. 문화도시의 협력 네트워크에 참여하는 지역 기업가의 범위는 폭넓게 고려될 수 있다. 근래 많은 관심을 받고 있는 로컬 크리에이티브와 같이 창의성에 바탕을 둔 기업가도 중요한 협업의 주체가 될 수 있지만, 반드시 창조성이 전제될 필요는 없다. 동네 소자영업자나 프랜차이즈점을 운영하는 지역 기업가도 모두 문화도시와 관련 있는 중요한 협력 파트너가 될 수 있다. 초점은 지역 발전이 자신의 생업에 직접적으로 관련된다는 전제이다. 즉, 예술가의 창의적 활동을 바탕으로 지역 기업가와 지역 발전을 함께 도모하는 사업을 어떻게 발굴하고 발전시킬 수 있는가의 문제가 문화도시의 핵심적인 과제가 되어야 한다. 서로 다른 이해관계를 갖고 있는 집단들 안에서 공분모를 찾는 것이 쉬운 일이 아니지만, 그렇기에 이러한 성과가 문화도시 지정의 자격을 입증할 수 있을 것이다.

문화도시의 지향점을 정립했을 때 또 다른 이점은 문화도시에서 담론의 준거점이 생김으로써 담론이 활발하게 이루어질 수 있을 것이라는 기대다. 문화도시의 지향점을 바탕으로 도시가 스스로 해결해야 할 문제나 추구하는 가치를 자각하고 담론을 구성하며 목표로 만들어가는 것이 문화도시에서는 중요한 역량 강화의 기반이 된다. 문화도시는 현실의 문제에 대한 자각과 이상향에 대한 추구를 동력으로 진화하기 때문이다. 이 책의 앞에서 언급하였듯이 문화도시는 위기 해결 수단으로서 기능하고 도시 경쟁력 제고의 효과를 가져오지만, 다른 도시 영역에 비해 강점을 보이는 것은 이데올로기적인 대립을 넘어서 도시 발전의 지향점을 시민들에게 효과적으로 제시할 수 있다는 점이다. 유럽연합이 유럽문화수도를 통해 유럽의 공통적인 문화적인 기반을 강화하겠다는 목표를 표방한 것이 그 예이다. 문화도시의 이상주의가 문화도시의 동력이며 잠재력이다. 루이스 멈퍼드가 제시했던 도시 발전 역사에서 중요한 의의를 가졌던 유토피아 지향성이 문화도시에서 중요한 동력이 될 수 있다. 그러한 점에서 문화도시가 갖는 이데올로기적 성격과 자원 동원의 잠재력을 인식하고 활용하는 것이 중요하다. 또한 이와 같은 담론 생성의 관점에서 보았을 때, 문화도시 사업에서 예술과 인문학이 결합된 활동이 중요한 위치를 차지한다. 문화도시가 가지는 담론 구성의 성격을 사변적이고 비실용적인 것이라 치부한다면 문화도시가 사회발전에 기여할 수 있는 중요한 잠재성을 포기하는 일이 될 것이다.

끝으로 문화도시 지정을 넘어서 문화도시 발전을 이끌기 위한 포괄적인 국가정책의 개발이 필요하다. 문화도시 지정이 문화도시 발전을 위한 유일한 수단이 아니다. 문화도시에 대한 국가정책의 필요성은 문화도시 발전에 우호적인 환경이 서서히 약화될 가능성이 높다는 전망에 의해서도 뒷받침된다. 이 책에서 검토한 피터 홀이 제시한 예술적 창의성이 발휘되는 도시의 조건들을 고려해 볼 때, 현재 한국의 상황은 문화도시 발전의 전망에서 그리 긍정적이지 못하다. 인구 규모 증가를 기대하기 어렵고, 외부 인력 유입이 활발히 이루어지는 상황이라 보기도 어렵다. 또한 사회경제적 변화와 부의 증대 속도가 감소하고 있다.그동안 사회구조적인 여건에 힘입어 문화도시 성장에 우호적인 여건이 있었다면 이제는 문화도시의 활력을 확보하기 점점 어려워지는 환경 속에서 문화도시를 발전시키기 위한 국가전략이 필요한 순간이 다가오고 있다.

특히, 도시 규모에 따라 적합한 문화도시 전략이 필요하다. 그동안 문화도시 모델은 주로 인구 10만 명에서 100만 명 사이 규모의 지방 중소 도시에서 잘 적용되어 왔다. 더 작거나 더 큰 도시들에서는 문화도시 모델을 적용하기가 쉽지 않았다. 규모가 작아서 자립적인 문화도시 모델에 필요한 자원을 확보하기 어려운 지역들은 그나마 "성장촉진지역"과 같이 별도로 구분되어 정책적으로 어느 정도 관심을 받고 있으나 대도시 혹은 메가시티의 문화도시로의 발전에 대해서는 명확한 정책이 없다. 대도시의 경우 문화도시 지정과는 별개로 글로벌 차원의 문화도시로 발전 가능성을 파악하고 체계적으로 지원할 필요가 있으나, 지역분권화의 상황에서 이러한 움직임은 잘 보이지 않는다. 대도시가 상대적으로 많은 자원을 갖고 있다고 해도 국가가 갖고 있는 채널과 경험을 대신할 만한 수준은 아니다. 글로벌 문화도시가 되기 위해서 국가와의 협력이 가장 필요한 대도시라면 서울일 것이다. 서울이 대중문화산업 분야에서는 세계적인 수준에서 두각을 보이고 있으나 순순예술, 고급예술 분야에서 서울은 아직도 변방이다. 글로벌 문화도시의 위상은 대중문화예술만으로 결정되지 않는다. 서울이 지금의 문화도시 위상을 갖추게 된 것은 국가 수도로서 자원이 집중되어 왔기 때문이며, 1990년대 이후 많은 문화시설이 서울시와 민간의 주도로 만들어졌어도 여전히 서울을 대표하는 문화시설은 대부분 국립문화시설이다. 또한, 한국을 대표하는 문화예술단체들과 대표적인 예술인들은 대부분 서울에 있거나 서울에서 활동한다. 서울이 글로벌 문화도시로 도약하기 위해서 국가적 지원이 긴요하고 한국의 예술계가 글로벌한 차원에서 더 인정받기 위해서는 글로벌 문화도시로서 서울의 위상이 강화되어야 한다. 이러한 점에서 수도 서울을 글로벌 문화도시로 만드는 노력은 중앙정부와 서울시가 공동으로 노력을 기울이고 그 성과와 한계에 대한 책임을 함께 짊어질 문제이다.

참고문헌

강현수. (2005). 알프레드 마샬의 집적경제론. 국토연구원 엮음. 《현대 공간이론의 사상가들》 (pp. 507-525.). 한울아카데미.

고동환. (2013). 조선후기 서울 도시공간의 변동 – 상업발달과 관련하여. 《서울학연구》, 52, 149-175.

고일홍. (2011). 인류사 전개 과정에 대한 고고학자 차일드의 역사관 재조명. 《인문논총》, 65, 159-188.

권미원. (2013). 김민규 우정아 이영옥 역.. 《장소 특정적 미술》 현실문화.

김규원 (2014). 도시의 바이러스로서 예술가 도시 젠트리피케이션 과정에 있어 예술가의 존재와 현상에 대한 검토. 《문화정책논총》, 28(1), 112-135.김규원 (2014). 도시의 바이러스로서 예술가 도시 젠트리피케이션 과정에 있어 예술가의 존재와 현상에 대한 검토. 《문화정책논총》, 28(1), 112-135.

김동훈. (2010). <서평>[모더니티의 수도 파리 (Paris, capital of modernity)]. 《도시인문학연구》, 2(2), 219-242.

김미현. (2006). 《한국영화사: 개화기에서 개화기까지》. 커뮤니케이션 북스.

김민수. (2005). 루이스 멈포드의 문화주의 도시론. 국토연구원 엮음. 《현대 공간이론의 사상가들》 (pp. 101-120). 한울아카데미.

김복래. (2010). 《파리의 보헤미안과 댄디들》. 새문사.

김선범. (1995). 20 세기 미국 최대의 도시이론가 루이스 멈퍼드. 《국토》, 85-90.

김연진 (2012). 문화지구의 문제점과 개선방향, 《환경논총》. 51, 115-129.

김형찬. 《한국대중음악사 산책》, 알마, 2015.

나주리. (2015). 빈고전주의 음악의 자율성과 보편성에 이르기까지. 《서양음악학》, 18(2), 11-37.

노르베르트 엘리아스 (1996). 박미애 역, 《문명화 과정》, 한길사.

(1999). 박미애 역, 《모차르트》, 한길사.

데이비드 트로스비. (2004). 성재환 역, 《문화경제학》. 한울 아카데미.

데이비드 하비. (2014). 한상연 역. 《반란의 도시》. 에이도스.

라도삼·이정현·오찬섭 (2016). 《서울시 문화지구 활성화를 위한 제도 개선방안》. 서울연구원 정책과제연구보고서.

래리 샤이너. (2015). 조주연 역. 《순수예술의 발명》. 인간의기쁨.

레이몬드 윌리암즈. (1988). 나영균 역. 《문화와 사회 1780-1950》. 이화여자대학교 출판부.

레오날도 베네볼로. (2001). 윤재희 외 역. 《세계도시사》. 세진사.

로버트 피시만. (2000). 박영한·구동회 역. 《부르주아 유토피아》. 한울

루이스 멈퍼드. (2016). 김영기 역. 《역사 속의 도시》. 지식을만드는지식.

루이 핀토. (2003). 김용숙·김은희 역. 《부르디외 사회학 이론》. 동문선.

리사 아피나네시. (2007). 강수정 역. 《카바레. 새로운 예술 공간의 탄생》. 에코리브르.

마크 기로워드. (2009) 민유기 역. 《도시와 인간. 중세부터 현재까지 서양도시문화사》. 책과함께.

메리 디어본. (2022), 최일성 역. 《페기 구겐하임. 예술 중독자》. 을유문화사.

문시연. (2009). 프랑스문화정책 50년: 문화 민주화를 중심으로. 《프랑스문화예술연구》, 30, 283-306.

박세훈. (2010). 거대신화에 맞선 20 세기의 자유인, 멈퍼드 박홍규, [메트로폴리탄 게릴라 박홍규의 루이스 멈퍼드 읽기]. 《도시연구》, 3, 167-172.

박정숙. (2020). 고대 그리스 음악의 문화사적 조명: 아테네의 '대 디오니소스 제전'을 중심으로. 《이화음악논집》, 24(4), 75-113.

박진수·구문모·신창호(2001). 《문화산업과 도시발전》. 산업연구원.

박해운. (2018). 고든 차일드, 한 사회주의 고고학자의 탄생. 《사림 (성대사림)》, 64, 403-439.

발터 벤야민 (2008a). 조형준 역. 《파리의 원풍경》. 새물결.

(2008b). 조형준 역. 《도시의 산책자》. 새물결.

백선혜. (2011). 《서울시 공공공연장의 운영실태와 개선방안》. 서울연구원,

백영주. (2017). '걷기'의 의미 양상과 예술적 실천 – 미셸 드 세르토의 '공간 실천'과 도시 개념을 중심으로. 《인문콘텐츠》, 46, 81-108.

빅토리아 알렉산더. (2010). 최샛별 외 역. 《예술사회학》. 살림.

빌터 잘멘 (2008). 홍은정 역. 《음악가의 탄생》. 심산.

서우석.(2008). 도시관광과 문화산업의 공생적 발전. 《도시문제》, 474, 21-32.
(2016). 문화공간과 문화생활. 서울역사편찬원 엮음. 《서울2천년사 40권. 현대 서울의 시민생활》 (pp. 377-425).
(2022). 문화도시 성과와 한계. 문화체육관광부 주최. 《문화도시 2.0 계획 수립을 위한 정책토론회》. 2022년 9월 29일. 국립민속박물관 강당.
(2023). 지역문화재단의 사회경제적 가치 창출, 필요성과 모형. 제2회 대한민국 문화재단 박람회 《2023 전국지역문화재단 지식공유포럼》. 2023년 7월 6일. 전주 팔복예술공장 이팝나무홀.

서우석·조광호. (2019). 문화도시 사업이 지향하는 사회적 가치에 대한 이해 – 유럽문화수도와 한국의 문화도시 사업의 전개과정에 대한 비교를 바탕으로. 《문화경제연구》, 22(1), 157-187.

서울문화재단. (2014). 《서울문화재단의 10년으로 보는 서울문화와 문화정책 10년》.

서준교. (2005). 문화도시전략을 통한 도시재생의 순환체계 확립에 관한 연구 : Glasgow의 문화도시전략을 중심으로. 《한국거버넌스학회보》 13(1), 197-222.

슈테판 츠바이크. (2014). 《어제의 세계》. 개정판. 지식공작소.

스테판 게강·정지선. (2001). 아카데미의 독점과 국가로부터의 이탈 사이에 있었던 프랑스 살롱전. 《미술사논단》, 13, 107-124.

신승원. (2016). 《앙리 르페브르》. 커뮤니케이션북스.

신현준 외. (2005). 《한국 팝의 고고학 1960》. 한길아트.

아놀드 하우저. (1999a). 염무웅·반성환 역. 《문학과 예술의 사회사 1》. 창작과 비평사.

(1999b). 염무웅·반성환 역. 《문학과 예술의 사회사 2》. 창작과 비평사.

안영진. (2005). 패트릭 게데스의 진화하는 도시. 국토연구원 엮음. 《현대 공간이론의 사상가들》 (pp. 361-371). 한울아카데미.

야코프 부크하르트. (2003). 이기숙 역. 《이탈리아 르네상스의 문화》. 한길사.

연상춘. (2007). 고전시기 비엔나 귀족들의 음악후원문화 연구. 《서양음악학》, 10(1), 283-302.

에릭 홉스봄. (1998). 김동택 역. 《제국의 시대》. 한길사.

앤드루 에드거·피터 세즈윅. (2012). 박영진 외 역. 《문화이론사전》. 개정판. 한나래.

앤톤 길. (2008). 노승림 역. 페기 구겐하임. 《예술과 사랑과 외설의 경계에서》. 한길아트.

에드워드 렐프. (2005). 김덕현 외 역. 《장소와 장소상실》. 논형.

에드윈 윌슨·앨빈 골든팝. (2000). 김동욱 역. 《세계 연극사》. 한신문화사.

에른스트 곰브리치. (1997). 백승길·이종승 역. 《서양미술사》. 예경.

오스틴 해링턴. (2014). 정우진 역. 《예술과 사회이론》. 이학사.

원도연. (2008). 《문화도시론의 발전과 도시문화에 대한 연구》, 전북발전연구원 지역발전정책연구소장

유인경. (2010). 한국 뮤지컬 산업의 성장 동력과 그 문제점 – 현대예술극장, 롯데월드 예술극장, 삼성영상사업단 등 대기업 진출 사례를 중심으로. 《공연문화연구》 21, 403~447.

이경희. (2006). 《음악청중의 사회사. 궁정 극장 살롱 공공음악회》. 한양대학교 출판부.

이병민. (2003). 지역 문화산업의 발전방향과 정책과제. 《국토》, 53-63.

이순자·장은교. (2012). 《지역거점 문화도시 조성사업의 추진실태 및 향후 과제》. 국토연구원.

이은기. (1995). 장이에서 예술가로: 14~ 16 세기 이탈리아 미술가의 지위향상에 대한 연구. 《미술사논단》, (2), 119-147.

이창남. (2010). 오스만과 근대 도시 파리의 경관 발터 벤야민의 [파사주 작품] 을 중심으로. 《문화와 사회》, 8, 7-38.

이용택. (2002). 오스만 남작의 파리 대개조 교훈. 《대한토목학회지》, 50(12), 86-89.

이성률. (2011). 18 세기 남부 독일의 궁정음악과 후원 I 슈투트가르트, 만하임 그리고 뮌헨의 궁정음악. 《서양음악학》, 14(3), 35-61.

이재민·한상헌·윤설민. (2022). 《미래 문화수도 조성을 위한 세종시의 방향과 전략》. 대전세종연구원.

임학순. (2000). 자치단체와 시민, 파트너쉽이 필요하다. 《문화도시 문화복지》. 75, 28-31.

이푸 투안. (2007). 구동희·심승희 역. 《공간과 장소》. 대윤.

이화원. (2023). 그리스의 '디오니소스 축제'로부터 '아테네 에피다우로스 축제'까지. 《연극평론》, 110, 38-42.

임인자. (2013). 마로니에 공원 그리고 대학로, 정치와 탈정치의 사이. 《플랫폼》, 2013년 11월호, 22-29.

장유정. (2006). 《오빠는 풍각쟁이야. - 대중가요로 본 근대의 풍경》. 민음인.

전영백. (2019). 《현대미술의 결정적 순간들》. 한길사.

정광렬. (2022). 문화도시 정책의 회고와 전망. 제26회 문화경제포럼(2022.8.19.).

정헌목. (2013). 전통적인 장소의 변화와 비장소(non-place)의 등장. 마르크 오제의 논의와 적용사례들을 중심으로. 《비교문화연구》, 19(1), 107-141.

조광호. (2014).《문화도시 10년, 새로운 10년을 위한 제언》, 미간행.

조준형. (2014). 1960-70년대 공급중심 영화산업 체제와 상영영역의 이중적 지위. 《한국극예술연구》, 43, 257~300.

진인혜. (2007). 프랑스 문화정책의 역사. 《한국프랑스학논집》, 59, 303-324.

찰스 랜드리. (2009). 최지영 역. 《크리에이티브 시티 메이킹》. 역사넷.

추미경(2012). 《문화를 통한 지역재생 정책추진 방안 연구》, 문화체육관광부

칼 야스퍼스, (1986) 백승균 역. 《역사의 기원과 목표》. 이화여자대학교 출판부.

크리스토퍼 로어. (1999). 이후석 역. 《도시관광》. 백산출판사.

탁선호. 타임스퀘어, 사라진 것들과 사라지지 않는 것. 《인물과사상》, 84-102.

테오도르 아도르노·막스 호르크하이머. (2001). 김유동 역. 《계몽의 변증법》. 문학과지성사.

티아 데노라. (2009). 김원명 역. 《베토벤 천재 만들기》. 경성대학교 출판부.

파트리스 보네위츠. (2000). 문경자 역. 《부르디외 사회학 입문》. 동문선.

페르낭 브로델. (1997). 주경철 역. 《물질문명과 자본주의 III-1》. 까치.

프랑수아 베뮈. (2003). 문신원 역. 《뉴욕의 역사》. 궁리.

피에르 부르디외. (1995). 최종철 역. 《구별짓기: 문화와 취향의 사회학》. 새물결.
(1999). 하태환 역. 《예술의 규칙》. 동문선.
(2000). 이상호 역. 《재생산》. 동문선.

피터 게이. (2015). 정주연 역. 《모더니즘》. 민음사.

피터 뷔르거. (2013). 최성만 역. 《아방가르드의 이론》. 지식을만드는지식.

피터 홀, & 양도식. (2005). 피터 홀: 지식사회와 21세기 도시계획. 《국토》, 81-91.

Accominotti, F., Khan, S. R., & Storer, A. (2018). How Cultural Capital Emerged in Gilded Age America: Musical Purification and Cross-Class Inclusion at the New York Philharmonic. *American Journal of Sociology*, 123(6), 1743-1783.

Adams, M. (2000). Cities in Civilization by Peter Hall. *Berkeley Planning Journal*, 14(1), 136-137.

Amelang, J. (2007). Comparing Cities: a Barcelona Model?. *Urban History,* 34(2), 173-189.

Aronsson, P., & Elgenius, G. (2011). Making National Museums in Europe–a Comparative Approach. In *Building National Museums in Europe 1750–2010*, 5-20.

Arts Council England. (2018). *Cultural Democracy in Practice*.

American for the Arts. (2012). *Arts and Economic Prosperity: The Economic Impact of Nonprofit Arts and Cultural Organizations and Their Audiences,* American for the Arts.

Arts Council England. (2010). *Achieving Great Art for Everyone. A Strategic Framework for the Arts,* Arts Council England.
(2014). *The Value of Arts and Culture to People and Society – an Evidence Review,* Arts Council England.

Areso, I. (2007). Bilbao's Strategic Evolution. From the Industrial to the Post-industrial City. Proceeding. Riss Osaka.

Augé, M. (2008). *Non-places: An Introduction to Supermodernity*. Verso Books.

Balibrea, M. P. (2017). *The Global Cultural Capital: Addressing the Citizen and Producing the City in Barcelona*. Springer.

Balsas, C. J. (2022). Historical and Conceptual Perspectives on Urban Regeneration: a Prolog to a Special Issue. *Journal of Place Management and Development*, 15(1), 1-19.

Barcelona City Council. (2020). *Survey of Cultural Participation and Cultural Needs in Barcelona*.

Bash, S. R. (2006), *Thriving Arts: Thriving Small Communities,* Metropolitan Regional Arts Council.

Belfione, E. (2002), Art as a Means of Alleviating Social Exclusion: Does It Really Work? A Critique of Instrumental Cultural Policies and Social Impact Studies in the UK, *International Journal of Cultural Policy, 8(1),* 91-106.

Belfione, E. & Bennett, O. (2007a). Determinants of Impact: Towards a Better Understanding of Encounters with the Arts, *Cultural Trends, 16(3),* 235-275.
(2007b). Rethinking the Social Impacts of the Arts, *International Journal of Cultural Policy, 13(2),* 135-151.
(2008). *The Social Impact of the Arts: An Intellectual History,* New York: Palgrave Macmillan.
(2009). Researching the Social Impacts of the Arts: Literature, Fiction and the Novel, *International Journal of Cultural Policy, 15(1),* 17-33.

Bianchini, F. (1993). Remaking European cities: the role of cultural policies. *Cultural policy and urban regeneration: The West European experience*, 1-20.
(2010). Peter Hall, Cities in civilization. I*nternational Journal of Cultural Policy*, 16(1), 13-14.
(2016). 'Cultural Planning'and Its Interpretations. In *The Routledge Research Companion to Planning and Culture* (pp. 377-391). Routledge.

Binns, L. (2005). Capitalising on Culture: An Evaluation of Culture-led Urban

Regeneration Policy.

Bluestone, B., & Harrison, B. (1982). The deindustrialization of America: Plant closings, community abandonment, and the dismantling of basic industry.

Boorstin, D. J. (1992). *The image: A guide to pseudo-events in America.* Vintage.

Bunting, C. (2007). *Public Value and the Arts in England: Discussion and Conclusion of the Arts Debate,* London: Arts Council England.
(2008). What Instrumentalism? A Public Perception of Value, *Cultural Trends, 17(4)*, 323-328.

Caset, F., & Derudder, B. (2017). Measurement and interpretation of 'global cultural cities' in a world of cities. *Area*, 49(2), 238-248.

Castells, M. (1983). The City and the Grassroots: A Cross-cultural Theory of Urban Social Movements. Univ of California Press.

Carnwath, J. D. & Brown, A. S.(2014). *Understanding the Value and Impacts of Cultural Experiences, A Literature Review,* Arts Council England.

Castillo-Villar, F. R. (2016). Urban Icons and City Branding Development. *Journal of Place Management and Development,*9(3), 255-268.

Chernetsky, I. (2022). *The Mythological Origins of Renaissance Florence: The City as New Athens, Rome, and Jerusalem*. Cambridge University Press.

Centre for Leisure Research at the University of Edinburgh(2001). *Realising the Potential of Cultural Services, The Case for the Arts*.

Chapain, C., & Sagot-Duvauroux, D. (2020). Cultural and creative clusters–a systematic literature review and a renewed research agenda. Urban Research & Practice, 13(3), 300-329.

Chibber, V. (1999). Building a developmental state: The Korean case reconsidered. *Politics & Society*, 27(3), 309-346.

Childe, Vere Gordon (1950). The Urban Revolution. *The Town Planning Review*. 21 (1) 3–17.

Cho, Y. J., & Shin, K. J. (2011). A Case Study on Conversion of Idle Industrial Facilities-Focus on Tate Modern, Baltic Center for Contemporary Art, and Ruhr Museum. *Korean Institute of Interior Design Journal*, 20(3), 59-68.

Cockroft, E. (2013). Abstract Expressionism, Weapon of the Cold War, *Artforum*, 12(10).

Comella, L. (2003). Reinventing Times Square: cultural value and images of "citizen

Disney". *Critical cultural policy studies–a reader*, 316-326.

Council of the European Union(2010). *Council Conclusion on the Role of Culture in Combating Poverty and Social Exclusion, 3046th Education, Youth, Culture and Sport Council Meeting*, Brussels, 18 and 19 November 2010.

Crane, D. (1987). The transformation of the avant-garde: The New York art world, 1940-1985. University of Chicago Press.

Currid, E. (2007). *The Warhol economy: How fashion, art, and music drive New York City*. Princeton University Press.

Davis, M. (2006). *City of Quartz: Excavating the Future in Los Angeles*. Verso Books.

DCMS. (2004). *Culture at the Heart of Regeneration.*

De Certeau, M. (1984). *The Practice of Everyday Life.* University of California Press.

Delaney, L. and Keaney, E.(2005). *Sport and Social Capital in the United Kingdom: Statistical Evidence from National and International Survey Data,* Institute for Public Policy Research.

(2006). *Cultural Participation, Social Capital and Civil Renewal in the United Kingdom: Statistical Evidence from National and International Survey Data,* Institute for Public Policy Research.

Delany, S. R. (1999). *Times Square Red, Times Square Blue*. NYU Press.

Diener, E., Scollon, C. N., & Lucas, R. E.(2004). The Evolving Concept of Subjective Well-Being: The Multifaceted Nature of Happiness, *Advances in Cell Aging and Gerontology, 15,* 187-219.

Degen, M., & García, M. (2012). The Transformation of the 'Barcelona Model': an Analysis of Culture, Urban Regeneration and Governance. *International Journal of Urban and Regional Research* , 36(5), 1022-1038.

DiMaggio, P. (1982a). Cultural Entrepreneurship in Nineteenth-century Boston: The Creation of an Organizational Base for High Culture in America. *Media, Culture & Society*, 4(1), 33-50.

(1982b). Cultural Entrepreneurship in Nineteenth-Century Boston, part II: The Classification and Framing of American Art. *Media, Culture & Society*, 4(4), 303-322.

Dubois, V. (2011). Cultural Capital Theory vs. Cultural Policy Beliefs: How Pierre Bourdieu could have become a Cultural Policy Advisor and why he did not. *Poetics,* 39(6), 491-506.

Eisenstadt, Shmuel N. (1987). *Kulturen der Achsenzeit. Ihre Ursprunge und Ihre*

Vielfalt. Suhrkamp.

Elgenius, G. (2011). National Museums as National Symbols. *National Museums and Nation-Building in Europe 1750–2010*, 145-166.

Engels, F., & Dutt, C. P. (1935). *The housing question* (Vol. 23). New York: International Publishers.

European Commission. (2021). *European Capitals of Culture 2020 to 2033. A Guide for Cities Preparing to Bid.*

Evans, G. (2002).*Cultural Planning: An Urban Renaissance?*. Routledge.

Evans, G., & Shaw, P. (2004). *The Contribution of Culture to Regeneration in the UK: a Review of Evidence: a Report to the Department for Culture Media and Sport.*

Evrard, Y. (1997). Democratizing Culture or Cultural Democracy. Journal of Arts Management, Law, and Society, 27:3, 167-175,

Falk, J. H. & Dierking, L. D.(2008). Re-envisioning Success in the Cultural Sector, *Cultural Trends, 17(4),* 233-246.

Falk, M., & Hagsten, E. (2017). Measuring the Impact of the European Capital of Culture Programme on Overnight Stays: Evidence for the Last Two Decades. *European Planning Studies*, 25(12), 2175-2191.

Finkel, R., & Platt, L. (2020). Cultural Festivals and the City.*Geography Compass,14*(9), e12498.

Fishman, Robert. (1999). Cities in Civilization by Sir Peter Hall. *Harvard Design Magazine,* 9: https://www.harvarddesignmagazine.org/issues/constructions-of-memory-on-monuments-old-and-new/

Florida, R. (2002). *The Rise of the Creative Class*. Basic books.
(2005). *Cities and the Creative Class*. Routledge.

Foulkes, J. L. (2007). The Other West Side Story Urbanization and the Arts Meet at Lincoln Center. *Amerikastudien/American Studies*, No. 2, 227-247.

Franklin, A. (2016). Journeys to the Guggenheim Museum Bilbao towards a revised Bilbao effect. *Annals of Tourism Research*, 59, 79-92.

Fujiwara, D.(2013). *Museum and Happiness: The Value of Participating in Museums and the Arts,* Arts Council England.

García, B. (2004). Cultural Policy and Urban Regeneration in Western European Cities: Lessons from Experience, Prospects for the Future. *Local Economy, 19*(4), 312-326.

(2009). Learning from Glasgow 1990. 2009, EU Year of Creativity and Innovation. Creative Cities Seminar, 23 September 2009. Amsterdam.

Gates, C. (2011). *Ancient Cities*. Second Edition. Routledge.

Gathen, C., Skoglund, W., & Laven, D. (2021). The UNESCO Creative Cities Network: A Case Study of City Branding. In *New Metropolitan Perspectives: Knowledge Dynamics and Innovation-driven Policies Towards Urban and Regional Transition* Volume 2 (pp. 727-737). Springer International Publishing.

Geertz, C. (1973). *The Interpretation of Cultures: Selected Essays*. New York: Basic Books, 222–223.

Gibson, L. (2008). In Defence of Instrumentality, *Cultural Trends, 17(4),* 247-257.

Gold J.R. (2013). Modernism, Narratives of Renvewal and the Historiography of Urban Regeneration, *The Routledge Companion to Urban Regeneration* (p. 23-32). Routledge.

Gomes, P., & Librero-Cano, A. (2018). Evaluating three decades of the European Capital of Culture programme: a difference-in-differences approach. *Journal of Cultural Economics*, 42, 57-73.

Gómez, M. V. (1998). Reflective images: the case of urban regeneration in Glasgow and Bilbao. *International journal of urban and regional research*, 22(1), 106-121.

Gong, H., & Hassink, R. (2017). Exploring the Clustering of Creative Industries.*European Planning Studies,25*(4), 583-600.

González, S. (2011). Bilbao and Barcelona 'in motion'. How urban regeneration 'models'travel and mutate in the global flows of policy tourism. *Urban studies*, 48(7), 1397-1418.

González, S. and M.V. Gómez (2001) Reply to Beatriz Plaza's 'The Guggenheim-Bilbao Museum Effect'. *International Journal of Urban and Regional Research* 25.4, 898–90.

Gould, M. (2011). *Nineteenth-century Theatre and the Imperial Encounter.* Routledge.

Govers, R. (2013). Why Place Branding is not about Logos and Slogans. *Place Branding and Public Diplomacy,* 9, 71-75.

Gray, C.(2007). Commodification and Instrumentality in Cultural Policy, *International Journal of Cultural Policy, 13(2),* 203-215.

(2008). Instrumental Policies: Causes, Consequences, Museums and Galleries, *Cultural Trends, 17(4),* 209-222.

(2009). Managing Cultural Policy: Pitfalls and Prospects, *Public Administration, 87(3),* 574-585.

Grodach, C. (2013). Cultural economy planning in creative cities: Discourse and practice. *International Journal of Urban and Regional Research,* 37(5), 1747-1765.

(2017). Urban Cultural Policy and Creative City Making. *Cities*, 68, 82-91.

Grodach, C., & Loukaitou-Sideris, A. (2007). Cultural Development Strategies and Urban Revitalization: A Survey of US Cities. *International Journal of Cultural Policy*, 13(4), 349-370.

Gross, J., & Wilson, N. (2020). Cultural Democracy: an Ecological and Capabilities Approach. *International Journal of Cultural Policy*, 26(3), 328-343.

Guetzkow, J.(2002). *How the Arts Impact Communities: An Introduction to the Literature on Arts Impact Studies,* Center for Arts and Cultural Policy Studies. Working Paper Series, 20.

Guilbaut, S. (1983). *How New York Stole the Idea of Modern Art*. University of Chicago Press.

Haggard, S. (2018). *Developmental states.* Cambridge University Press.

Hall, P. (1998). *Cities in Civilization*. Pantheon Books.

(2000). Creative Cities and Economic Development. *Urban Studies*, 37(4), 639-649.

Hall, T., & Robertson, I. (2001). Public Art and Urban Regeneration Advocacy, Claims and Critical Debates. *Landscape Research*, *26*(1), 5-26.

Hanquinet, L., & Savage, M. (Eds.). (2016). *Routledge International Handbook of the Sociology of Art and Culture*. London: Routledge.

Harvey, D. (1989). From Managerialism to Entrepreneurialism: The Transformation in Urban Governance in Late Capitalism. *Geografiska Annaler: Series B, Human Geography*, 71(1), 3-17.

HEA(1999). *Art for Health: A Review of Good Practice in Community-Based Arts Projects and Interventions which Impacts on Health and Well-Being,* Summary Bulletin, London: Health Education Authority.

Hesmondhalgh, D., & Pratt, A. C. (2005). Cultural Industries and Cultural Policy. *International Journal of Cultural Policy,11*(1), 1-13.

Hewison, R.(2006). *Not a Sideshow: Leadership and Cultural Value, A Matrix for*

Change, Demos.

Holden, J.(2004). *Capturing Cultural Value*. Demos.

(2006). *Cultural Value and the Crisis of Legitimacy. Why Culture Needs a Democratic Mandate*. Demos.

Howard, P.(2008). Promoting Social Inclusion: Emerging Evidence from the Catalyst-Clemente Program, *Australian Journal of Adult Learning, 48(3),* 479-501.

Hughes, J. (2020). An Annotated History of Creative Placemaking at the Federal Level. In *The Routledge handbook of placemaking*(pp. 27-37). Routledge.

Jacobs, J. (1969).*The Economy of Cities*. Vintage.

Jakob, D. (2013). The Eventification of Place: Urban Development and Experience Consumption in Berlin and New York City. *European Urban and Regional Studies*, 20(4), 447-459.

James G. Mellon (2009) Visions of the Livable City: Reflections on the Jacobs–Mumford Debate, *Ethics Place and Environment*, 12(1), 35-48.

Jameson, F. (1983). Postmodernism and Consumer Society. *The Anti-aesthetic: Essays on Postmodern Culture* (pp. 111-125).

Jeffers, Alison and Gerry Moriarty (eds). 2017, *Culture, democracy and the right to make art: The British Community Arts Movement*, London, Bloomsbury.

Johansson, M., & Kociatkiewicz, J. (2011). City Festivals: Creativity and Control in Staged Urban Experiences.*European Urban and Regional Studies,18*(4), 392-405.

Johnson, J. H. (1995). *Listening in Paris: A Cultural History* (Vol. 21). Univ of California Press.

Kavaratzis, M. (2004). From City Marketing to City Branding Towards a Theoretical Framework for Developing City Brands. *Place Branding, 1*(1), 58-73.

King, A, (1993). Cultural Hegemony and Capital Cities, In *Capital Cities/Les Capitales: International Perspectives/Perspectives Internationales*. McGill-Queen's Press-MQUP.

King, Anthory, (1993). in Taylor, JH, Lengelle, JG, & Andrew, C. (Eds.). *Capital Cities/Les Capitales: International Perspectives/Perspectives Internationales*. McGill-Queen's Press-MQUP.

King, L. (2019). Henri Lefebvre and the Right to the City. In *The Routledge Handbook of Philosophy of the City* (pp. 76-86). Routledge.

Kirkland, S. (2013). Paris Reborn: Napoléon III, Baron Haussmann, and the Quest to Build a Modern City. St. Martin's Griffin.

Kong, L. (2000). Introduction: Culture, Economy, Policy. Trends and Developments. *Geoforum*, 31(4), 385-390.

Kovács, G. (2023). The cultural criticism of Lewis Mumford and the creative city planning as an answer to the ecological crisis of modern civilisation. *Creativity Studies*, 16(1), 145-157.

Knox, P. L., & McCarthy, L. (2005). *Urbanization: an introduction to urban geography.* 2nd Edition. Upper Saddle River, NJ: Pearson Prentice Hall.

Kloosterman, R. C., and B. Lambregts. 2001. "Clustering of Economic Activities in Polycentric Urban Regions: The Case of the Randstad." *Urban Studies* 38(4):717–32.

Kristeller, P. O. (1951). The modern system of the arts: A study in the history of aesthetics part I. *Journal of the History of Ideas*, 496-527.

Landry, C. (2000)j. *The Creative City.* Comedia.
(2006). Lineages of the creative city. *創造都市研究: 大阪市立大学大学院創造都市研究科紀要*, 1(1), 15-23.

Lähdesmäki, T. (2014). European Capital of Culture Designation as an Initiator of Urban Transformation in the Post-Socialist Countries. *European Planning Studies, 22*(3), 481-497.

Lees, A. & Lees, L. H. (2007). *Cities and the making of Modern Europe, 1750-1914.* Vol. 39. Cambridge University Press.

Leung, A., Kier, C., Fung, T., Fung, L., & Sproule, R.(2013). Searching for happiness: The importance of social capital, *In The Exploration of Happiness,* 247-267, Springer Netherlands.

Levitt, R.(2008). The Political and Intellectual Landscape of Instrumental Museum Policy, *Cultural Trends, 17(4),* 223-231.

Levine, L. W. (1990). *Highbrow/lowbrow: The emergence of cultural hierarchy in America* (Vol. 1986). Harvard University Press.

Liu, Y.(2009). Sport and Social Inclusion: Evidence from the Performance of Public Leisure Facilities, *Social Indicators Reviews, 90,* 325-337.

Lloyd, R. (2002). Neo–bohemia: Art and neighborhood redevelopment in Chicago. *Journal of urban affairs*, 24(5), 517-532.
(2010). *Neo-bohemia: Art and commerce in the postindustrial city*. Routledge.

London Development Agency (2006). *Strategies for Creative Space_Barcelona.*

Looseley, D. (2001). Cultural policy in France since 1959: arm's length, or 'up close and personal?'. Nordic Cultural Institute.

Lorentzen A and Hansen CJ (2009) The role and transformation of the city in the experience economy: identifying and exploring research challenges. *European Planning Studies* 17: 817–827.

MacCannell, D. (1973). Staged authenticity: Arrangements of social space in tourist settings. *American journal of Sociology*, 79(3), 589-603.

Macionis, J. J., & Parrillo, V. N. (2007). *Cities and urban life*. 4th Edition. Upper Saddle River; New Jersey.

Maragall, P. (1994). Barcelona Darning Urbanism in Barcelona. *Places*, 9(2).

Markusen, A. (2014). Creative Cities: A 10-year Research Agenda. *Journal of Urban Affairs*, 36(sup2), 567-589.

Martí-Costa, M., & Miquel, M. P. I. (2012). The Knowledge City against Urban Creativity? Artists' Workshops and Urban Regeneration in Barcelona. *European Urban and Regional Studies*, 19(1), 92-108.

Matarasso, F.(1997). *Use or Ornament? The Social Impact of Participation in the Arts,* Comedia.

McCann, E. J. (2007). Inequality and Politics in the Creative City-Region: Questions of Livability and State Strategy. *International Journal of Urban and Regional Research*, 31(1), 188-196.

McCabe, B. J., & Ellen, I. G. (2016). Does Preservation Accelerate Neighborhood Change? Examining the Impact of Historic Preservation in New York City. *Journal of the American Planning Association,82*(2), 134-146.

McGuigan, J.(1996). *Culture and Public Sphere,* London: Routledge.

McGuigan, J. (2016). *Cool Capitalism*. Pluto Press.

McNeill, D. (2001). Barcelona as imagined community_ Pasqual Maragall's spaces of engagement. Transactions of the Institute of British Geographers, 26(3), 340-352.

Mead, C. (1995). Urban contingency and the problem of representation in Second Empire Paris. *Journal of the Society of Architectural Historians*, 54(2), 138-174.

Mercer, C. (2006). Cultural Planning for Urban Development and Creative Cities. *Selfpublished Manuscript*.

Mellon, J. G. (2009). Visions of the Livable City Reflections on the Jacobs–Mumford Debate. *Ethics Place and Environment*, 12(1), 35-48

Merli, P.(2002). Evaluating the Social Impact of Participation in Arts Activities, *International Journal of Cultural Policy, 8(1),* 107-118.

Miller-Davenport, S. (2022). The Cultural Center of the World: Art, Finance, and Globalization in Late Twentieth-Century New York. *Journal of Urban History*.

Minihan, J. (1977). *The Nationalization of Culture: The Development of State Subsidies to the Arts in Great Britain*. New York University Press.

Mommaas, H. (2004). Cultural Clusters and the Post-industrial city: Towards the Remapping of Urban Cultural Policy. *Urban Studies*, 41(3), 507-532.
(2009). Spaces of Culture and Economy: Mapping the Cultural-Creative Cluster Landscape. In *Creative Economies, Creative Cities: Asian-European perspectives* (pp. 45-59). Dordrecht: Springer Netherlands.

Montaner, J. M. (2010). *The Barcelona Model Rreviewed*. Institut Ramon Llull. Web.

Mulcahy, Kevin V. 2006. Cultural Policy: Definitions and Theoretical Approaches. *Journal of Arts Management, Law and Society*, Vol. 35, No. 4, 319-330.
(2016). *Public Culture, Cultural Identity, Cultural Policy: Comparative Perspectives*. Springer.

Mulcahy, K.(2006). Cultural Policy: Definitions and Theoretical Approaches, *Journal of Arts Management, Law and Society, 35(4),* 319-330.

Mumford, L. (1922). *The story of utopias*. Boni and Liveright.

Mumford, L. (1938). *The culture of cities*. Routledge.

Mumford, L. (1922). *The Story of Utopias*. Boni and Liveright.
(1938). *The Culture of Cities*. Routledge.

National Endowment for the Arts(NEA)(2007). *The Arts and Civic Engagement: Involved in Arts, Involved in Life*.

Nelson, S. (1996). Broadway and the beast Disney comes to Times Square. *TDR* (1988-), 39(2), 71-85.

Nermond, O., Lee, N., & O'Brien, D. (2021). *The European Capital of Culture: A Review of the Academic Evidence*. London: Creative Industries Policy and Evidence Centre, London School of Economics and University of Edinburgh. Discussion Paper, 8.

Nichols, Bonnie(2007). *Volunteers with Arts or Cultural Organizations: A 2005*

Profile, National Endowment for the Arts, Research Note #95.

Novy, J., & Colomb, C. (2013). Struggling for the Right to the (Creative) City in Berlin and Hamburg: New Urban Social Movements, New 'Spaces of Hope'?. *International Journal of Urban and Regional Research*, 37(5), 1816-1838.

Nuccio, M., & Ponzini, D. (2017). What does a Cultural District Actually Do? Critically Reappraising 15 Years of Cultural District Policy in Italy. *European Urban and Regional Studies,24*(4), 405-424.

(2023). Cities and Urban Studies: Four Perspectives on Art Museums. In *Visiting the Art Museum: A Journey Toward Participation*(pp. 27-46). Cham: Springer International Publishing.

O'Brien, D.(2010). *Measuring the Value of Culture: A Report to the Department for Culture Media and Sport,* Department for Culture Media and Sport.

O'Connor, F. V. (1969). The New Deal Art Projects in New York. *American Art Journal,* 1(2), 58-79.

OECD. (2018). *Culture and local development: Background document.*

Orenstein, H. (1954). The evolutionary theory of V. Gordon Childe. *Southwestern Journal of Anthropology*, 10(2), 200-214.

Ostling, S. (2007). The Global Museum and the Orbit of the Solomon R. Guggenheim Museum New York. *International Journal of the Humanities,* 5.

Olsen, D. J. (1986). *The City as a Work of Art: London, Paris, Vienna*. Yale University Press.

Ooi, Can-Seng (2017). The Global Art City John A. Hannigan & Greg Richards, eds. *The SAGE Handbook of New Urban Studies*. SAGE Publications. pp. 207-2016.

Patterson, M. (2012). The Role of the Public Institution in Iconic Architectural Development. *Urban Studies,49*(15), 3289-3305.

(2022). Revitalization, Transformation and the 'Bilbao Effect': Testing the Local Area Impact of Iconic Architectural Developments in North America, 2000–2009. *European Planning Studies,30*(1), 32-49.

Peterson, R. A., & Kern, R. M. (1996). Changing Highbrow Taste: From Snob to Omnivore. *American Sociological Review*, 900-907.

Peterson, R. A., & Simkus, A. (1992). How Musical Tastes Mark Occupational Status Groups. *Cultivating Differences: Symbolic Boundaries and the Making of Inequality* (pp. 152-186). University of Chicago Press.

Plaza, B. (1999). The Guggenheim-Bilbao Museum Effect: A Reply to María V. Gomez'‘Reflective Images: The Case of Urban Regeneration in Glasgow and Bilbao’. *International Journal of Urban and Regional Research*, 23(3), 589-592.
(2008). On Some Challenges and Conditions for the Guggenheim Museum Bilbao to Be an Effective Economic Re-activator. *International Journal of Urban and Regional Research*, 32(2), 506-517.

Plaza, B., Tironi, M., & Haarich, S. N. (2009). Bilbao's Art Scene and the “Guggenheim Effect” Revisited. *European Planning Studies*, 17(11), 1711-1729.

Pollock, V. L., & Sharp, J. (2012). Real Participation or the Tyranny of Participatory Practice Public Art and Community Involvement in the Regeneration of the Raploch, Scotland. *Urban Studies, 49*(14), 3063-3079.

Ponzini, D., & Rossi, U. (2010). Becoming a Creative City: The Entrepreneurial Mayor, Network Politics and the Promise of an Urban Renaissance. *Urban Studies*, 47(5), 1037-1057.

Potts, J., & Cunningham, S. (2008). Four Models of the Creative Industries. *International Journal of Cultural Policy,14*(3), 233-247.

Pratt, A. C. (2009). Policy Transfer and the Field of the Cultural and Creative industries: What can be Learned from Europe?. In *Creative Economies, Creative Cities: Asian-European Perspectives* (pp. 9-23). Dordrecht: Springer Netherlands.

Prentice, R., & Andersen, V. (2003). Festival as Creative Destination. *Annals of tourism research,30*(1), 7-30.

Pulley, B. (1995). Disney's Deal: A special report.; A Mix of Glamour andHardball Won Disney a Piece of 42d Street. *New York Times*, July 29, 1995, Section 1, Page 1.

Putnam, R. D. (2000). *Bowling Alone: The Collapse and Revival of American Community,* Simon and Schuster.

Quinn, B. (2013). Arts Festivals, Urban Tourism and Cultural Policy. In *Culture and the City*(pp. 69-81). Routledge.

Redaelli, E. (2011). Analyzing the “Creative City” Governance: Relational Processes in Columbus, Ohio. *City, Culture and Society*, 2(2), 85-91.
(2016). Creative placemaking and the NEA: Unpacking a multi-level governance. *Policy Studies, 37*(4), 387-402.
(2019). *Connecting Arts and Place: Cultural Policy and American Cities*.

Springer.

Redaelli, E., & Pasqui, G. (2023). The Visitor Experience and Disciplines: An Epistemological Journey. In *Visiting the Art Museum: A Journey Toward Participation*(pp. 9-26). Cham: Springer International Publishing.

Reeves, M.(2002). *Measuring the Economic and Social Impact of the Arts,* Arts Council England.

Reuschke, D. (2001). *Public-Private Partnerships in urban development in the United States*. NEURUS-Network of European and US Regional and Urban Studies.

Ringrose, D. (1998). Capital Cities, Urbanization and Modernization in Early Modern *Europe,Journal of Urban History* , vol. 24, no. 2 (January 1998), 155.

Rius-Ulldemolins, J., Hernàndez I Martí, G. M., & Torres, F. (2016). Urban Development and Cultural Policy "White Elephants": Barcelona and Valencia. *European Planning Studies,* 24(1), 61-75.

Rius-Ulldemolins, J., & Klein, R. (2020). Does Cultural Policy Matter? Political Orientations, Cultural Management Models, and the Results of Public Cultural Action in Barcelona and Valencia. *Local Government Studies*, 46(6), 934-958.

Roberts, K. (1999). *Leisure in Contemporary Society*. CABI Publishing.

Roberts, P. (2000). The Evolution, Definition and Purpose of Urban Regeneration. *Urban Regeneration: A Handbook*, 1, 9-36.

Rossman, V. (2018). *Capital Cities: Varieties and Patterns of Development and Relocation*. Taylor & Francis.

Saunders, F. S. (1995). Modern art was CIA 'Weapon.'. *The Independent.* (1995. 10. 22).

Scobey, D. M. (2002). Empire City: The Making and Meaning of the New York City Landscape. Temple University Press.

Selby, M. (2003). *Understanding Urban Tourism: Image, Culture and Experience.* Bloomsbury Publishing.

Seo, U. (2014). Creative City Policy in Seoul: A Critical Review. *Tokyo- Seoul Joint Seminar 2014*, November 1st-2nd, 2014 Akihabara Campus, Tokyo Metropolitan University.

(2019). Emerging Post-Political City in Seoul. In *Post-Politics and Civil Society in Asian Cities* (pp. 54-71). Routledge.

Sharp, J., Pollock, V., & Paddison, R. (2005). Just Art for a Just City Public Art and

Social Inclusion in Urban Regeneration. *Urban Studies, 42*(56), 1001-1023.

Shaw, G., & Williams, A. M. (2002). *Critical Issues in Tourism: A Geographical Perspective. Second Edition.* Blackwell Publishers.

Shorris, E.(1997). *Riches for the Poor. The Clemente Course in the Humanities,* WW Norton & Company.

Siedlecki, K.I., Salthouse, T.A., Oishi, S., & Jeswani, S.(2014). The Relationship Between Social Support and Subjective Well-Being Across Age, *Social Indicators Review, 117,* 561-576.

Sklair, L. (2012). Iconic architecture in globalizing cities. *International Critical Thought,2*(3), 349-361.

Smith, M. E. (2009). V. Gordon Childe and the Urban Revolution_ a Historical Perspective on a Revolution in Urban Studies. *Town planning review*, 3-29.

Sorkin, M. (1992) *Variation on a Theme Park: The New American City and the End of Public Space.*

Stansell, C. (2010). American Moderns: Bohemian New York and the Creation of a New Century. Princeton University Press.

Stern, M. J., & Seifert, S. C. (2012). "Natural" Cultural Districts: A Three-City Study Report Summary.
(2007). Cultivating "Natural" Cultural Districts.
(2013). 'Natural' Cultural Districts: A Three-City Study. *Philadelphia: University of Pennsylvania, Social Impact of the Arts Project.*

Swyngedouw, E. (2005). Governance Innovation and the Citizen: The Janus Face of Governance-beyond-the-State. *Urban Studies*, 42(11), 1991-2006.

Tallon, A. (2010). *Urban Regeneration in the UK.*

Tepper, S.(2014). *Artful Living: Examining the Relationship between Artistic Practice and Subjective Wellbeing Across Three National Surveys,* The Curb Center for Art, Enterprise, and Public Policy at Vaanderbilt University.

Therborn, G. (2002). Monumental Europe: The National Years. On the Iconography of European Capital Cities. *Housing, Theory and Society*, 19(1), 26-47.

Throsby, D. (2008). The Concentric Circles Model of the Cultural Industries. Cultural Trends, 17(3), 147-164.

Trip, J. J., & Romein, A. (2014). Creative City Policy and the Gap with Theory. *European Planning Studies*, 22(12), 2490-2509.

Tripney, J., Newman, M., Bird, K., Thomas, J., Kalra, N., Bangpan, M., & Vigurs, C. (2010). *Understanding the Drivers, Impact and Value of Engagement in Culture and Sport: Technical Report for the Systematic Review and Database.*

Turner, G. (2005). *British Cultural Studies*. Third Edition. Routledge.

UNCTAD (2019). *Creative Economy Outlook: Trends in International Trade in Creative Industries.*

UNESCO (1982). *Cultural Industries. A Challenge for the Future of Culture.*

UNESCO & World Bank (2021). *Cities, Culture, Creativity: Leveraging Culture and Creativity for Sustainable Urban Development and Inclusive Growth.*

United Nations [UN] (2008) *Creative Economy Report 2008. The Challenges of Assessing the Creative Economy: Towards Informed Policy Making*. UN, Geneva/New York.
(2010) *Creative Economy Report 2010. Creative Economy: a Feasible Development Option*. UN, Geneva/New York.
(2013) *Creative Economy Report 2013. Special Edition. Widening Local Development Pathways*. UN, Geneva/New York.

Upchurch, A. (2004). John Maynard Keynes, the Bloomsbury Group and the Origins of the Arts Council Movement. *International Journal of Cultural Policy*, 10(2), 203-217.

Urry, J., & Larsen, J.(2011). *The Tourist Gaze 3.0*. Sage.

Van Aalst, I., & Van Melik, R. (2012). City festivals and urban development: does place matter?. *European Urban and Regional Studies,19*(2), 195-206.

Vlassis, Antonios. (2016). UNESCO, Cultural Industries and the International Development Agenda: Between Modest Recognition and Reluctance. In *Contemporary Perspectives on Art and International Development* (pp. 68-83). Routledge.

Warwick Commission. (2015). *Enriching Britain: Culture, Creativity and Growth.*

Weaver, T. (2017). Urban Crisis: The Genealogy of a Concept. *Urban Studies*, 54(9), 2039-2055.

Weber, W. (1977). Mass Culture and the Reshaping of European Musical Taste, 1770-1870. *International Review of the Aesthetics and Sociology of Music*, 5-22.
(2004). *Music and the Middle Class: the Social Structure of Concert Life in London, Paris and Vienna between 1830 and 1848.* Routledge.

Wheeler, S. M. (2002). The New Regionalism Key Characteristics of an Emerging Movement. *Journal of the American Planning Association*, 68(3), 267-278.

White, H. C., & White, C. A. (1993). *Canvases and Careers: Institutional Change in the French Painting World*. University of Chicago Press.

Whyte, W. H. (1980). *The Social Life of Small Urban Spaces*. Project for Public Spaces.

Williams, R. H. (1982). *Dream Worlds: Mass Consumption in Late Nineteenth Century France*. Univ of California Press.

Wilson, E. (1999). The Bohemianization of Mass Culture. International *Journal of Cultural Studies*, 2(1), 11-32.

Wilson, N. (2017). *Towards Cultural Democracy. Promoting Cultual Capabilities for Everyone.*

Wouters, M. (2022). Reinventing Bilbao, the Story of the Bilbao Effect. In *Innovating Strategies and Solutions for Urban Performance and Regeneration* (pp. 37-48). Cham: Springer International Publishing.

Zarlenga, M. I., Ulldemolins, J. R., & Morató, A. R. (2016). Cultural Clusters and Social Interaction Dynamics: The Case of Barcelona. European Urban and Regional Studies, 23(3), 422-440.

Zimmer, A., & Toepler, S. (1996). Cultural Policies and the Welfare State: the Cases of Sweden, Germany, and the United States. *The Journal of Arts Management, Law, and Society*, 26(3), 167-193.

Zukin, S. (1989). *Loft Living: Culture and Capital in Urban Change*. Rutgers University Press.

(1991). *Landscapes of Power: From Detroit to Disney World*. University of California Press.

(1995). *The Cultures of Cities*. Blackwell Publishing.

Zukin, S., & Braslow, L. (2011). The Life Cycle of New York's Creative Districts: Reflections on the Unanticipated Consequences of Unplanned Cultural Zones. *City, Culture and Society*, 2(3), 131-140.

서우석은 독일 쾰른대에서 사회학 전공의 박사 학위를 받고 서울시립대 도시사회학과와 도시과학대학원 문화예술관광학과 교수로 재직 중이며, 문화도시와 문화향유, 그리고 예술인 창작활동 등 문화와 도시에 대한 여러 주제들을 연구하고 있다.

이 저서는 2019년도 서울시립대학교 기초·보호학문 및 융복합 분야 R&D기반조성사업에 의하여 지원되었음

문화도시의 사회학

2024년 2월 21일 | 제1판 1쇄 인쇄
2024년 2월 26일 | 제1판 1쇄 발행

지 은 이 서우석
발 행 인 김은중
발 행 처 서울경제경영출판사
북디자인 에이팩토리

주 소 03767 서울특별시 서대문구 신촌로 205, 506호
전 화 02) 313-2682
팩 스 02) 313-8860
등 록 1998년 1월 22일 제5-63호

ISBN 979-11-6282-121-3
정가 18,000원

※ 파본은 바꾸어 드립니다.